U1011097

大学生安全教程

Safety Education Coursebook For College Students

（第二版）

中国高等教育学会保卫学专业委员会 编

WUHAN UNIVERSITY PRESS
武汉大学出版社

图书在版编目(CIP)数据

大学生安全教程/中国高等教育学会保卫学专业委员会编．—2 版．—武汉：武汉大学出版社，2015．7(2018．7 重印)
ISBN 978-7-307-16000-2

Ⅰ．大… Ⅱ．中… Ⅲ．大学生—安全教育 Ⅳ．G645．5

中国版本图书馆 CIP 数据核字(2015)第 118897 号

责任编辑：詹　蜜　　责任校对：汪欣怡　　版式设计：马　佳

出版发行：**武汉大学出版社**　(430072　武昌　珞珈山)
(电子邮件：cbs22@whu.edu.cn　网址：www.wdp.com.cn)
印刷：武汉中科兴业印务有限公司
开本：720×1000　1/16　印张：19.75　字数：351 千字　插页：1
版次：2010 年 3 月第 1 版　2015 年 7 月第 2 版
2018 年 7 月第 2 版第 4 次印刷
ISBN 978-7-307-16000-2　定价：30.00 元

大学生安全教程（第二版）编委会

序

当前，我国已进入经济社会快速发展和改革攻坚的关键时期，高等教育事业实现了历史性跨越式发展，高校呈现出平安稳定的良好局面。随着高等教育的改革发展，高校在招生规模、办学主体、后勤保障、育人环境等方面发生了深刻的变化，各种影响高校安全稳定的新情况、新问题不断出现，高校安全稳定工作面临新的严峻挑战。营造安全稳定和谐的校园环境是大学生健康成长的必要条件。大学生是学校安全工作的客体，也是学校安全工作的主体。做好新形势下高校的安全稳定工作，是当代大学生义不容辞的社会责任。

那么，如何增强大学生的安全意识，提高安全防范和应急处置能力，让学生有能力履行自己的社会责任呢？我觉得，最客观、最直接、最有效的办法就是推进安全教育进课堂，让大学生接受系统的安全教育和培训，从而使安全管理能力成为大学生的必备素质和能力。近年来，针对大学生安全教育问题，教育部制定了一系列政策措施。不少地方和高校围绕大学生安全教育进课堂问题，进行了积极的探索和实践，取得了明显成效和宝贵经验。对于全面加强大学生安全教育、提高大学生综合素质、维护高校安全稳定、促进社会和谐发展将起到重要的作用。

由中国高教保卫学会组织编写的《大学生安全教程》，以国家法律和政策为依据，以高校安全工作实践为基础，全面系统地介绍了安全工作的理论知识。内容涉及政治、文化、公共、消防、交通、人身、财产、心理健康、社交、网络安全10个方面的知识。本书具有较强的理论性、系统性、实践性和可操作性，是一本很好的大学生安全教育教材，也是一本很好的高校保卫干部培训教材。

中国高教保卫学会是一个研究高校保卫科学的群众性学术团体，有着广泛的社会影响。多年来，该学会以建立中国特色社会主义高校保卫科学理论体系为己任，团结和培养了一大批高校保卫理论研究工作者，产出了一大批有影响、有价值的研究成果，为推进实现高校保卫工作专门立法和高校保卫学科化建设作出了重要贡献。

1992年，该学会曾组织编写了一本《大学生安全实用知识》，这是我国第一本大学生安全教育教材。该书连续发行17年，发行量达到300万册，为我国大学生安全教育作出了重要的历史性贡献。此次，学会根据社会发展形势，组成了以武汉大学校长顾海良教授为编委会主任的编写组，重新编写大学生安全教材。我完全有理由相信，该书对推进大学生安全教育深入开展，进一步提高大学生安全教育质量将发挥重要作用。值此，我也对大家的辛勤劳动表示衷心的感谢，并致以崇高的敬意。

权为序。

教育部副部长　李卫红

2009年8月20日

目 录

第一章 绪　论

安全教育是大学生健康成长过程中必不可少的一个重要环节。加强大学生安全教育，可以使其掌握现代安全知识和技能，提高安全文化素养，增强安全法制意识，激发关心安全、维护安全的思想感情，养成良好的安全道德习惯，为社会科学发展、和谐发展、安全发展作出应有的贡献。

第一节　大学生安全教育的概念

一、安全教育的历史沿革

安全是人类生存和发展活动中永恒的主题。人类在不断发展进化的同时，也一直与生存发展活动中所存在的安全问题进行不懈的斗争。人类社会的发展史在某种意义上也可以看成是解决安全问题的奋斗史。

教育是培养人的一种社会活动。有目的的教育活动始于人类社会的产生，安全教育活动也是如此。安全教育伴随人类的生存而存在，伴随人类社会的发展而发展。

（一）古代安全教育思想

在我国原始社会，便有安全教育的萌芽。有巢氏教民

"构木为巢，以避群害"。① 早在六七千年前的半坡氏族，原始人就知道在自己居住的村落周围，开挖沟壕来抵御野兽的袭击。在奴隶社会和封建社会，一些思想家、政治家和教育家关于安全教育的思想和经验，在他们的哲学著作、政治著作或语言记录中都有所论及。孔子是我国古代伟大的思想家、教育家，其著作《易经·系辞》云："子曰：危者，安其位者也；亡者，保其存者也；乱者，有其治者也。是故君子安而不忘危，存而不忘亡，治而不忘乱，是以身安而国家可保也。"《左传·襄公十一年》云："居安思危，思则有备，有备无患。"《汉书·霍冽传》云："臣闻客有过主人者，见其灶直突，傍有积薪。客谓主人，更为曲突，远徙其薪，不者则有火患，主人嘿然不应。俄而家果失火。"

在我国安全教育史上，朱熹是值得一提的人物。朱熹是南宋著名哲学家和教育家，长期从事教育工作，曾担任白鹿洞书院洞长。他十分重视培养学生的安全防范意识，提出"审微于未形，御变于将来"。他亲自制定"白鹿洞书院揭示"（教规），要求学生注重品德修养，做到"正其谊，不谋其利，明其道，不计其功"，把学生安全意识的培养，融化在日常行为与道德规范之中，从而开启了我国学校安全教育之先河。

中华民族的历史源远流长，流传于民族文明长河中的安全教育思想博大精深。研究和学习古代安全教育思想，对于我们开展安全教育具有极高的借鉴和参考价值。

（二）现代安全教育

在美国、日本等发达资本主义国家，大学生安全教育早已普及。国外高校一般采取两种方式进行安全教育，一种是培养安全专业人才的专业教育；另一种是对所有大学生的普及教育，包括开设辅修专业或选修、必修课程等。

中华人民共和国成立后，党和政府重视大学生安全普及教育，也采取了许多措施和办法，但大学生安全教育仍缺乏规范性。改革开放以来，党和政府逐渐将大学生安全教育纳入社会主义法治轨道。在《高等教育法》、《高等学校学生行为（试行）》、《高等学校校园秩序管理若干规定》、《普通高校学生安全教育管理暂行规定》等法规中，已经明确了高校在大学生安全管理中的权利和必须履行的义务。近年来，党和政府高度重视维护大学生的安全合法权益，把对大学生进行安全教育、依法治校确定为高校各级领导的法定义务，推

---

① 韩非：《五蠹》，《百子全书》，岳麓书社 1993 年版，第 1778 页。

动了大学生安全教育工作。

二、大学生安全教育的内涵和特点

(一) 大学生安全教育的定义

安全，顾名思义，“无危则安，无缺则全”。安全是指人的身心不受危害，它是人类生存和发展最基本的要求，是生命与健康的基本保障。

教育是培养人的一种社会活动，是教育者有目的、有意识地向受教育者传授人类生产斗争经验和社会生活经验的活动。大学生安全教育是指高等学校依照国家有关法律、法规的规定，为了维护大学生的安全，增强大学生的防范意识，培养大学生的自我防范、自我保护技能，组织教师对大学生所进行的国家安全法规、学校安全规章及纪律、安全防范知识和技能的教育活动。

大学生安全教育以提高安全防范知识和技能，增强安全道德素质为核心，以安全基本理论、社会安全形势、安全政策法规、安全知识和技能为主要内容，全面提高大学生的安全文化素质。

(二) 大学生安全教育的基本要素

大学生安全教育的基本要素包括：教育者、受教育者和教育措施。

教育者是教育活动的主导者。大学生安全教育者主要是指在高校从事安全教育课程教学的教师和其他开展安全教育的教育工作者。在教育过程中，教育者以其自身活动来引起和促进受教育者的身心按照一定的方向发展。

受教育者是教育的对象，是指在教育活动中从事学习的人，是学习的主体。安全教育的受教育者是指在校的各类大学生，包括本科生、研究生、成人教育的学生。

教育措施是实现教育目的所采取的办法，包括教育的内容和手段。安全教育的内容主要包括安全责任教育、安全意识教育、安全知识教育、安全技能教育。教育手段是教育者和受教育者在教学活动中采取的教与学的方式和方法。安全教育的形式主要包括课程讲授、模拟演习、实况图像展播等教学方式。随着现代教学工具的发展，教学手段在教学中的作用占有越来越重要的地位。

(三) 大学生安全教育的特点

大学生安全教育具有教育的一般特征。同时，由于大学生这个群体具有自身的特点，大学生安全教育也具有自己的特点：

1. 实践性

安全活动具有明确的实用性和实践性。进行安全教育的最终目的是对事故和灾害的防范，只有通过生活和工作中的实践行动，才能达到此目的。因此，在对大学生进行安全教育时，教师决不能把安全教育停留在让学生掌握安全知识和技能上，而应当采取现场说法、案例分析、模拟演习等形式，让学生在实践中学习和锻炼。

2. 全面性

安全教育是大学生素质教育的重要组成部分，面向全体学生开展教育是素质教育的重要特征。同时，安全教育涉及的内容丰富、种类繁多，因此，教师在开展安全教育时要面向全体学生，教育学生全面掌握安全知识和技能，促进学生综合素质的整体提升。

3. 反复性

安全事故的发生是偶然的。绝大多数大学生在学习和生活中很难碰到刻骨铭心的安全事故，安全意识不强。加之学习安全知识和技能后又不经常使用，掌握的安全知识容易淡化。因此，学校要根据安全形势需要，组织教师对学生经常性地开展安全教育，巩固学生的安全意识、安全知识和技能。

4. 创新性

随着科学技术的发展和人们生活方式的变化，诱发安全事故的因素在不断地发生变化。大学生已有的安全知识，随着环境的变化和时间的推移，需要不断地更新。因此，教师要结合新知识、新技术、新事例，教育学生与时俱进地掌握安全知识，解决学生中的安全隐患，应对新型的安全事故。

三、大学生安全教育的指导思想及其一般原则

（一）指导思想

坚持以邓小平理论和“三个代表”重要思想为指导，树立和落实科学发展观，坚持以人为本，把大学生安全教育贯穿于学校教育的各个环节，使广大大学生牢固树立“珍爱生命，安全第一，遵纪守法，和谐共处”的意识，具备较强的自防自救的素养和能力。

（二）教育目标

通过开展安全教育，培养学生的社会安全责任感，使学生形成强烈的安全意识，掌握必要的安全知识和技能，了解相关的法律法规常识，养成在日常生活和突发安全事故中正确应对的习惯，最大限度地预防安全事故发生和减少安全事故对大学生造成的伤害，保障大学生健康成长。

（三）大学生安全教育的一般原则

安全教育原则是进行安全教育活动中应当遵循的准则。它从教学工作实践中总结出来，是教学过程客观规律的反映。大学生安全教育要遵循学生身心发展的规律，把握大学生的认识特点，坚持以下原则：

1. 坚持课堂教育与实践活动相结合的原则

要加强对安全教育的规划和设计，将开设安全知识课列入教学计划，落实师资、教材、课时、设备、经费等，确保安全教育课堂教学的质量。在教育过程中要理论联系实际，通过开展模拟演习等实践活动，让学生身临其境，培养和提高学生运用已掌握的知识解决现实中的安全问题的能力。

2. 坚持教育引导与强化管理相结合的原则

教育与管理是相辅相成的，它们都是达到某种目的的手段。加强大学生安全教育，要坚持以正面为主，引导学生重视安全问题，培养他们的安全意识，提高他们的安全防范能力。同时要加强学校的安全管理，如依据国家的法律法规，建立健全各项管理制度，规范大学生的日常行为；采取各种有效措施，预防、发现和控制大学生中可能发生的违法犯罪行为；落实学校安全防范措施，保障大学生的人身、财产安全等。

3. 坚持内容充实与方法创新相结合的原则

现代科学技术特别是网络信息技术的发展，拓展了安全教育的空间和渠道，大学生安全教育如果停留在原来的老面孔、老方法上，缺乏时代特征，势必缺乏吸引力。为此，要在继承和发扬优良传统的基础上，注意用新时期发生在高校或大学生中的安全问题更新、丰富安全教育的内容，增强教育的针对性和前瞻性。不断改进教育形式，使之由封闭型向开放型转变，由单纯说教向耐心教育与解决实际问题并重转变，由传统的教育手段向具有更多科技含量的现代教育手段转变。总之，要使大学生安全教育的内容、方法和手段更具时代气息，从而达到更好的教育效果。

第二节 大学生安全教育的内容、途径和方法

安全教育的内容涉及广泛，本书所讲的安全教育主要是指与大学生的生活、学习密切相关的内容，不泛指所有的安全内容。因此，在教育的途径和方法上也要适合大学生的特点。

一、大学生安全教育的内容

大学生安全教育的内容包括安全责任教育、安全知识教育、安全技能教育。

（一）大学生安全责任教育

大学生安全责任教育，要明确的是大学生作为教育主体应当承担的与安全相关的责任。它包括三层含义：（1）我国的法律规定，公民年满18周岁就是完全民事行为能力人，除极少数少年大学生外，绝大部分大学生都年满18周岁，具有完全民事行为能力，依法对自己的行为承担责任。（2）在预防安全事故、防止危险侵害方面应当作为（采取适当行为或措施防范），以减少危险侵害发生的几率，减轻受到侵害或损伤的程度。（3）在预防安全事故、防止危险侵害方面应当作为而又没有作为时，对造成人身伤亡、财产损失等后果应承担处罚责任。大学生安全责任教育的目的是增强大学生安全责任意识，具有责任感，在履行自己职责的同时为社会尽一份社会责任。

（二）大学生安全知识教育

安全知识内容非常广泛，遍及所有的行业领域及其各个方面，本书的安全知识是与大学生生活、学习密切相关的安全知识，大学生安全知识包括以下几类：第一类是意识形态领域的知识，主要包括政治安全和文化安全，目的在于防止大学生抛弃社会主义意识形态和接受西方资本主义意识形态，犯政治上的错误，走到危害国家安全的道路上去；第二类是法律法规中的知识，主要包括交通安全、网络安全、遵守校纪校规和维护自身权益方面，目的在于使大学生知法守法，用法律来维护自身的权益，避免因违法导致法律的制裁和违法带来的人身伤亡、财产损失；第三类是日常安全常识，主要包括消防安全、财产安全、人身安全、社交安全、公共安全等，目的是使大学生熟悉安全常识，增强安全意识，避免人身伤害、财物受损失。第四类是心理健康的基本常识，即心理健康知识，目的在于增强自己调节心理、情绪的能力，具有正确的人生观和健康的心态，避免自杀、变态等结果的发生。

（三）大学生安全技能教育

安全技能与安全知识在内容上有交叉重叠部分，不能等同于安全知识。安全知识是基础，安全技能是更高的要求，安全技能包含两层含义：（1）与专业岗位上要求的操作技能相关的安全技能，在生产中避免因违章操作而造成安全事故（未来工作岗位上的专门要求）。(2) 在自然灾害、公共卫生和社会突发安全事件等面前的一般应对能力。大学生安全技能教育是指第二个层面的内容，主要包括在交通安全、人身安全、公共安全中的避险能力，在消防安全中的灭火与逃生自救能力，面对刺激的心理承受能力和应变能力。目的在于提高自我保护能力，增强保护自己和他人不被伤害的潜意识。应变能力需要通过学习才能获得，更需通过实践才能获得提高。

二、大学生安全教育的途径和方法

大学生是拥有一定理论知识，具有行为能力的年轻群体，针对大学生的特点，大学生安全教育需从以下几个途径进行：

（一）课堂教育

随着社会各方面的发展变化，人、财、物的大量流动，新兴行业的兴起和传统行业的快速发展，给大学生带来危害的种类和几率也大大增加，面对周围诸多的危害因素，不得不要求大学生具备一定的安全防范知识和能力。简单地宣传一些安全常识显得苍白无力，不能适合大学生适应社会的需要，通过课堂教育方式对大学生进行全面的安全知识教育，显得越来越迫切。编写大学生安全教育教材，在课堂上灌输，使安全知识进教材、进课堂、进头脑，充分利用课堂这个平台，进行安全知识教育，体现了安全教育顺应时代的发展要求，顺应培养人才的需要。

常用的方法有：

1. 讲授法

这是教学常用的方法，它具有科学性、思想性、计划性、系统性和逻辑性的特点。安全课讲授形式还可以采用如下几种形式进行：电教式、研讨式、演讲式、座谈式、参观式、竞赛式等。

2. 演示法

演示法是通过提供直观形象的材料，运用实物、照片、图表、幻灯、影片，使被教育者获得感性知识的教学方法。

3. 计算机多媒体教育法

利用计算机承担安全教育中某些内容的教育，趣味性较强，能够使受教育者具有强烈的参与感。在课堂上和电化教育中无法做到的事故模拟演习，在计算机上完全可以进行模拟。

4. 全方位教育法

在安全教育中，根据需要把各种形式、各种方法相互结合、相互交叉，进行有声有色的教育。

（二）实践教育

实践教育包含三个方面的内容：一是模拟危险场景演练；二是事故现场参观感受；三是参与学校安全管理。课堂教学如果不经过实践，终归体会不深，记忆不牢，重视不够。安全知识一问都知，但疏忽防范的现象比较普遍，主要原因是没有经历过实践，一次模拟演练，一个触目惊心的灾难场面给人留下的深刻印象远远强于多次的说教。一次演练或现场感受经历往往成为今后一生的经验教训，铭刻在心，并化作自觉的防范行动。

常用方法有：

（1）模拟演练法：设计好危险场景，让大学生置身其中，自救逃生。

（2）参观法：大学生到事故现场参观。

（三）自我教育

在大学生学习、生活过程中，安全事故、危险等并非时时刻刻都有，也并非每人都会亲身经历，因此，在思想上常常出现松懈、疏忽大意，在行为上常常没有采取任何防范措施。单纯靠课堂教育和实践教育是不够的，还必须靠大学生自我教育，通过大学生自我管理、自我学习、自我教育，把安全教育贯穿于在校的全时段、全方位。在老师的引导下既要突出不同时期某项专门防范的重点，又要宣传一般知识。安全天天讲、月月讲、年年讲，毫不为过。

具体的方法有：

（1）谈话法：通过对话的方式传授知识的方法，一般可分为启发式谈话和问答式谈话。

（2）宣传娱乐法：通过宣传媒体，寓教于乐，使安全知识和信息通过潜移默化的方式深入被教育者之中。

（3）奖惩教育法：对在安全工作中成绩显著的单位和个人进行表扬、鼓励和肯定。对在安全工作中做得比较差的单位和个人进行批评、惩罚和否定。在实施奖惩教育法时，应当以奖为主，以罚为辅。

教育的方法多种多样，各种方法都有各自的特点和作用，在应用中应当结合实际，根据授课的知识内容和学习对象，灵活采用。

第三节 大学生安全教育的现实意义

安全是人类生存、生活和发展的基础，也是社会存在和发展的前提条件。随着社会的发展和人类的进步，人对安全问题的认识和需要不断地扩展。人们面临的安全问题已不仅仅是人身安全问题，还必须同时面对财产安全、社会活动安全、心理健康安全等诸多方面的安全问题。随着高等教育的改革和发展，大学生的生活空间大大扩展，交流领域也不断拓宽，在自然因素、人为因素及各种社会因素的影响和制约下，如果缺乏必要的社会生活知识，尤其是安全知识，势必会导致各种安全问题的发生。稳定和高校安全问题，关乎生命，关乎全局，责任重于泰山。百年大计，教育为本。因此，加强大学生的安全教育具有重大现实意义，不仅是学生成长成才的重要内容，是高校安全发展的需要，而且是构建和谐社会的必然要求。

一、安全教育是大学生成长成才的重要内容

"教育是培养人的社会活动，教育培养人的过程是将社会知识、生活方式、行为规范、意识形态不断地内化于教育对象，使个体社会化。"① 基础教育的目的是使人成其为人，而高等教育的目的则是使人成其为才。大学时期是大学生人格发展与完善的关键时期。大学生群体是一个特殊的社会群体，有其自身的特点：生理发育基本成熟而心理发育滞后；个性趋向定型，但可塑性大；智力接近高峰，但尚未完全开发；社会需求强烈，但经验不足，缺乏必要的社会经验，安全防范意识较差，自我防范能力较弱等。大学生的群体特征以及大学生特定的年龄结构、生活环境、文化背景，决定了大学生必须面临诸多安全问题的困扰。目前，独生子女已成为我国在校大学生的主体。这些大学生基本上是在父母过多的细心呵护和老师的关心下长大的，人生经历大多是从学校到学校，对于社会的复杂性知之甚少，一旦离开父母和老师，开始独立面对纷纭复杂的社会时，对可能发生的各种安全问题往往缺乏必要的重视和警觉，给违法犯罪人员以可乘之机。据对 9278 起（不包括自行车被盗案）案件的统计分析，大多数案件的发生是由于大学生的安全防范意识差，自我保护能力弱所致。近年来，大学生心理健康问题也越来越突出。由于生活节奏加快、社会压力加大以及家庭环境和个人经历等诸多因素，产生心理障碍和心理疾患的大

---

① 潘懋元、王伟廉：《高等教育学》，福建教育出版社 2005 年版，第 32 页。

学生日益增多。据对全国 14 所高校大学生心理状态的测试，大学生的心理指标明显地高于社会同龄人，说明大学生的心理安全问题明显比社会同龄人的心理安全问题要严重。生命不保，何谈教育。因此，对大学生进行安全教育是为大学生健康成长和全面成才打下良好基础，是完善自身心理，提升整体素质的一项重要内容。

二、大学生安全教育是高校健康发展的需要

《中共中央关于制定国民经济和社会发展第十一个五年规划的建议》明确提出了“坚持节约发展、清洁发展、安全发展，实现可持续发展”的重要指导原则。节约发展、清洁发展、安全发展共同构成了科学发展观的重要内涵。高校的安全发展要求既要充分利用高校资源、提高高校的办学效率和水平，又要建立在校园安全状况不断改善的基础上，决不能以损害广大师生的安全度、侵害广大师生的各种权益为代价，来换取短期的、局部的经济效益。近年来，随着高等教育管理体制改革和高校后勤社会化的发展，高校对外交往越来越频繁，校园越来越开放，社会问题与高校内部问题相互交织，治安问题和政治问题相互影响，人民内部矛盾和敌我矛盾相互渗透，影响高校安全发展的因素呈现多样化、复杂化的趋势。高校在安全发展中如何减少和避免这些不安全因素的冲击和影响，加强学生的安全教育十分重要。学生是学校的主体，如果他们的安全意识较强，安全知识较为丰富，就能应对突如其来的安全问题，就能够成为维护学校安全的强大力量，进而为学校的安全发展提供充足的人力资源，有利于学生健康成长的环境就可能大有改观，危害大学生身心健康的安全隐患就会大为减少，影响学校安全发展的各种事件也会大幅下降。因此，对大学生进行安全教育，提高其安全素质，是高校安全发展的需要。

三、大学生安全教育是构建和谐社会的必然要求

党的十六大以来，以胡锦涛同志为总书记的党中央明确提出并系统阐述了构建“民主法治、公平正义、诚信友爱、充满活力、安定有序、人与自然和谐相处”的社会主义和谐社会的战略思想，和谐社会是中国现代化社会的最高价值核心和最高社会境界。高校理应成为精神文明建设与和谐社会传播的先行者。培养什么人，如何培养人，是中国特色社会主义教育事业必须解决的根本问题。正确认识和切实解决好这个问题，事关党和国家的长治久安，事关中华民族的前途命运。我们党始终高度重视大学生的全面发展和成长。毛泽东同志提出了培养造就千百万社会主义事业接班人的战略任务。明确提出：我们的

教育方针，应该使受教育者在德育、智育、体育几方面都得到发展，成为有社会主义觉悟的、有文化的劳动者。邓小平同志反复强调，青少年是祖国的未来，一定要教育好我们的后代，培养造就有理想、有道德、有文化、有纪律的具有社会主义觉悟的一代新人。江泽民同志也多次强调，正确引导和帮助青少年学生健康成长，使他们能够德智体美全面发展，是一个关系我国教育发展方向的重大问题。构建和谐社会，建设中国特色社会主义，既是伟大而光荣的任务，又是艰巨而长期的事业，需要一代又一代中华儿女为之不懈奋斗。我们必须把培养造就中国特色社会主义事业的建设者和接班人作为一项关系全局的战略任务抓紧抓好。而培养德才兼备、安全文化素质高的大学生则是这项战略任务的重要组成部分。大学生是国家宝贵的人才资源，是民族的希望、祖国的未来。目前，我国包括本科生、专科生和研究生在内的在校大学生约有 2000 万人，他们是未来建设中国特色社会主义的中坚力量，在他们身上寄托着全面建设和谐社会、实现中华民族伟大复兴的历史重任。大学生的安全道德品质、安全文化素质和心理健康素质如何，不仅直接关系现阶段中华民族的素质，而且直接关系未来中华民族的素质。要使大学生成为中国特色社会主义事业的合格建设者和可靠接班人，不仅要大力提高他们的科学文化素质和思想政治素质，更要大力提高他们的安全文化素养。培养造就千千万万具有高尚品质和良好安全道德修养、掌握现代化建设所需要的全面安全知识和扎实的安全本领的优秀人才，使大学生们能够与时代同步伐、与祖国共命运、与人民齐奋斗，这对于确保全面实施科教兴国战略和人才强国战略，确保实现全面建设和谐社会具有重大而深远的战略意义。

第二章 政治安全

政治安全的核心是国家安全，国家安全是指一个国家处于没有危害的客观状态，国家安全对一个国家的生存和发展起着决定性作用。随着全球化进程中日益复杂的世界形势变化和矛盾冲突凸显，世界各国都把维护国家安全作为执政兴国的基础工程而加以高度重视。

第一节 维护国家安全是当代大学生的责任和义务

一、国家安全的概念

国家安全从根本上说，就是一个主权国家的生存和发展利益不受侵犯和威胁，也就是说，国家既没有外部威胁和侵害，又没有内部的混乱和疾患的客观状态。① 由于对国家安全外延的认识和理解不同，国家安全存在广义说和狭义说两种观点。

（一）广义说

广义说认为，国家安全是个丰富而复杂的大系统，既包括保持国家的领土完整和主权独立、防止外来侵略和颠

① 刘跃进：《国家安全学》，中国政法大学出版社2004年版，第51页。

覆、实现军事安全，又包括国家的经济发展、科技水平、文化思想、国际地位和国际影响等方面的政治利益安全和经济利益安全。这些要素是互相联系、互相作用来影响着整个国家安全系统的。

（二）狭义说

狭义上的国家安全概念主要指在隐蔽战线上防止对国家安全的侵犯和危害。其核心是由反间谍情报机关等专门机关和部门所保卫的国家政权、国家秘密和国家的根本政治、经济制度不受侵犯的那部分国家安全。

我国《宪法》第五十四条规定，公民有维护祖国的安全、荣誉和利益的义务，不得有危害祖国的安全、荣誉和利益的行为。《国家安全法》第三条规定，中华人民共和国公民有维护国家的安全、荣誉和利益的义务。国家安全是全国各族人民的根本利益所在，是国家和民族的命运所在。“国家利益高于一切”，珍惜祖国的荣誉，维护国家的安全和利益，是每一个大学生的光荣义务。

国家安全是一种国家利益，并且不是一般的利益，而是国家的基本利益。因为没有国家安全，就不可能有国家的生存与发展。当今世界各国为了维护自身安全和利益，提高本国的综合国力，谋求国际竞争中的优势，都极为重视国家安全工作。

二、我国国家安全的特征

第一，根本性，即在一个国家和社会的各种利益中，国家的安全和利益是最根本、最重要的。国家安全的根本性还体现在对危害国家安全行为惩罚的严厉性上。世界大多数国家都将危害国家安全的犯罪列为本国司法机关打击的重点。

第二，政治性，国家安全作为上层建筑中最重要的组成部分，对其他上层建筑部分起着决定性作用，是其他上层建筑存在的前提和基础。邓小平同志曾经说过：“国家的主权、国家的安全要始终放在第一位，对这一点我们比过去更清楚了。”①

第三，社会性，国家安全除了有以上特点外，还有着社会性的一面。因为国家除了要执行其必然的政治统治外，还必须实现其社会管理的职能，伴随着社会公共事物分工的发展，国家安全也必然带有社会性、全民参与的特点。比

① 《邓小平文选》第3卷，人民出版社1993年版，第348页。

如由于间谍与反间谍行为有较强的隐蔽性，而发展组织、获取情报等活动又必须在人际交往中进行，因此有社会性、群众性的特点。故而国家安全工作离不开包括大学生在内的基层人民群众的支持。在隐蔽斗争尖锐、复杂的新形势下，国家安全等专门机关更需要充分调动和依靠广大群众，建立起群众性的国家安全防线。只有切实做到专门机关与人民群众相结合，才能铸成防范和制止危害国家安全行为的铜墙铁壁。

正是由于国家安全对国家生存和发展所具有的以上特殊重要性，世界各国都从公开和隐蔽两条战线上来维护和保障其国家安全。而其中的隐蔽战线更是每个国家维护其国家安全的重要领域。即便是在和平时期，国家之间在隐蔽战线上的斗争也没有停止过。这种活动与各国之间正常的政治、外交、经济等交流不同。这条战线上的斗争是由国家安全机关和国家授权的其他相关机关以隐蔽的敌人为对手，以情报与反情报、间谍与反间谍、窃密与反窃密为焦点的特殊斗争。

随着全球化进程中日益复杂的世界形势变化，愈加突出的东西方矛盾、西方国家内部矛盾及发达国家与发展中国家的矛盾，不断出现的地区冲突、强权政治、霸权主义与恐怖主义，隐蔽领域的国家安全不仅没有随着冷战的结束而减弱，而且由于高科技、信息化时代的发展进入一个新的加强与提高时期，处于隐蔽领域的国家安全工作变得日益重要。

三、维护国家安全的基本内容

国家安全作为我国国家政权建设的重要组成部分，关系到党的执政地位、社会主义制度的巩固和国家的安危兴衰。《中共中央关于加强党的执政能力建设的决定》明确指出，要“针对传统安全威胁和非传统安全威胁的因素相互交织的新情况，增强国家安全意识，完善国家安全战略，抓紧构建维护国家安全的科学、协调、高效的工作机制，坚决防范和打击各种敌对势力的渗透、颠覆和分裂活动，有效防范和应对来自国际经济领域的各种风险，确保国家的政治安全、经济安全、文化安全和信息安全”。①

（一）《国家安全法》等相关法律的规定

我国现行有效的专门的国家安全法律规范主要是1993年颁布的《国家安全法》和1994年通过的《国家安全法实施细则》，前者是一部以防范和制止

① 《中共中央关于加强党的执政能力建设的决定》，人民出版社2004年版，第9页。

来自境外或者境内外相勾结的危害国家安全行为为主要内容的法律，共5章34条；后者对《国家安全法》进一步加以具体化，分5章28条。

《国家安全法》所称危害国家安全的行为是指境外机构、组织、个人实施的或者指使、资助他人实施的，或者境内组织、个人与境外机构、组织、个人相勾结实施的下列危害国家安全的行为：

（1）阴谋颠覆政府，分裂国家，推翻社会主义制度的；

（2）参加间谍组织或者接受间谍组织及其代理人任务的；

（3）窃取、刺探、收买、非法提供国家秘密的；

（4）策动、勾引、收买国家工作人员叛变的；

（5）进行危害国家安全的其他破坏活动的。

其中“资助”实施危害国家安全的行为，是指境外机构、组织、个人的下列行为：

（1）向有危害国家安全行为的境内组织、个人提供经费、场所和物资的；

（2）向境内组织、个人提供用于进行危害国家安全活动的经费、场所和物资的。

“勾结”实施危害国家安全的行为，是指境内组织、个人的下列行为：

（1）与境外机构、组织、个人共同策划或者进行危害国家安全活动的；

（2）接受境外机构、组织、个人的资助或者指使，进行危害国家安全活动的；

（3）与境外机构、组织、个人建立联系，取得支持、帮助，进行危害国家安全活动的。

那么，什么是危害国家安全的“其他”破坏活动呢？《国家安全法实施细则》第8条规定：

（1）组织、策划或者实施危害国家安全的恐怖活动的；

（2）捏造、歪曲事实，发表、散布文字或者言论，或者制作、传播音像制品，危害国家安全的；

（3）利用设立社会团体或者企业事业组织，进行危害国家安全活动的；

（4）利用宗教进行危害国家安全活动的；

（5）制造民族纠纷，煽动民族分裂，危害国家安全的；

（6）境外个人违反有关规定，不听劝阻，擅自会见境内有危害国家安全行为或者有危害国家安全行为重大嫌疑的人员的。

中华人民共和国成立以来，境内外各种敌对势力对我国进行的间谍破坏活动从未停止过。在改革开放的新形势下，各条战线的社会主义现代化建设取得了举世瞩目的成就，国内政治稳定，经济呈持续较快增长，人民物质文化生活明显改善，教育和科学文化水平有了很大提高。与此同时，境外间谍情报机关和其他敌对势力对我国进行政治渗透、颠覆、分裂、情报窃密以及其他破坏活动的范围不断扩大，方式也更加多样化。国家安全工作出现了许多新情况、新问题。

作为大学生要了解在和平与发展时期，国与国之间的竞争，除了政治军事外交斗争以外，还有一项重要内容就是人才争夺和科学技术的角逐。高校作为我国人才和科学技术信息的密集之地，随着对外开放办学的扩大，文化交流、科技交流、人员往来的频繁，学术交流与访问的增多，高校领域的国家安全工作变得越来越突出，其中人才与科技安全对于我国建设事业发展、社会的进步及综合国力的提高发挥着越来越重要的作用。我们必须高度重视国家安全工作，如果丧失警惕，就可能给国家和学校造成损失，甚至影响到国家的稳定和经济的发展，影响到包括大学生在内的人民群众的利益。

境内外敌对势力在高校中较多的是用公开掩护秘密、以合法掩护非法的手段，我们要对国内外间谍机关千方百计窃取我国政治、经济、军事、外交等情报和危害国家安全的活动保持高度警惕。“国家利益高于一切”，维护国家安全和利益是每一个公民应尽的义务。每一个大学生都要增强维护国家安全的荣誉感和责任感，增强国家安全意识，自觉维护国家安全，积极支持、协助国家安全工作，保守国家秘密，提高警惕，增强反窃密、防策反等方面的抵御能力，做一名国家安全和利益的自觉维护者。

（二）《国家安全法》中规定的公民维护国家安全的义务

在改革开放的新形势下，有些人缺乏警惕性，国家安全意识观念淡薄，出现了一些对国家安全工作不利的现象。有的人在与境外人员或者其他人员的交往中，随意把一些涉及国家秘密的事情泄露出去；有的人为了个人私利而置国家利益于不顾，参加间谍组织或其他敌对组织，窃取、刺探、收买、非法提供国家秘密；有的人从单纯经济利益和私欲出发，在与境外人员接触过程中故意或过失给国家安全和利益带来损害。

依照我国相关法律规定，公民在维护国家安全方面有6项具体义务：

（1）应当为国家安全工作提供便利条件和协助；

（2）发现危害国家安全的行为后，应当直接或通过所在组织及时向国家安全机关或公安机关报告；

（3）国家安全机关调查了解有关危害国家安全的情况、收集证据时，公民应当如实提供，不得拒绝；

（4）应当保守所知悉的国家秘密；

（5）不得非法持有国家秘密的文件、资料和其他物品；

（6）不得非法持有、使用窃听、窃照等专用间谍器材。

以上这些内容也是我们大学生在维护国家安全方面应当承担的义务。

除了危害国家安全的行为以外，《国家安全法》还将以下行为明确定为妨碍国家安全工作的行为。这些主要有：拒绝提供间谍犯罪证据的行为；拒绝提供其他危害国家安全犯罪证据的行为，阻碍执行国家安全工作职务的行为；泄露国家安全工作秘密的行为等。

（三）大学生在维护国家安全方面的注意事项

首先，认真学习《国家安全法》，自觉树立国家安全意识。应清醒地看到，隐蔽战线的斗争依然是十分尖锐和复杂的，要居安思危，增强忧患意识，强化国家安全观念，把维护国家安全和社会政治稳定看做是自己的神圣职责，在高校中形成维护国家安全的师生防线。

其次，抵御各种诱惑，提高警惕，维护国家主权和民族尊严。在涉外活动中遵守外事纪律，抵制各种诱惑，保守国家秘密；维护国家统一和民族团结，遵守我国宗教的相关法律规定，及时防范和制止危害国家安全的各种违法犯罪行为等。

同时，严格遵守国家安全等相关法律法规，认真履行维护国家安全的各项义务。

四、危害国家安全的主要后果和法律责任

国与国之间不论国情、社会制度、意识形态、文化背景多么不同，但有一点是相同的，那就是各国都把维护本国的安全放在首位，并且十分注意运用法律手段来保障国家安全，对危害国家安全的行为予以严厉制裁。

国家安全机关是我国国家安全工作的主管机关。国家安全机关对实施危害国家安全行为以及妨碍国家安全工作的个人、组织依法追究其法律责任。也就是说，无论是不是大学生，只要实施了危害国家安全的行为，构成犯罪的，就将被依法追究刑事责任；不构成犯罪的，国家安全机关也可以给予警告、训诫或者责令悔过，所在学校依照校规校纪规定予以处理。

作为公民，在校大学生应当严格履行法定义务，积极支持、协助国家安全工作，维护国家安全。

根据引起国家安全法律责任的行为性质不同，国家安全法律行为的法律责任分为：刑事责任、民事责任和行政责任。这些法律责任的具体实现方式有：

（一）刑罚处罚制裁措施

刑罚作为一种最为严厉的法律制裁措施，它不仅体现了国家对于危害国家安全的犯罪行为人的严厉谴责，而且是对其生命权、人身自由，或者财产权、政治权等权利的限制和剥夺。对大多数国家安全方面的犯罪来讲，只有让行为人通过这种方式承担自己的行为后果，才能预防和制止国家安全犯罪，有力地维护国家安全和利益。

我国《刑法》规定的刑罚种类有主刑和附加刑两大类。主刑包括：管制、拘役、有期徒刑、无期徒刑和死刑；附加刑包括剥夺政治权利、没收财产、罚金，还包括针对特定犯罪人（犯罪的外国人）的驱逐出境等。

我国《刑法》分则第一章从第 102 条到第 113 条规定了危害国家安全犯罪应受到的刑罚处罚有管制、拘役、有期徒刑、无期徒刑，犯国家安全罪对国家和人民危害特别严重，情节特别恶劣的，可以判处死刑；犯危害国家安全罪的还应当剥夺政治权利，并可以没收财产。

另外，对以暴力、威胁方法阻碍国家安全机关执行公务的行为和故意或过失泄露国家安全工作秘密的行为构成犯罪的也给予刑罚处罚。

（二）虽构成犯罪，但免除处罚

在我国，追究国家安全刑事责任时还会有一种情况，虽然构成犯罪，但因某些原因不进行起诉。根据我国《刑事诉讼法》第 142 条的规定："对于犯罪情节轻微，依照刑法规定不需要判处刑罚或者免除刑罚的，人民检察院可以作出不起诉决定。"此外，《国家安全法》第 24 条规定，凡间谍罪自首或者有立功表现的，可以从轻、减轻或者免予处罚，有重大立功表现的，给予奖励。《国家安全法》第 25 条规定，在境外受胁迫或者受诱骗参加敌对组织的，从事危害国家安全的活动，及时向我国驻外机构如实说明情况的，或者入境后直接或者通过所在组织及时向国家安全机关或者公安机关如实说明情况的，不予追究。这不仅是实现国家安全刑事责任的一种方法，同时也符合反间谍斗争的实际需要。

（三）非刑罚处理方法

这里所说的非刑罚处理方法，不具有刑罚的性质和作用，但也是对犯罪人的一种制裁措施。比如《国家安全法》规定，明知他人有间谍犯罪行为，在国家安全机关向其调查有关情况、收集有关证据时，拒绝提供的，由其所在单位或者上级主管部门予以行政处分，或者由国家安全机关处以 15 日以下拘留。再如，享有外交特权和豁免权的外国人，在我国主权领域内有违反国家安全的行为，需通过外交途径解决。

第二节　保守国家秘密是政治安全的重要内容

一、国家秘密的含义及其密级划分

（一）国家秘密的定义

《中华人民共和国保守国家秘密法》（简称《保密法》）对我国国家秘密作了如下表述："国家秘密是关系国家的安全和利益，依照法定程序确定，在一定时间内只限一定范围的人员知悉的事项。"这个表述告诉我们，国家秘密包含三个基本特征。

（1）"关系国家的安全和利益"，这是国家秘密的本质特征，也是区分国家秘密和非国家秘密的主要标准；

（2）"依照法定程序确定"，这是国家秘密的程序特征，关系国家安全和利益的事项，必须在履行确定相应密级的程序后，才能成为法律认可的国家秘密；

（3）"在一定时间内只限一定范围的人员知悉"，这是国家秘密的时空特征。国家秘密必须限定在"一定时间内"，只能是"一定范围的人员"才能知悉，不得为"一定范围"以外的人员知悉。

国家秘密的上述三个特征是相互联系，相辅相成，缺一不可的。

（二）国家秘密包括的主要内容

（1）国家事务重大决策中的秘密事项；

（2）国防建设和武装力量活动中的秘密事项；

（3）外交和外事活动中的秘密事项以及对外承担保密义务的事项；

（4）国民经济和社会发展中的秘密事项；

（5）科学技术中的秘密事项；

（6）维护国家安全活动和追查刑事犯罪中的秘密事项；

（7）其他经国家保密工作部门确定应当保守的国家秘密事项。

（三）国家秘密的密级划分

《保密法》第9条规定：国家秘密的密级分为“绝密”、“机密”、“秘密”三级。“绝密”是最重要的国家秘密，泄露会使国家的安全和利益遭受特别严重的损害；“机密”是重要的国家秘密，泄露会使国家的安全和利益遭受严重的损害；“秘密”是一般的国家秘密，泄露会使国家的安全和利益遭受损害。

二、保守国家秘密的重要意义

（一）保守国家秘密是维护国家安全和促进社会稳定的重要内容

国家安全是一个国家巩固政权和求得发展的前提。而国家安全工作，就是要运用各种手段了解对方，保卫自己。早在国家出现之前，人们就已认识到保守秘密对于战争胜负的重要性。国家出现之后，人们又逐步认识到保守秘密对于国家安全的重要性。战争双方或敌对双方出于本国国家利益的需要，一方面派遣间谍，千方百计窃取对方的秘密；另一方面又千方百计地保卫自己的秘密。所以，无论过去、现在和将来，窃密和保密都是政治斗争、军事斗争、经济竞争以及科技竞争等综合国力竞争的重要组成部分。

国家秘密是国家存在和发展的产物，没有国家的存在就没有国家秘密的产生，国家秘密是否安全直接关系着国家的利益和安全。

国际国内的历史教训说明，泄密将会给国家的安全和稳定造成较大的影响和危害。一个国家核心秘密的泄露，往往会造成国内形势的混乱，或使一个国家在国际事务中处于不利地位。党和国家在政治、经济、军事、外交等方面的一些重大决策、决定和改革措施，如果在酝酿、产生的过程中，或者尚未对外公布前就被泄露出去，就会不可避免地引起社会波动，削弱人们对党和政府的信任感和向心力，其结果也会严重干扰和妨碍这些决策、决定的实施和改革的顺利进行。因此，我们要自觉地从维护国家政治、社会稳定的需要出发，保守好国家秘密。

（二）保守国家秘密是改革开放和社会主义建设事业顺利进行的重要保障

改革开放以来，我国经济得到了繁荣和发展，我国在国际事务中的地位日益提高，同世界各国在政治、经济、科技和文化等方面的交流与合作日益频繁。我国经济、科技领域已成为境外各种势力对我国进行窃密活动的一个重要目标，他们通过各种方式和渠道，以合法掩护非法，以公开掩护秘密，用尽各种手段，窃取我国政治、军事、经济、科技等情报。他们甚至打着文化交流、讲学、经商、考察、旅游等各种幌子，四处结交我们的人员，用各种手段进行拉拢和收买，企图窃取我们国家的秘密。在这样的新情况、新形势下，失密、泄密渠道在增多，保密程度在加深，保密工作面临着前所未有的挑战。

因此，在坚持改革开放的前提下，在积极发展国际间合作与交流的过程中，认真保守国家秘密，对于我们全面贯彻执行改革开放的方针，保护我国的政治、经济利益，保卫和促进各项社会主义建设事业的发展都具有非常重要的意义。

（三）保守国家秘密对于促进经济发展、科技进步、全面推进小康社会建设具有重要意义

全面建设小康社会，最根本的是坚持以经济建设为中心，不断解放和发展生产力。经济是基础，科学技术是第一生产力，这两者是国家繁荣富强的实力所在，也是国家在国际市场竞争中的实力所在。在以经济发展、科技进步为基础的综合国力较量为特点的当今世界，许多国家一方面对外封锁经济发展中的核心秘密和新的科技成果，另一方面又千方百计地搜集和窃取别国的重要经济情报和最新的科技成果。特别是由于当代世界经济和技术的迅猛发展，经济领域的保密和窃密斗争日益尖锐复杂，并已成为当代世界秘密战的一个重要方面。保住了经济和科技秘密，就保住了国际经济竞争的资本。否则，就丧失了资本，就会在竞争中失利，就会给一个国家或集团带来灾难性的损失。近年来，一些经济、科技秘密外泄，导致损害我国的科技优势和经济利益，使我国在国际竞争中失利的事例屡见不鲜。因此，保守国家秘密对于促进经济发展、科技进步和全面建设小康社会具有重要意义。

三、保守国家秘密的主要法律、法规

随着社会主义现代化建设的蓬勃发展，改革开放的顺利进行，保密工作越来越受到重视。保密工作的重要地位决定了保密法律法规在法律体系中的重要性。因此，全体公民，尤其是作为祖国未来建设者和接班人的大学生更应懂得与掌握一定的保密法律法规知识。

（一）保守国家秘密的最高法律依据

《中华人民共和国宪法》中规定，中华人民共和国公民必须遵守宪法和法

律，保守国家秘密，爱护公共财产，遵守劳动纪律，遵守公共秩序，尊重社会公德；全国人民代表大会代表必须模范地遵守宪法和法律，保守国家秘密，并且在自己参加的生产、工作和社会活动中，协助宪法和法律的实施。

（二）《中华人民共和国保守国家秘密法》（简称《保密法》）

《保密法》是1988年9月5日第七届全国人民代表大会常务委员会第三次会议通过，1989年5月1日起施行的，共五章三十五条。该法中对立法的宗旨，国家秘密的定义和密级划分，保密的义务，保密工作的方针，保密制度，法律责任等进行了规定。

（三）《中华人民共和国保守国家秘密法实施办法》

《中华人民共和国保守国家秘密法实施办法》是1990年5月25日，经国务院批准，以国家保密局令第一号颁布的，共五章四十一条。该实施办法中对国家秘密及其密级的具体范围，确定密级、变更密级和解密，保密制度以及奖惩等进行了规定。

（四）《中华人民共和国国家安全法》

《中华人民共和国国家安全法》中规定：窃取、刺探、收买、非法提供国家秘密的行为属于危害中华人民共和国国家安全的行为；非法持有属于国家秘密的文件、资料和其他物品，构成泄露国家秘密罪的，依法追究刑事责任。

（五）《中华人民共和国刑法》

《中华人民共和国刑法》中对情节严重，泄露国家秘密行为和为境外的机构、组织、人员窃取、刺探、收买、非法提供国家秘密行为应承担的刑事责任有专门的规定。

为境外的机构、组织、人员窃取、刺探、收买、非法提供国家秘密或者情报的，处5年以上10年以下有期徒刑；情节特别严重的，处10年以上有期徒刑或者无期徒刑；情节较轻的，处5年以下有期徒刑，拘役、管制或者剥夺政治权利；

以窃取、刺探、收买方法，非法获取国家秘密的，处3年以下有期徒刑、拘役、管制或者剥夺政治权利；情节严重的，处3年以上7年以下有期徒刑；

非法持有属于国家绝密、机密的文件、资料或者其他物品，拒不说明来源与用途的，处3年以下有期徒刑、拘役或者管制；

国家机关工作人员违反保守国家秘密法的规定，故意或者过失泄露国家秘密，情节严重的，处3年以下有期徒刑或者拘役；情节特别严重的，处3年以上7年以下有期徒刑；

以窃取、刺探、收买方法，非法获取国家军事秘密的，处5年以下有期徒刑；情节严重的，处5年以上10年以下有期徒刑；情节特别严重的，处10年以上有期徒刑；

违反保守国家秘密法规，故意或者过失泄露军事秘密，情节严重的，处5年以下有期徒刑或者拘役；情节特别严重的，处5年以上10年以下有期徒刑。

四、大学生要自觉保守国家秘密

高等学校是传授知识、运用知识和创新知识的重要场所，是培养高层次现代化建设人才的摇篮，是科学研究的重要基地。我国高校承担着国家大量的自然科学和社会科学方面的研究任务，有许多方面在国内、国际上处于领先地位。因此，高校中存在国家秘密，有些秘密的密级还比较高。高等学校中所掌握的国家秘密一旦泄露，必将给国家造成严重损失。当前，高校开放程度日益提高，对外学术交流活动日趋活跃，对外合作日渐频繁，信息化水平不断提高，高校保密工作面临着新的挑战。作为高等学校的大学生，特别是参加科研的大学生，一定要树立保密意识，养成良好的保密习惯。

第三节　维护校园稳定符合大学生自身发展利益

一、维护校园稳定的意义

胡锦涛总书记在十七大报告中指出："社会稳定是人民群众的共同心愿，是改革发展的重要前提……高度警惕和坚决防范各种分裂、渗透、颠覆活动，切实维护国家安全。"① 报告对维护社会稳定工作给予了充分的肯定和高度的重视，对高校安全稳定工作的开展具有重要的指导意义和现实意义。

"社会稳定，是任何一个国家和政府都极力追求和维护的社会目标，国家政权的巩固是社会稳定的标志。"② 稳定是发展和改革的前提，发展和改革必

---

① 胡锦涛：《高举中国特色社会主义伟大旗帜　为夺取全面建设小康社会新胜利而奋斗》，人民出版社2000年版，第17页。

② 张翔麟：《稳定论》，中央文献出版社2004年版，第3页。

须有稳定的政治和社会环境，政治稳定是社会稳定的核心，这是我们付出了代价才取得的共识。教学、科研、服务社会是高校的主要职能，高校的安全稳定对于完成这些主要职能，具有十分重要的意义。

（一）维护校园稳定是国家长治久安的需要

自中华人民共和国成立以来，西方敌对势力一直不遗余力地对我国发动各种攻势，从政治孤立、经济封锁、军事威胁，到1953年美国国务卿杜勒斯在国会上提出以思想文化渗透为重点、以影响意识形态为目的的“和平演变”战略，并把“和平演变”的希望寄托在中国共产党第三代领导人身上。近年来，西方敌对势力更是软硬兼施，企图用“接触”、“遏制”的方法分化、西化中国，打一场没有硝烟的战争，来促使我国改变政权性质，放弃社会主义制度，从而达到颠覆中国的目的。

邓小平曾明确指出：“帝国主义搞和平演变，把希望寄托在我们以后的几代人身上。……我们这些老一辈的人在，有分量，敌对势力知道变不了。但我们这些老人呜呼哀哉后，谁来保险？所以，要……把共产党员教育好，把人民和青年教育好。”① 高校因聚集我国未来发展希望的优秀青年，将直接影响着国家的改革和发展，更是社会稳定的晴雨表。从影响来看，高校学生涉及千家万户，家长时刻关心，社会普遍关切，国外非常关注。一旦高校出现问题，将很快波及国内外，很可能成为社会混乱的导火索。

（二）维护校园稳定是社会主义现代化建设的需要

坚持把教育摆在优先发展的战略地位，是我们党和国家提出并长期坚持的一项重大方针，也是发挥我国人力资源优势、建设创新型国家、加快推进社会主义现代化的必然选择。高校是培养和造就社会主义现代化建设事业栋梁之材和可靠接班人的重要基地。从发展来看，大学生是宝贵的人才资源，是民族的希望、祖国的未来，是发展先进生产力和先进文化的重要力量。稳定的校园环境，为大学生提供了良好的学习和科研环境，为大学生全力以赴地完成学业和科研任务提供了有力的保障。正如邓小平所说：“中国的问题，压倒一切的是需要稳定。没有稳定的环境，什么都搞不成，已经取得的成果也会失掉。”②

---

① 《邓小平文选》第3卷，人民出版社1993年版，第380页。

② 《邓小平文选》第3卷，人民出版社1993年版，第284页。

(三) 维护校园稳定是大学生自身发展的需要

校园是大学生生活、学习、娱乐、交往等活动的主要场所。大学生在校期间，以完成学业为主。由于大学生大多处于身心发展的人生重要阶段，既有思想活跃、感情丰富的一面，也存在思想比较单纯，缺少正确的判断力和自制力的一面，很容易受到外界不良环境和因素的影响，甚至左右他们的行为，从而影响甚至荒废了学业，极个别人甚至走向了国家和社会的对立面。稳定的校园环境，为大学生创造了一个良好的学习环境，可以使他们全身心地投入到学习和科研当中，积极参与社会实践，丰富自己的人生阅历，为将来实现自己的人生价值，更好地发挥自己的聪明才智积累丰富的人生经验。如果没有校园的稳定，总是呈现混乱的局面，那么学校就没有正常的教学秩序和良好的学习氛围，大学生学习时间得不到保证，就不可能接受现代的文化和科学知识，就不能掌握为社会主义建设作贡献的本领，甚至找工作都困难，个人前途、理想将付之东流，给大学生个人造成难以弥补的损失。所以，维护校园的政治稳定也是每个大学生自身发展、自身利益的迫切要求。

二、影响校园稳定的若干因素

我国国力的增强，国际地位的不断提高和巩固，使得一些敌对势力加快了对我西化、分化节奏。加之国内也处于改革发展的关键时期，协调社会利益关系的难度加大，滋生和诱发违法犯罪的消极因素大量存在，并已经成为影响社会稳定的主要因素。高校作为社会的重要组成部分，不可避免地要受到种种因素的影响。

(一) 境内外敌对势力的渗透

校园历来是敌对势力与我们争夺接班人的主阵地，西方敌对势力始终把大学生作为“和平演变”的重点目标之一，自认为“掌握了中国的大学生，就掌握了中国的未来”。① 长期以来境内外敌对势力纠集整合所谓民运和民族分裂势力、邪教组织等，不断对我国进行渗透、分裂和破坏活动。高校首当其冲地成为他们的战略突破口，他们有时披着合法的外衣，以旅游、学术交流、探亲、交友、经商等方式，有时通过设立基金会、提供奖学金、开展合作研究、项目培训等渠道向我国各个领域进行渗透。他们通过各种渠道、不断翻新手法对我国大学校园施加影响，特别是境内外邪教组织与其他敌对势力相勾结，在

---

① 王振铎主编:《高校保卫工作概论》，中国人民大学出版社 2004 年版，第 22 页。

不断与政府、社会进行公开对抗的同时，加大对高校师生的渗透，利用一些受过高等教育的忠实信徒和大学校园网、电话、信件、短信等多渠道向学校进行反动宣传和破坏活动，妄图利用高校教育资源的优势和影响力，确立和扩大其歪理邪说的“科学性”和“理论性”，以提高其蛊惑人心的“含金量”和“可信度”，掩盖其邪教本质，扩大其邪教影响，增加其邪教力量，巩固其邪教地位，提高其邪教砝码，从而达到与政府分庭对抗的目的。各种非法宗教势力以散发宣传品、谈心交流、聚会等形式将“宗教活动”渗透到个别校园，拉拢少数教师和学生参与“宗教活动”，甚至个别人在校园内公开鼓吹自由化思想。这些都直接给校园的稳定和国家的安全带来冲击和挑战。正如江泽民在庆祝建党七十周年大会上的讲话指出的：“意识形态领域是和平演变与反和平演变的重要领域……政治斗争大量地经常地表现为意识形态领域的思想斗争。”①

（二）高校快速发展带来的新问题

随着高校招生规模的不断扩大，出现了毕业分配就业压力增大、教育资源紧张的矛盾。一些学校因征地、拆迁、校园参观游览等引发高校与社会之间的问题。学生宿舍分配、物价上涨等后勤供应和保障问题造成师生因不满进而引发非理性的发泄。加之一些不负责任的媒体捕风捉影的炒作，引起一些不明真相的人恶意攻击。因为高校的特殊地位和在国内外的影响，一些上访、维权等群体及社会上一些别有用心的人到学校聚集申诉，希望以此引起关注，扩大社会影响，这都不同程度地影响着校园的稳定。

（三）公共安全方面的突发性事件

突发性事件往往是因某种事由在短时间内突然诱发并迅速扩大升级，进而影响到公共安全的事件，一般由重大刑事治安案件、行政管理的失误、社会转型期不同群体利益之间引起的社会矛盾等事由所引起。随着校园的开放，犯罪分子到校内流窜作案的问题越来越突出。抢劫、盗窃治安刑事案件，校园交通、消防等引起的突发性事件都有可能随时发生，而学校行政管理部门却缺乏执法权而不能及时处置。据统计，2004 年、2005 年北京市 66 所高校共发生刑事案件 2000 余起，发生各类影响校园稳定的事件 300 余起，还有极少数大学

---

① 《江泽民在庆祝建党七十周年大会上的讲话》，《人民日报》1991 年 7 月 1 日第 1 版。

生涉嫌违法犯罪。① 这些案件多发于大学生生活学习的公共场所，教职工住宅区也时有发生。有的高校发生的大学生伤亡案件、爆炸案件所带来的影响一度成为社会关注的热点。如 2003 年 1 月，某高校因一起交通事故造成学生伤亡而引发了数千人的游行，对高校甚至社会的安全稳定带来了很大的冲击。以上事件虽然是个案，并最终都得到了妥善的解决，但我们也要充分认识到，高校在社会大环境的影响下，也存在着很多复杂的由公共安全事件引发的影响高校稳定的突发事件。这些公共安全事件处理不好，可能演变成政治事件，可能成为各种敌对势力攻击我国政府的借口和着力点。

（四）大学生爱国情结被别有用心的组织和个人利用的群体性、突发性事件

群体性事件是指具有某些共同利益的群体，为了实现某一目的，采取静坐、冲击、游行、集会等方式向国家机关施加压力、破坏公共财物、危害人身安全、扰乱社会秩序的事件。群体性事件与突发性事件密切相关，突发性事件处理不好，往往发展成群体性事件。群体性事件的发生，如果由于某种因素或条件影响，引起情绪激化，进而导致罢课、罢工、围攻、游行或局部社会动乱，境内外敌对势力往往会乘机渗透，采取“街头政治”的伎俩，利用一切可利用的借口，挑拨离间，兴风作浪，容易使矛盾走向对抗化，严重时还会使事件发生性质的变异。近几年来，因大学生爱国情结而引发的群体性事件表明了大学生热情高涨的爱国主义精神被人利用。如大学生因强烈的爱国热情在未经批准的情况下走上街头，很可能成为一些别有用心的组织和个人达到不可告人目的的急先锋。在这些事件中，国内外一些敌对分子以各种身份混迹其中，企图利用学生的爱国热情挑起事端，将矛头指向政府。由此而引发的大规模群体性事件也可能会给社会稳定带来一定的隐患，甚至成为引发社会动乱的导火索。

（五）互联网络的负面影响

高效、快捷的互联网络在为高校教学、科研、学习、生活、交友提供了极大方便的同时，也因其存在的管理问题使得网上不可避免地会出现一些良莠混杂的信息，从而给涉世不深的大学生带来一定的负面影响。西方国家不断加强

---

① 北京市委教工委、北京高教保卫学会组编：《大学生安全知识》，机械工业出版社 2006 年版，第 2 页。

在网上的渗透，不同程度地左右大学生的人生观和价值观，进而造成思想上的混乱。一些怀有不可告人目的的组织和个人更是依托互联网络，通过手机短信、网络聊天等手段作为蛊惑、煽动、攻击政府甚至串联、结伙、聚众的阵地和根据地。

三、大学生是维护校园稳定的主体

稳定的校园环境使在校学习生活的大学生成为最大的受益者，维护校园稳定，就是维护了大学生的自身利益。所以，从根本上讲，大学生就是维护校园稳定的主体。因此，作为维护校园稳定的主体，加强理论学习，参与校园建设，维护校园稳定，保护自身利益既是大学生的权利，也是大学生的义务。

（一）提高政治敏锐性，努力承担维护校园稳定的重任

1. 加强理论学习，努力提高认知力

大学生要认真学习马列主义、毛泽东思想、邓小平理论、“三个代表”重要思想及科学发展观，并把握其精髓，把握其规律，以理论指导实践。这种深厚的理论水平不是天生就有的，而是来之于学习学习再学习。在党的十六届六中全会上，胡锦涛总书记明确指出：要从赢得青年、赢得未来的高度，抓好大学生理论学习，深入推进马克思主义中国化的最新成果进教材、进课堂、进头脑工作，让青年知识分子了解和相信党的理论，在广大青年中培养一大批坚定的马克思主义者。胡锦涛总书记的这一重要讲话，为大学生理论武装头脑提出了明确要求。正所谓“风声雨声读书声，声声入耳；国事家事天下事，事事关心”。

2. 参与社会实践，不断提高洞察力

大学生要善于分析、掌握事物发展的规律，要从大量的现实生活和工作、学习的感悟中，透过现象看本质，并掌握其本质；要积极参加社会实践，深入到社会中去，深入到群众生活中去，了解中国国情，了解社会的变革所带来的丰硕成果，了解群众的富裕安康和贫困疾苦；要正确认识正处在加速转型时期的我国因城乡差别、地域差别、贫富差别所带来的矛盾和由此而带来的利益冲突，不断提高对社会现象、政治现象和政治事件的洞察力。

3. 理论联系实际，索本源看实质

大学生要理论联系实际，逐渐学会对政治事件做出正确的识别和判断。江泽民同志指出：“理论是否联系实际，不仅是一个学风问题，而且是一个政治

问题，关系我们事业的兴衰成败。”① 许多人愿意评论政治事件，但能够结合其中知识背景来有效分析的不多。一个政治现象背后的原因也许是简单的，更多是复杂的。如现在有人提出中国军队中立化问题，表面上是实现所谓西方国家的民主，实质上是否认了中国共产党领导下的社会主义国家的性质，达到资产阶级自由化的目的。比如，高校大学生不时受到一些动机不纯的基金会、社团有条件地资助，实质上是对我国重要信息资源的非法窃取，致使我国在国家秘密、知识产权、资源环境、种族生存等多方面可能遭受重大损失。比如，宗教信仰问题。一些人对个别西方国家指责我国的宗教人权政策持支持态度。一些非法的宗教团体和个人以聊天、交友等方法在高校积极开展非法宗教宣传活动，建立非法宗教活动场所，表面上是帮助大学生交友、解决人生中遇到的困惑和问题，实质上是与我争夺接班人，从而达到西化、分化的目的。面对我国加速转型期所带来的各种问题和矛盾，要认识到“传统社会和现代社会都是相对稳定性的社会，社会问题不突出，但转型社会既不同于传统型社会，也不同于现代型社会，而是处在从传统型向现代型转变的过渡阶段，这是由于社会转型本身的复杂性以及迅速的变动性决定了转型过程中社会问题产生的必然性”,② 等等。这些都需要有一些对应的理论知识作为基础，才能有效地分析和把握事情的本质。

（二）从我做起，从现在做起，自觉维护校园稳定

清代著名思想家龚自珍说：“士皆知耻，则国家永无耻矣；士不知耻，为国之大耻。”作为国家未来的建设者，大学生要充分认识到自己肩负的历史责任，更应该具备和保持良好的思想道德素质和法制观念，自觉抵制各种不良思想的侵蚀，积极与违法犯罪的行为作斗争，把危及安全稳定的各种隐患消灭在萌芽状态。

1. 知法守法，努力成为遵纪守法的模范

没有规矩不成方圆。国家法律法规和学校管理制度是校园安全稳定有序的根本保障，也是维护大学生自身利益，营造良好学习环境的基础。

面对复杂的国内外环境和各种矛盾问题，要顾全大局，依法表达自己的诉求和爱国情感，自觉维护国家和学校的安定团结。大学生要学会运用法律、依

---

① 中国社会科学院马克思列宁主义毛泽东思想研究所：《毛泽东、邓小平、江泽民论哲学社会科学》，中国社会科学出版社 2005 年版，第 93 页。

② 章辉美：《社会转型与社会问题》，湖南大学出版社 2004 年版，第 25 页。

靠法律来保护自己，做到知法、懂法、守法。大学生要依据法律和学校的规章制度妥善处理各种矛盾和纠纷，绝不能在矛盾和纠纷中推波助澜，更不能借事造势，引发成危及校园稳定的事件。

2. 志存高远，正确处理面临的人生困惑

科学发展观不仅对于经济社会发展有重要的指导意义，对于大学生的成长进步、成才发展同样具有很强的指导性。青年学生要不断提升自身的综合素质，既要注重文化知识的学习，也要注重思想品德的锤炼；既要注重学习能力的提高，也要注重创新能力的培养；既要注重身体素质的发展，也要注重心理需求的健康，努力实现自身素质的全面发展。面对人际交往纠纷时，要胸怀“千里家书只为墙，让他三尺又何妨”的仁爱之心；面对壮志未酬的挫折时，要坚信“天生我材必有用，千金散尽还复来”的人生信念；面对难以逾越的困难时，要坚信“天降大任于斯人也，必先苦其心志，劳其筋骨”的人生磨难；面对令人窒息的压力时，要坚信“山重水复疑无路，柳暗花明又一村”的光明前景。同时，大学生面对我国新的加速转型时期出现的可能影响高校稳定和自身利益的国际国内诸多问题和矛盾所带来的困惑，要充分认识到每个国家在社会转型时期都会带来各种问题的必然性。作为大学生，要顾全大局，冷静思考，依法表达自己的诉求和爱国情感，自觉维护校园稳定。

3. 建言献策，努力为维护校园安全稳定作贡献

大学生不仅要做遵纪守法的模范，还要帮助和规劝别人遵纪守法，自觉抵制网上和社会上各种不良信息和行为的侵蚀，坚决与一切违法犯罪的行为作斗争。对于错误的思想动向和社会思潮，绝不能熟视无睹、麻木不仁，不能听任其蔓延和发展，必须见于未萌，止于未发。正如邓小平曾经指出的：“在苗头出现时不注意，就会出事。”① 对事关政治方向和根本原则的问题，必须头脑清醒，反应敏锐，该坚持的就要坚持，该批驳的就要坚决批驳，对于不听劝告的要及时向组织报告，使那些破坏校园稳定的思想、言论和行为在校园中没有立足之地。

---

① 《邓小平文选》第3卷，人民出版社1993年版，第379页。

第三章　文化安全

当前，我们正处在一个经济全球化、信息传播网络化、文化产业化、价值选择多样化的时代，民族的、科学的、大众的社会主义文化形态，正遭受着日益猛烈的异质文化冲击。大学校园是新思想、新文化产生或引进的发源地，是各种不同性质文化交融激荡的前沿阵地。大学生的文化安全教育，尤其需要广大教育工作者予以高度重视。

第一节　坚定马克思主义信仰，提高大学生文化安全意识

一、大学生文化安全教育

（一）文化安全

文化安全的概念，现今学术界阐释视角不同，所获认识也不同，但总的说来，石中英《论国家文化安全》中对国家文化安全的界定，得到大部分学者的认可：主权国家的主流价值体系以及建立于其上的意识形态、社会基本生活制度、语言符号系统、知识系统、宗教信仰等主要文化要素免于内部或外部敌对力量的侵蚀、破坏和颠覆，从而确保主权国家享有充分完整的文化主权，具备同国家政治、经济发展协调一致、良性互动和不断创新的文化系

统，并在人民群众中间保持一种高度的民族文化认可。① 这是从主权国家的高度来界定文化安全。

(二) 大学生文化安全

对于大学生而言，大学生文化安全即是指大学生群体的主流价值体系及以此为基础形成的大学生思想观念、社会生存方式、语言符号系统、知识结构体系、政治宗教信仰等主要文化要素免于校园内外的有害文化侵蚀、破坏和颠覆，使大学生的价值观念和文化心理与自身发展、社会进步协调一致的文化系统。该系统在大学生群体中具有较高的群体文化认可度，且能帮助大学生实现身心健康，顺利成长为社会主义合格建设者和可靠接班人。

(三) 大学生文化安全的内容

大学生文化安全教育的核心内容是大学生的价值观念塑造和文化心理疏导，目的在于创设大学生主体“在生存和发展的过程中没有威胁、危机和危险”的情景,② 使大学生在文化的客观状态、主观感受和文化理想三个层面都处于安全状态。

客观状态上的文化安全。对大学生进行文化安全教育，必须要为他们创造一个安全、平稳、连贯的文化环境。在大学生成长过程中，社会主导思想稳固与高度认同，社会文化秩序健康与遵守良好，民族传统文化精髓得以传承与发扬，都是文化安全的直接、客观体现。

主观感受上的文化安全。人的个人意识是客观社会现实的反映。人们在各种文化创作与文化体验过程中，总要对所处的文化环境做出相应的反应，而文化安全问题的客观存在，也使得文化主体在心理上产生相应的主观感受。“然而，由于文化主体的遭遇不同，人们对文化安全的反应也不一样。”③ 当代大学生由于个体的心理素质、知识结构、生活阅历、情感体验，以及对安全的觉察能力、耐受程度和觉悟水平不同，对文化安全的主观感受也截然不同。有的大学生对中国传统文化有着深切的热爱与认同，积极行动以弘扬中国传统文化。据报载，武汉大学一位大四女生王颖熟诵《四书》，善讲《红楼梦》，

---

① 石中英:《论国家文化安全》,《北京师范大学学报（社会科学版）》2004 年第 3 期。

② 李金齐:《文化安全释义》,《思想战线》2007 年第 3 期。

③ 李金齐:《文化安全释义》,《思想战线》2007 年第 3 期。

2004年10月，在校内开坛讲“红楼”，场场听众爆满，许多研究“红学”的博士生及青年教师也特意赶来听讲，掀起了大学生研习“红楼”的热潮，一时传为佳话。① 但也有部分大学生对文化安全状态漠不关心，有的大学生甚至全盘接受西方思想，认为马克思主义已经过时，彻底否认中国传统文化的价值。目前这种大学生文化安全意识参差不齐的现状，也加大了文化安全教育的难度，教育工作者要采取针对性措施，对症下药。

文化理想上的安全。从古到今，从中国到世界，构建一个能使自己与他人幸福、快乐、公平、合理且没有威胁与恐惧的美好生存世界，一直是人类的终极文化理想。从东方孔子的“天下大同”、老子的“小国寡民”、陶渊明的“桃花源”到西方柏拉图的“理想国”、托马斯·莫尔的“乌托邦”、康帕内拉的“太阳城”，等等，都体现人类对未来世界的美好追求与憧憬，实际上反映的就是人类对文化安全的一种内在要求和渴望。他们构建的理想世界统统缺乏科学性与现实性，使得文化安全的期待无法实现。只有马克思提出了共产主义的理想社会模型，才使人类的文化理想上升到科学的形态。因此，我们在进行文化安全教育时，必须使大学生深刻领会马克思主义理论的科学性，提高大学生辨别文化真伪、抵制不良文化侵蚀的能力，帮助大学生树立坚定的马克思主义信仰。

二、大学生文化安全意识的现状

“青年兴，则国兴；青年强，则国强。”② 大学生关系着国家的前途和命运，肩负着社会主义建设与中华民族复兴的历史重任。当代大学生思想觉悟和道德状况的主流是积极向上的，综合素质也在不断提高。然而，由于西方国家“文化帝国主义”政策的不断推进，“西化”、“分化”、“软化”、“腐化”等“和平演变”策略的施行，以及改革开放以后校园内外部环境发生巨大变化，对大学生思想观念产生巨大冲击，大学生文化安全意识现状令人忧虑。

（一）西方文化渗透严重，西化趋势明显

在经济全球化的世界格局下，文化也不可避免地出现全球化的趋势。经济的强权衍生出文化的强势，西方国家成为文化全球化的主导者。它们利用一切可能的机会，将资产阶级价值观念和文化体系向我国移植，对我国国民的思想

① 《楚天都市报》2004年10月1日。

② 梁启超：《少年中国说》。

观念、价值观念、文化传统、生活方式、消费习惯、语言文字等产生巨大影响。在这个过程中，受影响最大的是我国的青少年，尤其是高校大学生。文化渗透实际成为西方实现国家利益的特殊工具。

冷静分析西方错综复杂、迷雾重生的“和平演变”策略，可以发现，西方国家采用文化侵略的手段主要有：

1. 利用大众传媒，进行文化扩张

亨廷顿在《文明的冲突与社会秩序的重建》中，从一张非洲儿童坐在沙砾堆上全神贯注地观赏美国电视节目的照片，分析了美国文化对非洲贫困地区传统文化的改变。这张照片也是西方国家利用广播、电视、电影、报刊、杂志、书籍等大众传媒进行全球扩张的真实例证，中国不可避免地成为西方国家文化扩张的主要目标。

网络作为新兴传媒，已经是西方文化扩张中不可或缺的推动器。一些别有用心的西方国家充分利用网络资源优势，通过网络这只无形的手，以网络特有的穿透力突破传统的文化概念和框架，潜移默化地改变着人们传统的语言交流规则和运作方式。同时，一些国家利用网络，对不同社会制度、不同价值观念的国家和地区进行以意识形态为首的全方位文化渗透，可以说，“信息全球化冲垮了意识形态的藩篱”。①

2. 利用教育文化交流，实现文化移植

教育文化交流，是西方国家进行文化移植的绝佳机会。每年，以美国为首的西方国家都会资助世界各国的大学生、教师、作家、学者、文化精英到美国等国学习、访问和研究。例如，美国接受世界各国留学生高达学生总数的23%，每年约接纳22000名中国留学生。另外，美国新闻署的国际访问学者项目，每年使5000多名外国人到美国与同行交流。毫无疑问，种种教育交流项目，对促进我们亲身体验美国社会文化、了解美国制度、掌握国外科技成果、更新思想观念很有帮助。但是，这种不加区别的文化全接触，也容易使留学生们产生全盘认同美国文化，动摇本土文化地位的负面效果。中国目前已经是全世界人才外流最严重的国家。

捐赠图书、资助贫困地区教育发展也是西方国家对外文化交流的一部分。西方国家捐赠的书刊是资本主义国家文化思想的集中表现，随图书附赠的，还有西方国家的价值观念。而向贫困地区大学生提供奖学金，极易让受助人对西

① 周亦乔：《全球化背景下的高校文化安全教育》，《湖南农业大学学报（社会科学版）》2005年第6期。

方物质财富和文化思想产生好感与崇拜。

显而易见，西方国家的种种文化交流，多数都带有一定的政治目的，需要大学生保持清醒的头脑，也需要当代大学生认清文化交流附带的政治图谋。

3. 利用大规模文化产品输出，提升文化吸引力

以美国为首的西方国家对我国实行和平演变政策，早已形成一套完整的指导思想，将中国的青年尤其是大学生作为他们腐蚀的主要对象，仅从2000年揭秘的美国中央情报局对华《十条诫令》① 的部分内容就可见一斑。诫令提出："尽量用物质来引诱和败坏他们的青年，鼓励他们藐视，鄙视，进一步公开反对他们原来所受的思想教育，特别是共产主义教条。替他们制造对色情奔放的兴趣和机会，进而鼓励他们性解放。让他们不以肤浅、虚荣为羞耻。一定要毁灭他们强调过的刻苦耐劳精神。"（《十条诫令》第1条）"一定要把他们青年的注意力，从以政府为中心的传统引开来。让他们的头脑集中于：体育，表演，色情书籍，享乐，游戏，犯罪性的电影，以及宗教迷信。"（《十条诫令》第3条）诫令还提出要将"西化"的手段多样化，"一定尽一切可能，做好传播工作，包括电影，书籍，无线电波……和新式的宗教传播。只要他们向往我们的衣食住行、娱乐和教育的方式，就是成功的一半。"（《十条诫令》第2条）中国的传统道德成为诫令妄图瓦解的主要内容，"要利用所有的资源，甚至举手投足，一言一笑，都足以破坏他们的传统价值，我们要用一切来毁灭他们的道德人心，摧毁他们的自尊自信的钥匙，就是尽量打击他们的刻苦耐劳的精神。"（《十条诫令》第9条）

从《十条诫令》可以清楚地看到美国的文化扩张的企图。美国政府力图争夺和控制的，是中国人的思想、意志和价值观以及以此为基础建立起来的政治向心力和民族凝聚力。

（二）传统文化与价值理念遭受严重侵蚀

在西方国家源源不断的糖衣炮弹的攻击下，流传了几千年的中国传统文化正在逐渐消逝，传统价值理念也在大学生群体中不断褪色。在很多大学生眼中，中国传统文化，仿佛一位失却芳华、褪却华彩的老妪，黯淡了深邃睿智的魅力，蜷缩于大学校园的角落中，难以勾起学习和了解的兴趣。

1. 传统文化意识逐渐淡漠

随着大学生生活环境的日益开放和自我选择的更加多样，部分大学生对传

---

① 《美国中情局对华的"十条诫令"》，《党政论坛》2001年第9期。

统文化的热衷程度不断下降。遍观大学校园，大学生看欧美电影，听爵士、摇滚的人多了，很少有大学生真正真心诚意静下来读过四书五经，了解儒、道各家学派的思想精髓，细细品味《二泉映月》、《梁祝》的唯美、国粹京剧的神韵。大学生社团纳新之际，动漫、交谊舞、电子竞技类社团往往极为火爆，而诗歌社、书画社、戏剧社常常是门可罗雀，少人问津。

种种事实表明，传统文化的魅力在大学生群体中不断消退，传统文化的传承在年轻一代中甚至出现断裂现象。

2. 传统价值观念不断遭受侵蚀

当代大学生价值观念呈现多元态势，很多传统文化的优秀内核，已经被大学生偏离甚至抛弃。

诚信观念历来为先贤圣哲恪守。《大学》云："为人君，止于仁；为人臣，止于敬；为人子，止于孝；与国人交，止于信。"将诚信作为与人交往的基本守则。《论语·述而》云："子以四教：文、行、忠、信。"诚信美德是孔子认为值得传承给子孙后代的精神财富。而某些大学生诚信意识欠缺，作业抄袭、论文剽窃、考试作弊、求职造假、单方违约、拖欠助学贷款等现象，都让大学生诚信处于危机状态。

大学生的集体主义意识和奉献意识也趋向淡漠，自我意识滋长，享乐意识膨胀。大学生群体中，很多人热衷于追捧明星，玩网络游戏，对国家大事漠不关心；倾向于单枪匹马、独自奋战解决问题，不喜欢团队协作和帮助他人；喜欢享受生活，攀比铺张，吃不得苦，受不得委屈……在某些大学生思想意识中，呈现爱国主义、集体主义、社会主义思想和价值观念销蚀，拜金主义、享乐主义、利己主义蔓延的现状。

三、提高大学生文化安全意识的途径

依据以上分析，可以看出，当代大学生文化安全意识现状显然不能适应时代要求，不能抵制全球化对国家文化安全、校园文化安全的冲击。针对大学校园文化安全现状，应该从以下三个方面提高大学生的文化安全意识。

（一）坚决用马克思主义占领校园文化阵地

江泽民同志指出，意识形态领域阵地，马克思主义不去占领，非马克思主义和反马克思主义的东西必然会乘虚而入。高校是先进文化传播与发展的重要基地，也是各种流派思潮交流激荡的前沿阵地。我们必须坚持用马克思主义占领高校校园思想文化阵地。

首先，要坚持马克思主义思想的指导地位不动摇。马列主义、毛泽东思想、邓小平理论和“三个代表”重要思想作为当代最先进的思想文化成果，是安邦立国之本，决定着中国特色社会主义建设的性质和方向。离开它的指导，我国大学生文化安全教育就会偏离方向，就会在各种错综复杂的意识形态领域斗争中失败。大学生只有自觉坚持不懈地用中国特色社会主义理论武装头脑，才能真正焕发出活力与朝气，奋发有为，健康成长为社会主义事业的建设者和接班人。

其次，高校要加大马克思主义理论的宣传力度和深度。当前，高校各部门要通力合作，上下齐心，营造积极学习马克思主义理论的校园氛围。学生思想教育工作者既要带头学习马克思主义理论，还要带动全校学生形成学理论、用理论的风气。要认真组织入党积极分子参加党校学习，强化考勤、考核管理，使党校学习成为大学生理论学习的良好途径。学校要支持马克思主义理论类社团的成立与发展，激发大学生学习和运用马克思主义，尤其是科学发展观的兴趣与热情。

再次，要坚持爱国主义、集体主义与社会主义在大学生价值观中的主导地位。“民族文化安全意识的树立，很大程度上有赖于爱国主义的内化。”① 爱国主义精神蕴藏着巨大的力量，青年学生是国家的未来与希望，新世纪国家文化安全将靠青年人来实现。应加强对青年学生的爱国主义教育，保障国家文化安全后继有人。集体主义是人类道德文明的重要成果，是社会主义中国一直提倡和坚持的基本道德原则，是当今时代精神的精华。社会主义，就其价值观念而言，是源于人们对一个自由、平等、互助的社会的向往和追求。

全球化虽然促进了生产力的发展，提高了生产社会化程度，但也造成了一个更加不平等、不公正、贫富悬殊、南北对立的世界。在这样的世界上，要求摆脱剥削、压迫、贫困和愚昧，追求自由、平等、互助，最终实现人类解放的社会主义理想和价值，无疑具有直接的现实意义和强大的生命力。

（二）继承和发扬民族优秀传统文化

1. 继承和发扬优秀传统文化

中国是一个有着五千年悠久历史和灿烂文化的文明古国，中国传统文化中优秀、珍贵的精神财富比比皆是。孔子的“仁政”思想，启发了“以德治国”

---

① 周亦乔：《全球化背景下的高校文化安全教育》，《湖南农业大学学报（社会科学版）》2005年第6期。

方略的萌生；孟子“富贵不能淫，贫贱不能移，威武不能屈”的气概，展现了中华民族的气节；《大学》中“格物、致知、正心、诚意、修身、齐家、治国、平天下”的思想，为人们锤炼道德品质指明了方向；“君子自强不息”、“忠恕违道不远，施诸己而不愿，亦勿施于人”、“实事求是”等思想，都体现了古代圣哲为人处世之道。隐藏于中国传统文化之中的，是千百年来植根于中华民族头脑和血脉的价值观念和思维方式。而抵抗异质文化侵蚀最好的办法就是将本民族的文化价值观念植根于全体人民，特别是青年大学生的心中，让他们去熟悉、去理解、去欣赏、去信仰、去实践。这就要求高校承担起向大学生阐释民族文化精髓、传承民族文化传统、促进民族文化认同的重任。

2. 弘扬和培育民族精神和时代精神

民族精神和时代精神是民族文化的精髓，弘扬和培育民族精神的重要内容，就在于培育人们对优秀民族文化的认同感，对民族文化发展和创新的责任感和使命感。大学生有了强大的民族精神和鲜明的时代精神，就有了自觉推动本民族文化发展，维护本民族文化尊严、文化利益和文化安全的强大精神动力。

在民族精神教育中，除了要了解中国古代的文化和精神外，更要了解革命战争时期形成的井冈山精神、长征精神、延安精神、西柏坡精神，以及社会主义建设过程中形成的大庆精神、雷锋精神、“两弹一星”精神，还包括在改革开放新时期形成的 1998 年抗洪精神、抗击非典精神、青藏铁路精神，等等。中华民族的民族精神和时代精神的内涵正在不断丰富和发展。

在传统文化教育中，一定要注重文化的创新和发展，即使是优秀的文化传统，也需要适应时代的变化，加以创造性的转化，同时融入民主精神、科学精神、法治精神、公平精神。民族精神和时代精神是不可分割的，文化传承和文化创新是内在统一的。保持和发展本民族文化的优良传统，必须努力把以爱国主义为核心的民族精神和以改革创新为核心的时代精神结合起来，培育大学生对祖国的热爱、对民族的珍爱，敢于改革的勇气，善于创新的锐气，不断为中华传统文化注入新的内涵，使其迸发新的活力。

（三）批判吸收西方文化，确保意识形态安全

中华文化只有面向世界，才能与时俱进，迎接扑面而来、咄咄逼人的西方文化，闭关锁国、被动防御只会使中华文化“不能获得新的文化因子而成为绝嗣的‘文明化石’”。① 中华文化该采用何种方式，理性成熟地应对西方文

① 赵林：《告别洪荒——人类文明的演变》，武汉大学出版社 2005 年版，第 2 页。

化呢？对此，毛泽东同志提出切实可行的方案，就是“洋为中用”、“吸取精华、剔除糟粕”。批判抵制西方文化中腐朽、落后价值观念，吸收采纳其中积极合理的精神文明成果，使西方文明成果也能为社会主义建设所用。

西方文化在发展过程中，早已形成独具魅力的文化成果，从古代希腊文化的和谐之美、罗马文化的凝重之力、基督教文化的灵肉分离，到现代西方价值观念中对人性的重视、对个性的尊重、对民主的推崇、对平等的认可，都平添了西方文化在经济、政治发展过程中的推动力量。

一方面，要及时了解、吸收国外的先进文化成果，追踪世界文化发展的前沿，强化世界意识，拓展全球视野，以开放的心态和宽广的眼光积极融入世界文化发展的潮流。大学生既要有坚定的文化安全观念，也要有积极的世界参与意识。另一方面，学校要注意帮助学生学会鉴别与批判西方文化的方法。西方文化价值观念中，有许多观念与社会主义价值观念格格不入，如拜金主义、享乐主义、极端个人主义，对于这些思想，我们要教育学生警钟长鸣，坚决抵制。而对于那些带有虚假性、相对性的“自由”、“人权”、“民主”等观念，我们要撕开它美丽的外包装，揭示其文化价值观念的历史性和相对性，引导大学生重新认识西方社会的政治架构、组织制度、生活方式与这些价值观念间的复杂联系，提高大学生在相关问题上的分析、批判和鉴别能力，从内部强化其抵御西方不良文化冲击的能力，确保意识形态领域的安全。

第二节　弘扬科学，抵制邪教，净化校园文化

2000年农历除夕，“法轮功”痴迷分子在天安门广场自焚，血案震惊全国，充分暴露了邪教组织“法轮功”反科学、反社会、反人类、反政治的邪恶本质，也反映了邪教组织已将目光瞄准校园，打响了争夺祖国下一代的战争，再一次敲响了高校弘扬科学、抵制邪教的警钟。这场自焚事件用生命的代价驱使高校工作者深刻认识邪教本质和巨大危害，引导大学生正确应对邪教，斩断邪教向高校渗透的魔爪，还高校师生一个纯净、太平的校园环境。

一、邪教及其产生根源

（一）邪教的概念

邪教既是一种历史现象，也是一种全球现象。宗教界、法律界以及学术界，对邪教较有影响的几种定义分别是：

“邪教是反对社会正统体制的极端教派，其界定的内涵通常指利用迷信邪

说、旁门左道、传徒敛财、聚众结党，甚至图谋颠覆政权的民间秘密宗教。"①而《当代邪教探析》则认为："邪教是冒用宗教名义，神化首要分子，制造散布歪理邪说，蒙蔽控制他人，为达到邪恶目的不惜从事反人类、反社会、反宗教活动的犯罪组织。"② 而最具权威性的宗教定义当属最高人民法院、最高人民检察院 1999 年 10 月 28 日发布的《关于办理组织和利用邪教组织犯罪案件具体应用法律若干问题的解释》中对邪教组织的规定："邪教组织是指冒用宗教、气功或者其他名义建立，神化首要分子，利用制造、散布迷信邪说等手段蛊惑、蒙骗他人，发展控制成员，危害社会的非法组织。"

严格地讲，邪教和邪教组织是不同层面的概念。"邪教应该是一种思想体系，(属于) 精神范畴，而邪教组织是一种实实在在团体存在的结构形式。"③但在理论和实务中，并未将二者严格区分。实质上，邪教的定义落脚点就是"非法组织"。

(二) 邪教与宗教的区别

宗教是感到不能掌握自己命运的人们面对自然、社会和人生的自我意识，是人们对某种超自然力量的一种正当合法的信仰及其组织和活动。《中国大百科全书·宗教》对宗教的定义是：宗教是一种社会历史现象，是人的社会意识的一种形态，是感到不能掌握自己命运的人们面对自然、社会和人生时的自我意识或自我感觉，而企求某种超越的力量作为命运的依托和精神归宿。

邪教和宗教都是一种社会历史现象，都作为存在于人们意识形态领域的观念，都崇拜现实世界之外的超自然力或实体，宣扬末世说，重视对组织成员进行教义灌输，强化教派对成员的精神吸引和心理依赖。但邪教与宗教依然有着本质的区别：

第一，崇拜对象上，邪教崇拜主观的神——活着的教主；宗教崇拜客观的神——超自然的东西或已经死去的教主。

无论是犹太教，还是基督教，崇拜的唯一真神是上帝，而创教者基督耶稣只是上帝的使者，也会痛苦，也会死掉。它们崇拜的是客观唯心主义意义上的

---

① 习五一：《邪教释义》，《世界宗教研究》2001 年第 3 期。

② 郁大海：《当代邪教探悉》，《淮北煤炭师院学报（哲学社会科学版）》2001 年第 5 期。

③ 周长军：《我国邪教犯罪问题及防治对策研究》，山东大学硕士学位论文，中国期刊网，第 3 页。

神，而邪教把现实生活中活着的教主（往往是创教者）作为崇拜的真神，并吹嘘和幻化教主的特殊身份和特异功能，以此吸引和迷惑信徒。如“法轮大法”教主李洪志煞费苦心地伪造出生年月，以证明自己是释迦牟尼转世；自诩天生聪明，幼得神人真传，胡说修炼“法轮大法”可以开天目，看到另外的时空，可以隔墙视物，透视人体，看到常人看不到的景象。

第二，在教化结果上，邪教是引人向恶；宗教是劝人向善。

基督教规定“十诫”，包括孝敬父母，不可杀人，不可奸淫，不可偷盗，不可贪求别人财物等，都是劝人向善之言；伊斯兰教反对吸毒、赌博、淫乱、谎言、浪费、伪证等，也有助于社会稳定。与此相对，邪教的最终目的却是反科学、反社会、反人类、反政府，十足的恶贯满盈。如20世纪80年代由“呼喊派”发展而来的邪教组织“被立王”的创教者王扬明，利用邪教为名，大肆聚敛教众钱财，以“蒙召”为名，奸淫女信徒上百人，罪行令人发指。①

第三，在社会作用上，邪教严重危害社会秩序；宗教通常有利于社会稳定。

宗教劝人向善，与主流社会相适应，与社会形态适应良好，有利于好的道德品质的建立与培养，能够促进社会进步，而邪教摧残信徒，殴打叛教者，聚敛钱财，骗奸信徒，围攻政府新闻机关，甚至制造爆炸、毒气和集体自杀等恐怖案件残害无辜群众，严重扰乱正常的社会秩序，破坏社会的安定团结，违反法律法规，危害社会稳定。

第四，在信徒管理上，邪教非法限制和侵害信徒的人身自由、财产权利；宗教则一般不会限制和侵害信徒的人身自由、财产权利。

例如，美国臭名昭著的邪教“人民圣殿教”，在教会转移圭亚那后，严格控制信徒退教，很多退教信徒都遭到暗杀。1978年11月17日，“人民圣殿教”在教主吉姆·琼斯的唆使下，先枪杀了11名来访的美国国会议员和记者，随后，923名教众享用最后的“圣餐”——服用含剧毒氰化物自杀，创造了世界邪教史上最大一起信徒自杀案。

第五，在追求目的上，邪教特别是教主贪图财、权、色，追求世俗的此岸世界的物质利益；而宗教不贪图财、权、色，追求的是彼岸世界的精神利益。

第六，在教义性质和结构上，邪教主要是搞迷信，没有完备的信仰体系；宗教本质上不搞迷信，它有完备的信仰理论体系，等等。

---

① 陈智敏、张翔麟、戴宣长主编：《邪教真相》，当代世界出版社2001年版，第83页。

总而言之，“一切邪教组织及其活动都是诡秘的、邪恶的，危害社会的、非法的，与正常宗教及其社会功能有本质的不同。”① 绝不能将邪教视为宗教。

值得我们注意的是，我国虽然实行宗教信仰自由政策，但校园等教育场所，一律不允许宗教传播。可以说，校园是宗教与邪教传播的禁地，坚决不允许任何宗教或邪教思想向校园渗透。

二、邪教对大学校园的渗透

近年来，尤其是邪教组织“法轮功”盛行以来，邪教对高校的渗透不断加大。某研究生因沉湎于“法轮功”而诱发精神分裂症，多次被迫中断学业送进精神病专科医院治疗。某赴英留学攻读自动控制专业的博士生，通过互联网练习“法轮功”后置学业于不顾，跑到德国参加“弘法”大会后，在一家宾馆跳楼身亡。某音乐学院的大学生，为向教主李洪志表达虔诚、追求最后的圆满，在天安门广场自焚。种种残酷的现实，驱使我们一定要仔细研究邪教向高校渗透的特点，重视邪教对大学生造成的巨大危害，从而重视反校园邪教，还高校校园这个科学殿堂以神圣和纯洁。

（一）邪教向高校渗透的特点

以神秘主义和伪宗教来吸引信众、以批判社会现存问题来招徕信众、以建立封闭的组织来控制信徒是邪教传播的三大基本手段。由于高校情况的特殊性，邪教对高校的渗透活动呈现出不同的特点。

1. 以心理关爱来诱惑信徒

邪教能吸引众多的信徒的一个重要原因就是，人在孤独、苦闷、痛苦、空虚时，特别渴望心灵的慰藉和终极关怀。而邪教找准了人的弱点，用它虚假的教友感情蒙蔽和拉拢信徒，用它非理性的歪理邪说来迎合生活中的非理性思维，从而使人向邪教靠拢，产生非理性的生活目标，甚至丧失理性。

由于社会矛盾复杂多变，社会环境转换迅速，大学生在生活中常常出现多种行为不适应，思想上迷茫、苦闷和疑惑，心理上产生诸多迷惑和顾虑的情况。邪教常常以批判现实社会存在问题的姿态出现，以末世论的说教和建立新的理想社会的主张，动摇大学生共产主义信仰的根基，来赢得陷于思想困惑中的大学生们的好感和信任。

---

① 文国伟：《邪教与宗教的十大区别》，《渝西学院学报（社会科学版）》2005 年第 4 期。

另一方面，高校大学生求学期间，远离亲人朋友，旧的人际关系网络趋于断裂，而新的人际关系网络尚未建立，他们迫切渴望纯真的友谊和无私的帮助，需要适应和融入大学校园。邪教组织成员就利用这一薄弱环节作为突破口，以同学、老乡的身份，进行渗透。由于高校学生涉世未深，是非判断能力欠缺，很容易被邪教表面"兄弟姐妹"的温情面纱迷惑，身陷其中而不能自拔。

2. 以世俗化教义来笼络信徒

高校大学生面临着多重压力，学习、工作、健康、情感等问题经常困扰他们，使他们精神上渴望摆脱压力，脱离痛苦的境况。而当前很多邪教冒用宗教的名义活动，将其教义作更为世俗化的修订。如邪教"呼喊派"教首李常受将《圣经》中的"求告主名"一句引申为"呼求"，再白话为"呼喊"，欺骗信徒礼拜时只要大呼主名，就可以直达上天，躲过地球毁灭之灾。由于这些世俗化的教义，往往与大学生的恋爱情感、考研升学、评奖评优、身体健康、求职就业、未来前途联系在一起，仿佛能够预示和左右大学生的一切，因此，少数大学生在个人或家庭碰到了困难、遭遇了不幸或者受到了不公正的待遇后，渴望得到救助但又不能及时获得社会关心时，极易放弃现实世界的努力，转而将希望寄托于虚幻世界，抱着功利主义思想和投机取巧心态，加入邪教组织，期求万能的邪教教主或教义能不费吹灰之力，帮助他们解决现实生活中的种种难题。

3. 以有宗教信仰师生为主要目标

由于邪教与宗教在很多方面具有相似性，而邪教又常常"冒用某种正统宗教的名称、观念和教义，篡改、歪曲正统宗教教义，用似是而非的教义迷惑信徒，诋毁、贬低正统宗教，攻击其他邪教，因此具有很大的迷惑性"。① 在高校中，有宗教信仰的师生也有一定比例，他们有信教基础，对邪教的抵御和防范能力大大降低。在邪教分子混淆视听、颠倒黑白的传教过程中，有的信教师生不辨真伪，落入圈套，自然地成为邪教的主要猎取目标。这些信教师生一旦加入邪教，往往对邪教教义深信不疑，教育和转化相当困难，并且他们还大力动员其他同事或同学加入邪教。

4. 以网络等现代信息技术为重要传播途径

为扩大邪教在高校的渗透力度，邪教组织可谓挖空心思，无孔不入。一方

① 傅志刚、王建阳：《高校防范邪教渗透的措施与建议》，《浙江师范大学学报（社会科学版）》2005 年第 3 期。

面，邪教组织利用传统的传播手段，如散发非法传单、张贴宣传单、投递信函、发放邪教书籍、向学生寝室打电话等，竭尽所能歪曲事实，宣扬歪理邪说。另一方面，邪教组织还利用网络等现代信息技术，扩大邪教渗透的范围和影响面。

网络传播可以极大地扩宽传播范围，让更多传播对象获取信息，而它的交互性、沉浸性和仿真性，也能强化信息的传播效果。众多邪教组织正是看到了网络传播的种种优势，纷纷建立自己的网站和网页，通过网络传播邪教思想。如“法轮功”分子就不仅建立了自己的网站，还通过 E-mail、QQ 等网络交流工具大肆进行邪教活动。加之高校电脑与电脑技术的普及和完善的网络服务，使得网络等现代信息技术日益成为邪教渗透高校的重要途径。

（二）邪教对高校的危害

有关资料表明，目前世界上有一万多个不同的邪教组织，其中包括中国的“法轮功”等十多种邪教组织。各种邪教组织将其魔爪伸向高校师生，向他们灌输歪理邪说，控制他们的思想言论、行动自由，甚至摧残他们的身体，剥夺他们的生命，造成了巨大危害。

1. 邪教动摇了高校师生的共产主义信仰

邪教大搞精神控制，强制信徒接受其歪理邪说，剥夺他们的言论和思想信仰自由。邪教得以迷人祸世，控制信徒，源于“其有一套所谓的‘理论’或‘教义’，包括对个人、家庭、社会、民族、国家、宇宙、未来等的看法和行为准则，有其相应的世界观、人生观、价值观等”。① 他们善于借用或拼凑某种“理论”作为“教义”，煽动人们对现实社会、政府的不满、失望、绝望等，在此基础上，大搞教主崇拜，树立教主的绝对权威。这种精神上的严格控制和歪曲引导，强制信徒彻底放弃原来通过正规教育渠道接受的正确的人生观、世界观、价值观教育，放弃人类一切进步的思想、文化、艺术和信仰，接受其末世、乱世、救世、创世等邪说谬论，严重动摇了我们大学生十几年教育中建立起来的社会主义、共产主义信仰体系，使十几年的教育成果付之东流。

2. 邪教严重损害信徒人身、财产权利

很多邪教教主组建邪教的目的之一，在于暴敛钱财。如李洪志“弘法”初期，通过举办培训班聚敛了大量钱财。据不完全统计，仅 1993—1994 年，

---

① 李小五：《邪教在高等学校的危害及其防范》，《焦作大学学报》2006 年第 2 期。

李洪志在长春教功售书就收入428300元，在全国各地办班收入789000元，共计1217300元。其中在哈尔滨办班时间只有几天，但听课证每张却高达53元，净收入达20万元。而很多信徒为了向教主表达虔诚，不惜一切购买“法轮功”的书籍、光盘、服饰，弄得倾家荡产，妻离子散。

有的邪教组织奸淫女信徒。这些邪教教主以“蒙召”为名，诱使女信徒与其发生性行为，满足教主的性欲，或诱使男女信徒集体淫乱。美国的邪教组织“上帝的儿女”公然鼓吹“为了传福音，肉体上勾引异性是正当的值得称颂的行为”。其头目伯格在20世纪70年代提出了“钓鱼”的教义。据此教义，每个女信徒都应负起神圣的责任，通过勾引男人（钓鱼）、与男人发生性关系而使其入教，男人也以此发展女信徒。我国的邪教组织“主神教”教主刘家国创立该教的一个主要目的就是为了满足自己的性需求，先后骗奸了27名女信徒。

邪教组织甚至还谋害信徒生命。“法轮功”头目李洪志宣称法力无边，会消业治病，使大批患病人员上当受骗，任其摆布而延误了治疗，导致病情加重，甚至为了消业、求圆满而走上自残、自杀、自焚、杀人的道路，已造成1800多人死亡、650多人精神失常、数十起杀人案件，其中不少是青少年学生。

3. 邪教严重干扰教学管理工作

邪教思想在高校的传播，使得少数师生痴迷邪教思想和活动，对高校思想政治教育内容极度反感，对专业课程学习丧失兴趣，导致教师无心工作、学生无心向学，严重影响了高校教与学的质量。邪教组织的蛊惑煽动，致使一些学生信徒辍学和少数教师信徒旷工而参加邪教聚会。其他未参加邪教活动的学生的学习也因任课老师信徒的旷课而被迫停课，个别教师信徒甚至利用讲课时间给学生灌输邪教思想，从而打乱正常的学习秩序。

邪教组织的种种非法活动，也严重妨碍了学校的管理工作。为了发展信徒，邪教组织大肆在校园内从事非法传教活动，而李洪志等人以“护法”、“正法”等为名，多次诱骗组织众多“法轮功”习练者围攻高校，严重破坏高校的管理秩序。

三、高校大学生要正确面对邪教

邪教是毒害大学生的精神白粉，在充分认识邪教的本质与巨大危害的同时，也要采取有效措施，远离邪教，健康成长。

（一）加强科普宣传教育

邪教组织往往以神秘主义面目出现，标榜特异功能、超能力，或利用巫术、障眼法等来蒙骗那些善良而又无知的人们。科学是邪教的死敌，邪教在蔓延过程中，要么是贬低科学的地位和价值，要么是披着科学的外衣从事反科学的活动。科学是反映自然界、人类社会和人类思维过程和规律的知识和知识体系，是关于事理、物理和机制的知识。通过学习和应用科学，人们就能正确地认识客观世界和主观世界，就能正确地认识和处理主、客体关系，就能科学地处理主、客观的矛盾。学习科学还能培育我们的科学精神，使大学生能正视现实，直面人生和社会，增强理性力量，不为迷信和邪教所迷惑，不误入名利和贪欲的歧途。

通过学习科学，大学生就能识破"法轮功"等邪教的真面目。"法轮功"鼓吹的"开天目"、升天国、除疾病等谬论，是有悖科学知识，有悖生物科学、人体科学、脑科学、医学科学等科学常识的。学习科学和用好科学，大学生就不会上当受骗。掌握科学知识是帮助大学生不为邪教迷惑的重要法宝之一。

（二）进一步强化思想道德教育建设

按照《公民道德建设纲要》及《中共中央国务院关于进一步加强和改进大学生思想政治教育工作的决定》和中共十七大报告的相关精神，我们要努力探索大学生管理的新方式、新方法，加强和改进大学生思想道德教育。

高校在进行大学生思想政治工作时，首先，要开展加强理想信念教育，帮助大学生树立坚定的马克思主义信念。马克思主义的无神论思想，历史唯物主义和辩证唯物主义观点，世界观、人生观、价值观，以及马克思主义对科学精神的尊崇，都对大学生坚守心灵家园不被邪教荼毒益处良多。其次，要弘扬时代精神和民族精神，弘扬集体主义、社会主义思想，使全体师生与全国人民一道始终保持昂扬向上的精神状态。最后，要将反邪教斗争与学校的精神文明建设紧密结合，与关心解决部分师生的实际困难和问题紧密结合，采取切实措施，开展丰富多彩的文化娱乐活动，既解决思想问题又解决实际问题，把社会主义思想道德生动具体地融入大学生成长的各个环节，营造有利于大学生健康成长的思想文化环境，提高素质，筑牢防线，堵塞漏洞，不给一切形形色色的邪教组织任何可乘之机。

（三）加强法制教育，增强法制观念

邪教由于其巨大的社会危害性，被任何国家的法律所禁止。要全面、正确

宣传宪法关于宗教信仰自由的规定，要将刑法典、《全国人大常委会关于取缔邪教组织、防范和惩治邪教活动的决定》等法律规定内容以及中共中央、共青团中央、民政部、新闻出版署等部门有关通知精神宣传介绍给广大师生，使他们明白什么是可为，什么是不可为，国家已确定“法轮功”为非法组织，列为法律制裁的对象，就应当服从国家、服从法律。极少数人再无视法律，抗拒法律的尊严，就应受到法律的惩处。大学生一定要做到知法、懂法、守法，积极同邪教违法犯罪行为作斗争。

（四）加强校园管理，掐断邪教传播途径

高校要加强校园管理，确保校园远离邪教影响。要严格执行进出校门的管理制度，切实做好出入登记、示证工作；对本校学生执行严格的作息制度，逾期未归者及时联系，查明原因；严格考勤纪律，有事必须请假并按规定权限审批，对超期不归的，必须立刻上报；对外来人员进入校园的，必须出示相关证件，详细登记，并由被访人员签字备查；校园内张贴、投递的非法传单要及时清除；对于拒绝出示证件或无有效证件又不能提供可靠人员保证的，不准进入校园。此外，也要加强校外租房住宿学生的管理，做好相关登记、联络工作，以便及时掌握动向，防备不测。

加强校园管理，另一个重要手段是加强校园网络管理。网络是邪教向高校传播的重要形式之一。高校校园必须一方面建立一些红色网站，以生动的内容、鲜活的形式吸引大学生主动接受马克思主义教育。另一方面，也必须采取特殊的网络监管和拦截手段，阻止大学生浏览邪教网站。

第三节 杜绝“黄赌毒”，构建和谐校园文化

“黄赌毒”作为社会丑恶现象，是对人类道德的颠覆、灵魂的腐蚀、人性的泯灭，是与社会主义社会水火不容的社会痼疾。而今，人类灵魂的象牙塔——高校也逐渐为“黄赌毒”染指，大学生中“黄赌毒”的新闻不时见诸报端，给高校校园文化建设蒙上了一层难以祛除的阴霾之气。

一、“黄赌毒”的特征与危害

（一）“黄赌毒”的特征

“黄赌毒”的内容分别包括“黄”、“赌”、“毒”三个方面。“涉黄”指本人从事卖淫嫖娼活动，或介绍、逼迫、收容他人从事卖淫活动，或观看、贩

卖、传播淫秽色情电影、电视剧、光碟、书籍、杂志，或公开宣扬淫秽思想等行为。“赌博”则是以营利为目的，聚众赌博、开设赌场，或者以赌博为业、为他人赌博提供场所、工具的行为。而“涉毒”则包括“吸毒”（在医学上多称药物依赖和药物滥用，国际上通用术语则为麻醉品的滥用或药物滥用）、“制毒”、“贩卖毒品”等一系列行为。常见毒品依据联合国麻醉药品委员会分类方法有：（1）吗啡型药物，包括鸦片、吗啡、可卡因、海洛因和罂粟植物等，是最危险的毒品。（2）可卡因、可卡叶、大麻、安非它明等人工合成兴奋剂。（3）安眠镇静剂，包括巴比妥药物和甲喹酮。（4）精神药物，即安定类药物。

虽然“黄赌毒”的内涵各不相同，但作为一种社会病和亚文化，它们又具有许多共同的特征：①

1. 历史性

“黄赌毒”有着悠久的历史渊源。娼妓被称为世界上最古老的职业之一。有籍可查的中国最早的娼妓起源于夏、商时代的女乐、倡优（艺妓），后几经蜕变为现在的色妓。赌博则肇始于原始社会末期，从游戏的蜕化中产生，从娱乐的边缘滑向异途。而被后人判定为毒品的大麻、含有可卡因的古柯叶，至少在3000年前就被人类吸食过。

2. 世界性

综观全球，“黄赌毒”如瘟疫般泛滥成灾，已成为世界性的公害。仅就毒品而言，据联合国统计，已遍布五大洲的200个国家和地区，一般吸毒者达2亿~3亿人，吸毒成瘾者超过5000万人。

3. 成瘾性

人染上“黄赌毒”后，会形成强烈的心理依赖和身体依赖。而这种双重依赖，会极大支配人的行为，让人不断尝试和重复该行为，感受该行为给人带来的短暂虚假快感，企图通过这种行为暂时摆脱现实的烦恼。一旦快感消失后，面对落差较大的现实，会让人们更为思念欲望满足时的愉快，进而变本加厉地涉黄、吸毒和赌博，在罪恶的深潭中越陷越深。据报载，全球吸食各种毒品的人数高达2亿。② 成瘾性是“黄赌毒”难以铲除的主要根源之一。

---

① 王爱丽：《对“黄赌毒”丑恶现象的调查与理性思考》，《黑龙江社会科学》1998年第5期。

② 《扬子晚报》2002年6月26日。

4. 暴利性

人类对“黄赌毒”强烈的成瘾性营造了一个庞大的需求市场，这极大地刺激了相应的供应市场的兴起。或许是出于对人性弱点的一定程度的宽容，人类对“黄赌毒”供应市场的打击和管制大多比需求市场严厉得多（如对妓女、聚众赌博者及种毒、制毒、贩毒者的惩罚重于对嫖客、赌徒、吸毒者的惩罚），因而“黄赌毒”需求的下降总是比供给的下降少许多，供不应求造成了供方价格剧增。目前，全球毒品年交易额达6000亿美元，已成为仅次于军火贸易的世界第二大贸易。

5. 危害性

“黄赌毒”的危害不胜枚举，但其中几种重大危害直接威胁着国家、民族的生死存亡。如艾滋病的爆发流行、操纵垄断“黄赌毒”产业的黑社会势力的壮大及其向政界和司法界的渗透、大量的暴力犯罪、成瘾者的人性沦丧，等等。值得警醒的是，曾给中国人带来“三千年未有之祸”的毒品鸦片问题是一个严重的世界政治问题，它不仅能成为境外势力征服一个民族的武器，而且极有可能集人类政治遗产中最丑恶的内容，形成独裁政治和纳粹政治，从而给世界带来更大的灾难。据估计，全世界每年因吸食毒品过量导致死亡的人数约为10万人。难怪有人哀叹：人类可能不会毁于战争，但极有可能毁于毒品！

（二）“黄赌毒”对大学生造成的危害

大学生群体作为社会主义事业的建设者和接班人，如何避免“黄赌毒”等社会问题造成的危害已为全社会所关注。

1. 损害健康，传播疾病

大学生染指“黄赌毒”等问题，会严重损害大学生的身体健康。如赌博时，往往夜间开赌，环境嘈杂，打乱了人的生物钟，加重了身体机能的负荷；赌博期间，人的精神处于高度亢奋状态，容易诱发心脏病和高血压等突发性疾病。长期吸食毒品，会对人的免疫系统、神经系统、呼吸系统和消化系统等造成不同程度的损害；长期吸毒者的心、肝、肾功能均有明显损伤；吸毒者实际的器官年龄比其生理年龄要相差很多，表现为长期的睡眠障碍，激素水平、重要脏器功能下降。更有甚者，吸毒过量，会直接导致吸毒者意外死亡。

“黄赌毒”还是多种疾病的传播途径。据2003年公布的数字，吸毒为中国HIV（艾滋病病毒）感染者感染的主要途径，占61.6%；其次为性传播和母婴感染。吸毒感染艾滋病，主要原因在于共用吸毒针具，造成交叉感染。吸毒还能引起或传播病毒性肝炎、结核病、心内膜炎、细菌性肺炎等疾病。而不良性行为更是淋病、梅毒、艾滋病等20多种性传播疾病的重要诱因。“黄赌毒”毫无疑问是人们健康的杀手。

2. 荒废学业、道德沦丧

大学生世界观、人生观、价值观尚属最后确立阶段，对“黄赌毒”等丑恶现象的抵抗力还不够强，一旦沾染“黄赌毒”，非常难以戒断脱身。“黄赌毒”现象会让大学生注意力分散，精力不集中，对学习的兴趣不断下降。随着上瘾的程度加深，大学生头脑中盘桓的往往是如何获取钱财，进行下一次的嫖娼、吸毒和赌博活动，随之而来，这类大学生学习兴趣丧失，学习意志消沉，多门科目不及格，往往会被勒令退学，白白浪费了学校和家庭十几年的辛勤培养和教育。

大学生一旦涉黄、涉赌、涉毒，道德品质也岌岌可危。有的大学生为了肉体享受，频繁出入色情场所；有的女大学生贪慕虚荣，追求物质享受，不惜甘当“小姐”、“二奶”；有的大学生为了筹集毒资、赌资，欺骗亲友，坑蒙拐骗，甚至抢劫杀人，无恶不作。例如，据报道，2004年9月，重庆一家色情大学生俱乐部借招聘商务助理之名，组织和鼓励在校大学生从事卖淫活动，共有70余名大学生坠入可耻的“黄色地带”。这些大学生被“黄赌毒”荼害，置自己的人格、尊严、廉耻、良知于不顾，让人极其痛心。

3. 违法犯罪，害人害己

成瘾思邪，是“黄赌毒”者的共同特点。卖淫嫖娼、吸毒贩毒、聚众赌博等行为需耗费大量的资金，而大学生的经济来源有限，一旦陷入“黄赌毒”的陷阱，不仅闹得家破人亡，而且为解决毒资易走上盗窃、抢劫、诈骗、贩毒、贪污、受贿、卖淫、杀人等犯罪道路，既贻害社会，又自毁前程，丧失了人的本性，成了危害社会的毒魔。目前，“黄赌毒”已成为全球性的社会公害。

2005年1月，武汉一位大学生赌博半年输掉1万多元钱，春节将至，心生愧疚，有家不敢回。2005年，重庆一所知名高校的大学生为筹措赌资，多次盗取同学财物，被警方刑拘。据调查，该生家境贫寒，弟妹打工供其上学，因深陷赌博不能自拔，最高一天输掉5000元，4年大学共欠下债务四五万元。2008年5月，北京市公安局禁毒处的侦查员抓获了一名涉毒人员，此人涉嫌多次从南京向北京运送毒品，让人震惊的是，这名毒贩竟是一名在校大学生。桩桩事例，都重重敲响了大学生抵制“黄赌毒”的警钟。

二、“黄赌毒”的诱因

犯罪是一种复杂的社会历史现象，受多种因素的影响和制约。“黄赌毒”等社会丑恶现象，就是在社会主义初级阶段，在我国改革开放和成立社会主义市场经济体制的社会大变迁的特定历史条件下，多种社会矛盾和消极因素的综合反映。“黄赌毒”现象在高校发生和发展的主要原因有：①

封建思想的遗毒，是“黄赌毒”存在的思想根源。毛泽东曾经说过，反映旧制度的旧思想的残余，总是长期地留在人们的头脑里，不愿意轻易地退走。卖淫嫖娼、赌博、吸毒等现象在我国有着几千年的历史，其流毒之深不可能随着中华人民共和国的成立而彻底灰飞烟灭。特别是我国目前还处在社会主义初级阶段，生产力水平较低，物质文明和精神文明建设的水平不高，还不可能根除“黄赌毒”赖以生存的土壤。从一定意义上讲，“黄赌毒”存在与否，不是以社会制度的性质为根据，而是以社会是否提供或存在着与之相宜的生存条件为依托。一旦条件具备，社会对“黄赌毒”的管制稍有放松时，它们就会重新滋生繁殖，并由暗转明。

道德观念的裂变，是“黄赌毒”蔓延的社会环境。改革开放以来，在我们引进大量的先进技术、先进管理经验的同时，西方庸俗文化和腐朽生活方式也乘隙而入，给我国原有的传统道德带来了深刻的冲击。与此同时，我国历史上的封建思想残余也沉渣泛起，更引发了部分社会成员思想道德观念的严重偏离，享乐主义、拜金主义思想泛滥。人们的生活目标趋向实际和自我，追求私利成了部分人的生活坐标和最大人生乐趣。有的人为了追求金钱利欲，不惜出卖灵魂和肉体，不再有“万恶淫为首”的观念，反而形成了“笑贫不笑娼”的意识。在社会道德重建的过程中，有的人虽然“口袋鼓了”，但却“脑袋空了”，由于缺乏正确的世界观、人生观和价值观的指导，造成精神上的迷失、颓废和沉沦，追求腐朽的、醉生梦死的生活，沉迷于“黄赌毒”活动不能自拔。

牟取暴利，是“黄赌毒”扩散的经济原因。犯罪也有成本问题，犯罪成本越低，吸引力越大。正如马克思关于资本作用的一段精彩论述一样：“100%的利润，就会使人不顾一切法律；有300%，就会使人不惜犯罪，甚至甘冒上绞刑架的危险。”以毒品犯罪为例，贩卖毒品所带来的几倍、几十倍的巨额利

---

① 邓武林：《“黄赌毒”屡禁不止的原因及治理对策》，《广州市公安管理干部学院学报》1999年第4期。

润使一些人如飞蛾扑火般前赴后继。色情活动也一样，据估计，从业者的月收入是当前社会平均收入的10倍以上。低技能、高收入，使色情活动吸引一批相当数量的从业者。赌博者更是抱有“无本起利、一本万利”的想法，希望通过赌博活动不劳而获，迅速踏上发财致富的捷径。

娱乐场所盲目发展，是“黄赌毒”发展的主要载体。任何违法犯罪行为的存在，都需要一定的空间，“黄赌毒”活动具有流动性大、隐蔽性强的特点，公共娱乐、服务性场所正为其提供了较合适的空间。近年来，宾馆、酒店、夜总会、度假村、桑拿浴室、按摩院、美容美发厅、出租屋等公共服务场所由于投资少、回报快的原因，呈现盲目发展的趋势。这些场所建成后大多数客源稀少，门可罗雀，靠正当生意和守法经营难以为继。不少经营者受经济利益驱使，便搞歪门邪道，主动招揽或被动接受其场所内的“黄赌毒”活动。

社会防控弱化，是“黄赌毒”偷生的避风港。与“黄赌毒”违法犯罪的严峻形势相比较，我们的认识和所采取的措施还有很大的差距。一是认识上存在误区。在一部分人的头脑中还不同程度地存在“娼盛才能繁荣”、“‘黄赌毒’利大于弊”、“查禁会影响投资环境”等糊涂认识和错误思想，对查禁“黄赌毒”旗帜不鲜明，态度不坚决，措施不得力。有的地方和部门甚至搞“地方保护主义”和“部门保护主义”，对查禁工作采取阳奉阴违的消极抵制态度。二是管理不能到位。对公共场所存在多头管理、职责不清的问题，工商、税务、文化、劳动、卫生、公安等部门之间协调与配合不够，出现管理上的“真空”地带。有的以专项斗争、集中行动取代日常管理工作，行动过后，“黄赌毒”重新回潮。三是打击力度不够。目前立法尚不完备，许多问题法律界定不明，一定程度上削弱了执法力度。“黄赌毒”现象发现难、取证难的问题，客观上增加了查禁的难度。执法活动中的以法代法和其他不正之风，也削弱了打击力度。从指导思想上看，查禁“黄赌毒”工作还没有上升为政府行为，强调专门机关、专门工作较多，强调群众工作不足，综合治理的许多措施没有落实，这也影响到与“黄赌毒”作斗争的成效。

三、树立正确人生观，构建和谐校园文化

“黄赌毒”已经成为目前我国校园文化建设中的一个突出问题。要遏制和消灭这一丑恶社会现象，我们必须在思想上高度重视，联合校内各个部门，运用教育的、法律的、行政的、经济的多种措施，多管齐下，标本兼治，构建和谐美好的校园文化氛围，为大学生塑造一方纯净的校园。具体而言，需要从以下方面采取措施：

1. 思想上，积极开展大学生思想道德教育

大学生首先要加深对“黄赌毒”现象本质的认识。大学生必须认识到，“黄赌毒”现象本质上是旧社会腐朽思想的残余，它在高校蔓延，会严重滋扰大学生学习，腐蚀大学生心灵，甚至会给大学生带来牢狱之灾和生命危险，给大学生和整个社会带来的危害和损失是无法估量的。因此，学校要不遗余力地开展大学生思想道德教育，提高大学生抵御“黄赌毒”诱惑的能力。

学校要加强人生观的教育，帮助大学生正确理解人生的目的和意义，明确人生的价值是对社会的责任和贡献，自觉抵制腐朽思想的侵蚀。当前尤其要提高大学生抵制资产阶级腐朽思想文化和生活方式侵蚀的能力，从思想上为扫除社会丑恶现象奠定基础。同时，也要加强大学生道德教育。道德观念是一种柔性控制要素，道德观念的扭曲、颠倒和异化都会破坏社会控制力。从事“黄赌毒”违法犯罪活动的人，大多数道德堕落，人性丧失。因此，务必在重视校园物质文明建设的同时，加强校园精神文化建设，重振道德伦理观念在大学生心中的约束地位。

2. 教育上，注重采用各种渠道开展宣传教育

我们要充分利用校园舆论工具，开展校园“黄赌毒”防范和治理工作。举办专题的讲座或开设选修课，向大学生开展正确的“性教育”、“毒品知识教育”，破除大学生头脑中关于“性”、“毒品”和“赌博”的神秘感，使他们能够正确面对和处理正常的生理需求和心理压力，遇到问题时不会向“黄赌毒”寻求解决之道；使用校报、校刊、校广播台等传媒，通过真实案例，宣传“黄赌毒”对大学生身心的巨大伤害，帮助大学生真正了解“黄赌毒”的本质，深刻认识和畏惧“黄赌毒”的巨大危害；举办以“抵制‘黄赌毒’，构建和谐校园”为主题的宣传画、文学作品、动漫作品的征集和比赛，使禁黄、禁赌、禁毒思想深入大学生心灵。

3. 法制上，要让大学生以法为戒远离“黄赌毒”

法律为社会成员的活动规定了严格的界限和范围，并规定了超出范围和界限的惩罚措施，从而维护正常的工作、生活和社会秩序。从事“黄赌毒”活动的大学生，相当一部分法制观念淡薄，对从事“黄赌毒”活动的违法性认识不清。《中华人民共和国刑法》第 303 条规定：以营利为目的，聚众赌博或者以赌博为业的，处 3 年以下有期徒刑、拘役或者管制，并处罚金。开设赌场的，处 3 年以下有期徒刑、拘役或者管制，并处罚金；情节严重的，处 3 年以上 10 年以下有期徒刑，并处罚金。第 347 条规定：凡是走私、贩卖、运输、制造毒品的，无论数额大小，都依法追究刑事责任。对吸食、注射毒品，无论

数额大小，都依法追究刑事责任。对吸食、注射毒品的违法人员处以拘留和罚款；吸毒成瘾者予以强制戒毒。屡教不改的，对其进行劳动教养，在劳动教养中强制戒毒。辅导员必须有针对性地加强法制宣传和教育，提高大学生的法律意识，让大学生充分了解从事“黄赌毒”就是违法犯罪，必将受到法律的严惩，从而减少大学生沾染“黄赌毒”的比例。

4. 行政上，各部门联合整治校园环境

抵制“黄赌毒”，需要整个高校各个部门通力配合，也需要整个社会综合治理，推进该项工作社会化。“黄赌毒”是一个十分复杂的社会问题，仅靠某个部门一己之力打击治理是远远不够的，必须发动群众，群策群力，把职能部门的专门工作和社会方方面面的共同努力结合起来。宣传部门要调动一切传媒，选择典型案件予以曝光，充分发挥舆论监督和宣传的作用。保卫部门要加大校园治安环境的治理，坚决查处“黄赌毒”案件，对涉案人员严肃处理，毫不留情。纪检、监察部门要严肃处分参与、纵容、庇护“黄赌毒”活动的党政干部，严防教师和领导干部违法违纪行为发生。

同时，高校还需联合社会各个部门，共同整治校园周边环境。例如，联合工商部门加强对服务性场所的监督管理，坚决取缔以“黄赌毒”招徕顾客的不正当经营活动；联合公安部门，严厉打击通过“黄赌毒”牟取暴利，危害大学校园安全的违法犯罪案件。只有全社会共同努力，联合整治高校校园周边环境和校园文化环境，才能有效减少“黄赌毒”问题对大学生的危害，让大学生健康成长。

第四章　公共安全

公共安全是指人民大众、集体、民族和国家共同拥有的平安、稳定、和谐的自然生态和社会环境。公共安全的内涵不仅多元，而且多层。人们直接感受的是人身安全、财物安全、精神安全等；体现的领域有交通安全、生产安全、消防安全、卫生安全、社会治安等；更深层的是政治安全、经济安全、文化安全等。

从危及公共安全的原因分析，有自然灾害、意外事故、传染疾病、治安刑事案件和恐怖活动等。

第一节　自然灾害和意外事故防范

我国自实行教育综合体制改革和实验以来，教育设施和教育规模成倍增长，集中建立大学校园区已经成为自然结构和经济社会结构的新形态。经过近 10 年的改造和扩建，全国各高校各类设施、办学条件等都有了长足的发展，但历史建筑和隐蔽设施老化、公共设施减灾能力不达标等构成的防灾隐患也不同程度存在。同时，随着新一轮出生高峰和流动人口及就业政策的放宽，全国大学生在校人数和在校时间增加。因此，通过普及和训练，使得在校大学生掌握常见的自然灾害以及意外事故的防范和救助技能，提高自防自救的能力显得尤为重要。

一、自然灾害的含义及其种类

自然灾害是指一切给社会和人类的正常生活、生产秩序带来严重破坏，并造成人们生命财产巨大损失的自然现象和事件。

自然灾害的范畴非常宽广，主要包括：

（1）气象灾害。如热带风暴、飓风、台风、龙卷风、雷暴大风、干热风、风暴潮、暴雨、暴风雪、寒潮、冰（霜）冻、冰雹、浓雾等。

（2）海洋灾害。如海啸、海浪、赤潮、海水入侵、海水回灌等。

（3）洪水灾害。如河湖泛滥、水涝倒灌等。

（4）地质灾害。如地质性崩塌、塌陷、地裂、地面下沉、地下流沙、泥石流等。

（5）地震灾害。由于地震引发的各种灾害和诱发的各种次生灾害。

（6）森林灾害。如林木病虫害、鼠害、森林火灾等。

二、自然灾害的安全防范

鉴于自然灾害的宽广范畴，根据它们与在校大学生的日常生活、学习关系密切程度，在本节，我们主要介绍的是台风、暴雨、雷击、高温、低温、泥石流以及地震等较为常见的自然灾害的防范知识和技能。

（一）台风和暴雨的安全防范

台风是一个巨大的能量库，其风速都在17米/秒以上，甚至在60米/秒以上，往往伴有暴雨。据测，当风力达到12级时，垂直于风向平面上每平方米风压可达230公斤。而且风力与风速的平方成正比，一个以100米/秒速度行进的台风，每平方米建筑物承受的风压达2.5吨。在如此强大风力的作用下，建筑物也会横遭摧毁，从而引起人员伤亡。

对于台风和暴雨灾害性天气的防范，应当做到：

（1）一旦了解到有台风信号后，一定要注意收听台风警报，及时了解最新台风动态，以便根据影响时间和程度做好防范，如及时妥善安置易受台风影响的室外（包括寝室、教室以及实验室等场所）物品，避免发生因风力过大导致的空中坠物伤人事件。

（2）检查寝室、教室以及实验室等场所的户外装置，发现损坏、松动应及时向学校有关部门报告。

（3）台风来临时最好待在室内，当风力很大时，要关闭门窗，千万不要在迎风一侧开窗门。

（4）尽量避免户外活动，如果外出，在避风避雨时要选择安全地带，一定要注意道路两侧的易倒物，如围墙、树木和广告牌以及简易建筑物等，在野外主要小心电线杆倒杆断线、公路塌方、树倒枝折等危险。

（5）外出行走风力很大时，尽量弯腰，经过高大建筑物时，要留意高空坠落物。

（6）做好寝室或教室落水管道口的清理工作，以确保可能出现的积水快速顺利地排出。

（二）雷击的安全防范

雷电实质上是天空雷暴云中的火花放电，放电时产生的光是闪电，闪电使空气受热迅速膨胀发出的巨大声响是雷声。雷雨天容易发生雷击，致人受伤甚至死亡。引起雷击的原因很多，主要与上升气流有很大的关系。太平洋沿岸，每年6—9月正午到傍晚，经常会发生雷击。

对于雷击的安全防范，应当做到：

（1）打雷时，不要赤脚站在泥地或水泥地上，应紧闭门窗，防止危险的侧击雷和球形闪电侵入。

（2）尽可能中止室外活动，可就近寻求避雷场所，如成片的房屋等处，但不宜进入棚屋、岗亭等无防雷设施的低矮建筑物，也不宜进入金属车厢内躲雷雨，更不宜躲在树下。

（3）不宜在建筑物朝天面上活动，因为当朝天面发生直接雷击时，强大的电流可导致人员伤亡。

（4）切勿接触天线、水管、铁丝网、金属门窗、建筑物外墙，远离电线等带电设备或其他类似金属装置，不宜在铁栅栏、金属晒衣绳、架空金属体以及铁路轨道附近停留。

（5）不宜在室外游泳池、湖泊海滨游泳。

（6）注意地形地貌，尽可能地远离山顶或其他制高点、水面或水陆交界处，如果是在森林中，则要注意选择周围是林木、中间是空地的地方避雷。

（7）保持良好的行走状态，尽可能地消除安全隐患，不要撑金属伞柄的雨伞在雨中行走，不要接触铁轨、电线，不能在雷雨中跑动，也不宜骑自行车，更不能骑摩托车，同时，要尽可能远离建筑物外露的水管、煤气管等金属物体及电力设备。

（8）头、颈、手处如有蚂蚁爬走感，头发竖起，说明将发生雷击，应赶紧趴在地上，并扔掉身上佩戴的金属饰品如发卡、项链等，这样可以减少遭雷击的危险，如果看见闪电几秒钟内就听见雷声，说明自己已处于近雷暴的危险地带，此时应停止行走，两脚并拢并立即下蹲，双手抱膝，尽量降低身体重心，减少人体与地面的接触面积，如能立即披上不透水的雨衣，防雷效果更好。

（9）避雷针只能保护建筑物，但对沿架空电线、电话线侵入的雷电波却无能为力，因此雷雨天必须停打手机，不要上网，不要使用调制解调器或ADSL设备，最好把电脑的电源插座拔掉，另外应确保计算机有良好的接地。

（10）如果高压电线遭雷击落地时，近旁的人要保持高度警觉，当心地面“跨步电压”的电击，逃离时应双脚并拢，跳着离开危险地带。

（11）若有人遭到雷击，停止呼吸时，应及时进行人工呼吸和外部心脏按压，并迅速送往医院进行救治，以防造成伤亡。

（三）高温的安全防范

作为气象灾害之一的高温一般多出现在我国南方地区。当气温过高（超过35℃）时，外界温度与人体温度接近，甚至超过人体正常温度，会造成人体体温调节障碍。其主要影响人体对流和辐射散热，使得体热积聚，体温升高，容易发生中暑，甚至危及生命。

对于高温灾害性天气的防范，应当做到：

（1）选择适宜时段外出，应尽量减少午后高温时段的户外活动或作业，更要避免长时间在高温、高湿度、气流静止的环境或烈日下活动和行走。

（2）要穿宽松、透气性能良好、色浅的衣服，同时采取必要的防暑降温措施，携带必要的遮阳工具，避免阳光直接照射，并要保证充足的睡眠，一旦感到不适就应及时休息。

（3）当气温达到35℃以上时，要停止运动，并保持充足的饮水。

（4）出汗过多时，可适当饮用淡盐开水或绿豆盐水汤，同时，应随身携带一些仁丹、风油精、清凉油、藿香正气水等常规的防暑药物。

（5）大量出汗后不宜大口饮水，以避免心脏负荷过重，更重要的是，切忌在大量出汗时近距离对着空调取凉，因为它容易造成脑部血管破裂等后果严重的意外情况。

（四）低温的安全防范

低温灾害性天气在我国北方较为常见，指的是由于冷空气的忽然来袭，使得本地区温度骤然降至0℃甚至是-5℃以下的现象。

对低温灾害天气的防范，应当做到：

（1）尽量避免户外活动。

（2）及时添衣保暖，做好防冻预防工作。

（3）确保取暖安全，学生寝室中避免使用大负荷电量的取暖电器，严禁晚间在室内生火取暖，以防止电器火灾和一氧化碳中毒意外事故的发生。

（4）冬季尤其是低温灾害性天气来袭时，室内氧气和光线往往不够，易滋生病毒和细菌，因此应当坚持做好寝室和教室等场所的通风换气工作。

（5）不应进行大运动量锻炼以御寒，避免因毛孔张开而诱发感冒。

（6）如手脚被冻后，切忌用烫水浸泡，应当在温水中进行清洗和搓揉。

（7）当气温远低于冰点时，切莫用湿手触摸金属物体，以防止冻结。

（8）多食用新鲜水果蔬菜，提高免疫能力。

（五）泥石流的安全防范

泥石流是山区沟谷中，由暴雨、冰雪融水等水源激发的、含有大量泥沙石块的特殊洪流。其特征是突然暴发，在很短时间内将大量泥沙石块冲出沟外，在宽阔的堆积区横冲直撞、漫流堆积，常常给人类生命财产造成很大的危害。

对泥石流灾害的安全防范，应当做到：

面对泥石流的突然发生，要保持冷静，首先判断崩塌、滑坡、泥石流威胁的范围，然后及时逃离险区。具体来说，泥石流发生时，滚石、坡体或泥石流都是从高的地方向低的地方运动，所以，应选择向左右两个方向朝着沟岸的两侧山坡逃离危险区，而不要选择顺着滚石、坡体或泥石流运动的方向朝上游或朝下游逃生。不要停留在凹坡处。如果身处正在运动的滑坡体上，实在没有时间逃离滑体，可紧抱附近粗大的树木以求自保。

（六）地震的安全防范

相对于台风、暴雨、高温和低温等气象灾害而言，地震灾害的破坏性强，其危险程度以及危及范围是巨大的，尤其是在高等学府中，教学和生活楼宇学生聚集人数多、密度大，一旦发生地震灾害，如果同学们不具备必要的防范以及自救知识、技能的话，极易造成惨重的人员伤亡，其后果不堪设想。

对地震灾害的安全防范，应当做到：

（1）找出身边的危险源，认真清理自己的住所。同学们必须在平时将寝室中摆放的柜橱、吊扇等物品加以固定；尽量减少不必要物品的堆积，尤其是放在高处的物品，对于悬挂在高处和容易翻倒的物品应进行加固处理；不要在床下堆放物品，寝室内物品不要堆积得过满和杂乱；此外，走廊上不要堆积杂物，保持通畅。

（2）培养防灾意识。应当了解有关如何关电、关气、关水的操作，学习并积累急救知识；地震一旦发生，自救尤为重要，应当事先准备好手电筒和半导体收音机，并配备足够的电池，便于逃生和及时收听相关信息。

（3）在地震开始时赢得时间。从大地动摇到房屋倒塌之间有一段非常短促但是极其珍贵的空当，一般为 10 秒钟左右。可以利用这关键的空当完成一系列躲避性的应急措施；如果时间允许的话，在室内避震须迅速将门窗打开，以免房屋倒塌后形成的灰土烟尘造成窒息；将室内电源切断，并牢记无论在何种情况下不要使用明火，以免点燃因管道破裂而弥漫于空气中的各类可燃气体而造成更大的破坏；此外，乘坐电梯逃生、向楼房内逃跑以及从楼上跳下都是错误的逃生方法。

（4）正确的避震方法。高校学生寝室以楼房为主。正确的避震方法是：迅速打开门窗，切断电源、火源后，避开高大易倒的室内壁橱，躲进床底、桌底，并抓住床、桌腿，注意保护自己的头部，最好用棉被裹住身体，将该姿势保持到一震结束。等到一震结束后迅速离开室内，到室外空旷处如操场等地避震。逃生过程中应当用手、棉被、枕头、皮包或者脸盆等护住头部。如在教室内，应当因陋就简，充分利用地形地物，选择在课桌底下躲避；如在走廊上则最好躲进管道多且跨度小的卫生间内。

公共场所避震的最大问题就是如何保护好自己，避免卷入恐慌的人群，以免在人员拥挤的出口处被挤伤、压伤和踩伤。要及时蹲下，双手护头。如不幸被卷入人流，应当牢记要双手抱头，双肘朝外，松开衣扣，用肩部和背部承受外部压力，避免被挤到墙角和栅栏旁，迅速走进通道尽快疏散出去。争取尽快将一些同学组织起来进行疏导，防止“自相残杀”式的人为伤害。临阵沉着、临阵发挥就有避险的希望，轻易放弃希望等同于放弃生命。

（5）震后安全撤离的要点。如果没有被压在废墟下面，大震过后要抓住上一次震动与下一次震动之间的时间，迅速撤离到安全地点。如果不幸被埋在废墟中，则必须做到冷静、沉着，保持强烈的求生欲望，千万不要让恐惧影响到自己采取正确的行动，做出错误的举动。

三、意外事故紧急处置及救护知识

同学们在自然灾害和日常学习生活中也经常会遇到一些意外的情况而使人

体受到突然的伤害，所以，了解掌握意外事故发生后的紧急处置和救护的基本方法，是当代大学生预防伤害、减少损失、提高生活质量、延长生命时间所必需的。

（一）意外事故的含义及种类

意外事故是指非出于故意或者过失，而是由于不可抗拒或者不能预见的原因造成的损害结果。

大学生群体容易发生的意外事故种类较多，比较常见的有突发疾病、运动损伤、交通事故、摔伤、烧（烫）伤、溺水、触电等。

（二）意外事故的紧急处置

当意外事故发生后，第一时间的紧急处置非常重要，直接关系到伤者的救治以及事故原因的确认，应当做到以下几点：

1. 即时报告，请求支援

当意外事故发生后，当事人或者发现者必须立刻报告，请求专业支援。应视事故严重程度，选择拨打“119”火警电话、“120”急救电话以及“110”报警电话，或者通知当事人所属院（系）值班老师、学校保卫部门以及校医院。

应简明扼要地说清现场详细区域和地址、联系人、伤者的年龄、性别、姓名、简单的事发过程和病人现状，以便对方能选择最简捷的路线前往，同时做好更充分的准备，配备必要的工具物品。

若事发现场较偏僻，则应派人到附近路口迎候，以减少寻找时间。

2. 紧急救护，抢救伤者

紧急救护是指对短时间内威胁人体生命安全的意外灾害损伤和各种急症所采取的一种紧急的医疗措施。在现代生活中，紧急救护已经从医院逐渐延伸到事故现场。在人体及生命受到危害时，能否得到及时的救护对于伤病人员的生命和伤情的恢复有着至关重要的意义。医学实验证明，心源性猝死的现场心肺复苏抢救工作如能在 4 分钟内进行，存活率可达 43%；4～8 分钟则存活率仅为 27%；超过 8 分钟的，存活率几乎为零。

因此，在立即报告等待支援的同时，根据伤者的具体情况实施紧急救护是意外事故紧急处置工作中的重要内容。针对不同情况下伤者紧急救护的基本方法和知识，后面我们将一一介绍。

3. 沉着冷静，保护现场

保护现场是保证现场勘查工作顺利进行，取得客观准确材料的前提，也为准确地认定事故原因和责任创造有利条件。因此，意外事故发生后，应当保持沉着和冷静，在在场师生的帮助下对现场进行有效的保护：

（1）应设法寻找目击者，尽可能将他们的姓名、住址、电话记录下来，以备以后及时联系。

（2）在专业人员到场前严禁无关人员随意进入事发区域，尽量保持现场完整，有条件的可以用绳索将事故现场范围围起来，也可以就地取材，用粉笔、石子、砖头、树枝等物品替代绳索。

（3）凡与事故有关的物体、痕迹、状态，不得破坏。

（4）为抢救受伤害者需要移动现场某些物体时，应做好现场标志。

对于交通事故现场的保护，则还应特别注意：

第一，对肇事者进行看护。

第二，对车辆的行驶轨迹、刹车痕迹、轮胎的侧滑痕迹、散落物的中心区域等关键痕迹和物品采取有力的保护措施。

第三，收集、保护包括路上的障碍物或车辆等有关证据。

（三）紧急救护的基本方法

1. 前期处理

（1）实施快速营救（例如从水中或火场里把受伤者救出来）。

（2）把伤病者放到通风处，必要时进行口对口人工呼吸。

（3）控制严重失血，上止血带或压迫止血。

（4）为了安全起见，如无必要，不得移动伤病员，应使其处在最适合于其身体状况或受伤的位置，不要让其起身或走动。

（5）设法用毛毯或被子盖住伤病员，避免受冻，如果天气寒冷或潮湿，要在伤病员身下垫些衣物或毛毯。

（6）医务人员到来之前，必须有人陪伴。

2. 呼吸停止的紧急救护

学生如果发生电击或其他事故致使呼吸已经停止的情况下，应当即时采取人工呼吸术这一紧急救护方式来实施抢救。人工呼吸术根据伤者情况不同，主要分为俯卧压背人工呼吸法、仰卧压胸人工呼吸法、仰卧牵臂人工呼吸法以及口对口呼吸法 4 种。下面着重介绍最常用、适用广、易操作的口对口呼吸法：

（1）如果伤病员口中有异物，要迅速用手指或用包着布的手指擦净。

（2）头向后仰，以便下腭朝上。

(3) 推或拉腭部使其突出。

(4) 救护者嘴张大并紧紧地对着伤病者的嘴，此时，掐住伤病者的鼻孔或用救护者的面颊堵住鼻孔，吹入空气直到略微遇阻。

(5) 移开嘴，松开掐鼻子的手，救护者的头转向一侧，并注意听表明空气互换的空气反冲，反复努力吹。

3. 外伤出血的紧急救护

较大的血管损伤会导致较多出血量，轻则出现休克，重则会有生命危险，因此应当首先采取紧急止血措施，然后再进行紧急救护或者送往医院。下面介绍几种常见的紧急止血的方法：

(1) 指压止血法。指压止血法是在动脉出血时的一种临时紧急止血方法，救护者根据动脉的分布情况，在出血动脉的上方（近心端）找到动脉血管，用手指、手掌或拳头用力将其压迫在骨头上，以切断血流，达到临时止血的目的。

(2) 加压包扎止血法。有两种方法：一是敷料加压包扎止血，即将无菌纱布或洁净的毛巾、布料、手帕等遮盖在伤口处，然后用绷带或毛巾、布条适当加压固定，达到止血的目的，但是该方法不适用于有骨折或伤口内有异物存在的情况；二是屈肢加压屈关节，用绷带、布条或三角巾等缚紧固定好。该方法适用于无骨折的四肢部位的出血。

(3) 止血带止血法。用橡皮或布条缠绕扎紧伤口上方肌肉多的部位，其松紧程度以摸不到远端动脉搏动、伤口止血为宜，过松无止血作用，过紧会影响血液循环，损害神经，造成肢体坏死。要在明显部位标明上止血带的时间，超过 2 小时者，每隔 1 小时放松 1~3 分钟，改为指压止血。此法适用于不能用加压止血的四肢大动脉出血。

止血带止血法如果不注意会引起远端肢体坏死、急性肾功能不全等并发症，因此应在医生指导下进行。

4. 骨折的紧急救护

骨折部位一般都有疼痛、肿胀、畸形、功能障碍等症状，一般分为闭合性骨折和开放性骨折两种情况，如骨折端刺破大血管时还有大出血。骨折或疑为骨折时，要包扎伤口，防治感染，避免移动伤者或伤肢，对伤肢应加以固定与承托（有出血者要先止血后固定），使伤员在运送中不因搬运、颠簸而导致断骨刺伤血管、神经，免遭额外损伤，加重病情。

5. 头部外伤的紧急救护

首先检查头部外伤的程度，头部外伤轻者为脑震荡，一般无颅骨骨折，有轻度头痛头晕，即使有昏迷也不超过30分钟；重者颅骨骨折为脑挫伤、脑出血、昏迷不醒。查看伤者的神志、瞳孔、呼吸、脉搏等生命体征，心脏呼吸停止时进行心肺复苏，出血较多时采用加压包扎法。不作不必要的搬动和检查，保持呼吸道通畅。发现伤者鼻孔、耳朵流血或者淡红色液体，是脑脊液外漏的征象，病情危急，应该让伤者平卧，受伤侧向下，切不可堵塞耳鼻，以免引起颅内感染。如有脑组织从伤口脱出时，不能加压包扎。头部外伤中许多伤者需要做开颅手术来挽救生命，因此必须分秒必争，通知医院前来及时抢救。

6. 颈椎损伤的紧急救护

跌倒等意外伤害的发生可引起腰椎、胸椎、颈椎损伤，以后者最为严重。跌倒时头部着地可造成颈椎脱位、骨折，多伴有脊髓损伤，四肢瘫痪，因此，必须第一时间通知医院从速前来抢救。现场急救时，应让伤者就地平躺或将伤员放置在硬质木板上，颈部两侧填充沙袋，使颈椎处于稳定状态，保持颈椎与胸椎轴线一致，切勿过伸过屈或旋转。

7. 烧烫伤的紧急救护

（1）立即让伤员脱离伤源，离开烧（烫）环境，除去被燃、被热液浸透或化学物质污染的衣服，以及指环、手镯、皮带、皮靴等束缚性物品，如身上仍着火时，切勿乱跑，可浇水或跳入水中，或在地上滚动，或用浸湿后的棉被、大衣包裹，以便灭火。

（2）小面积的轻度烧（烫）伤的处置，可用流动的清洁水或冷开水、盐水冲洗伤口处以降温，然后涂上植物油或蜂蜜或鸡蛋清或凡士林，以保护创面，防止起泡和感染；已起泡者切勿穿（擦）破，已破者可涂上抗生素软膏，暴露创面，保持干爽。

（3）强酸强碱烧伤可用清水反复冲洗伤处，强酸烧伤可用小苏打水等碱性溶液冲洗，以中和余酸；强碱烧伤可用稀盐酸或食醋冲洗，以中和余碱，然后包扎伤处；误服强酸强碱时，不得催吐、洗胃，可服相应的中和溶液、牛奶、蛋白清、植物油等流汁，以保护食管和胃粘膜。

（4）一般烧（烫）伤病人，尤其是化学烧伤的病人，应尽快送医院紧急处理。

8. 溺水的紧急救护

溺水又称淹溺，常因失足落水或者游泳中发生意外所致。溺水的进程很快，一般5~6分钟就可因呼吸停止而死亡，必须积极及时进行抢救。

（1）应当将溺水者腹部置于高于地面的硬物（如木凳、石块）上，背部朝上，头足下垂，不时颠簸或压背抬胸，以倾出呼吸道的积水，或将其仰卧于地，头置于侧位，以便于水可以从口中流出。

(2) 立即清除口鼻内的污泥、呕吐物，保持呼吸道畅通。

(3) 出现呼吸停止时，应立即进行口对口人工呼吸。

(4) 经心肺复苏，伤者恢复心跳呼吸后，可用干毛巾擦遍全身，由四肢、躯干向心脏方向摩擦，以促进血液循环。

9. 触电的紧急救护

心室纤颤是触电死亡的主要原因，当电流量接触身体达到18~22毫安(MA)时，会引起呼吸肌不能随意收缩，致使呼吸停止，产生严重窒息。触电电源与皮肤接触的部位主要表现为烧伤。此外，由于触电时肢体肌肉强烈收缩，还可发生骨折或关节脱位，电击伤也可引起内脏损伤或破裂。

(1) 迅速切断电源，在此之前不能触摸受伤者，否则会造成更多的人触电，如果一时不能切断电源，救助者应穿上胶鞋或站在干的木凳上，双手戴上厚的塑胶手套，用干的木棍、竹竿等不导电的物体，挑开受伤者身上的电线，尽快将受伤者与电源隔离。

(2) 对触电者的急救应分秒必争，若发现心跳呼吸已停止，应立即进行口对口人工呼吸和胸外心脏按压等复苏措施，除少数确实已证明被电死者外，一般抢救维持时间不得少于60~90分钟，如果抢救者体力不支，可轮换人操作，直到使触电者恢复呼吸心跳，或确诊已无生还希望时为止。

(3) 应一面进行抢救，一面紧急联系把病人送就近医院作进一步治疗，在转送医院的途中，抢救工作不能中断。

第二节 反对恐怖活动

随着恐怖主义的日益猖獗，恐怖活动对国际社会的冲击明显加剧，已成为影响地区和世界安全的一个新的不稳定因素，尤其是“9·11”事件的发生给世界各国敲响了警钟：现代恐怖主义无处不在，无时不有。伴随科学技术突飞猛进的发展，其手法、策划乃至活动地域都大大超越了传统意义上的恐怖活动模式，方式也日益翻新。恐怖活动除劫机、爆炸、绑票、劫持人质、劫船、劫车、暗杀、袭击等传统模式外，新型恐怖活动如金融恐怖、网络恐怖、生化恐怖、大规模杀伤性武器的恐怖悄然兴起，并改变与扩大着恐怖活动的内涵和外延，对世界、国家、人民以及对整个社会所带来的危害广泛而深刻，是普通恐怖活动所无法比拟的。

一、恐怖活动的界定、性质及其特点

恐怖主义在不同的历史时期扮演了不同的角色，由于价值观和观察角度的不同，使得各国政府和学者对此问题有着不同的回答，恐怖主义的不断发展也改变着传统恐怖主义的内涵。以“基地”组织为典型代表，20 世纪 90 年代以来，恐怖主义活动进入了新的发展阶段。

与传统恐怖主义活动相比，新型恐怖主义活动更加血腥和具有致命性，其动机更加多元化，行动范围更具跨国性。新型恐怖主义活动在很大程度上是全球化的产物，它在今天更多地扮演了破坏者的角色。

（一）恐怖活动的界定

1. 恐怖活动的概念

根据 1999 年 12 月 9 日联合国第 54 届大会决议《消除国际恐怖主义的措施》等国际公约和条例，以及世界一些主要国家反恐怖法规的规定，结合我国反恐形势的发展和现实斗争的需要，我们认为：恐怖活动是指为了到达某种政治目的（如反对国家政权、挑起战争或国际纠纷等），通过有组织的团体或者小组对国家政权的代表、外国国家代表、社会团体成员或者其他人实施杀害、绑架或其他恐怖行为的犯罪活动。恐怖活动有国际恐怖活动和国内恐怖活动之分，是一种极为严重的国际罪行。

2001 年 6 月 15 日，上海合作组织于成立之日即签署了《打击恐怖主义、分裂主义、极端主义上海公约》，明确界定了恐怖主义的概念：恐怖主义是指致使平民或武装冲突情况下未积极参与军事行动的任何其他人死亡，或对其造成重大人身伤害、对物质目标造成重大损失的任何其他行为，以及组织、策划、共谋、教唆上述活动的行为，而此类行为因其性质或背景可认定为恐吓居民、破坏公共安全或强制政权机关或国际组织以实施或不实施某种行为，并且是依各方国内法应追究刑事责任的任何行为。

2. 国际社会的反响

虽然不少国家拥有相对完善的反恐怖立法，但基本上都是根据各自国内具体情况而制定的更多反映本国利益的相关立法。从所涉及的反恐怖内容到所认定的恐怖组织来看，除对一些公认的恐怖活动和组织“英雄所见略同”外，几乎所有国家都有自己特殊的解释或黑名单。如在 1000 多个大大小小的恐怖组织中，美国最新列出的只有 27 个；英国 2000 年《反恐怖法》认定的有 21 个；印度 2001 年《反恐怖法》列出的是 23 个。当然其中有交叉，如“基地组织”等，但大部分是不相同的。美国国务院在每年发表的《国际恐怖主义年度报告》中明确指出，美国只把对其国民及国家安全利益构成威胁的暴力活动组织界定为恐怖组织。英国界定的恐怖组织大多为国内极右暴力组织。印度则是把许多因宗教及克什米尔问题引发的暴力活动组织列为恐怖组织。

由此可见，各国在如何界定恐怖主义、什么是恐怖组织等方面仍存在一定的差异，且各国所面临的恐怖活动的威胁程度不同，因而在确立相应法规、采取相应措施以及防范和打击恐怖活动的侧重点等方面都不尽相同。

国际上对恐怖主义的禁止可以追溯到 1937 年。1934 年 10 月，法国外交部长巴都和南斯拉夫国王亚历山大一世在马赛被纳粹匪徒暗杀后，法国政府向国际联盟行政院建议缔结反恐怖主义公约。1937 年 11 月 16 日，在国际联盟的主持下，27 个国家的代表在日内瓦签署了《防止和惩治恐怖主义公约》。由于第二次世界大战的爆发，该公约未能生效。战后，特别是 20 世纪 70 年代以来，国际上针对猖獗的恐怖主义活动，先后签订了一系列国际公约，主要有 1970 年的《海牙公约》、1971 年的《蒙特利尔公约》、1973 年的《关于防止和惩处侵害应受国际公约保护人员包括外交代表的罪行的公约》、1979 年的《反对劫持人质国际公约》和 1996 年联合国制定的《打击国际恐怖主义的措施》等。同时某些区域性制裁恐怖主义的公约也先后签订，主要有 1971 年 2 月 2 日的《美洲国家组织关于防止和惩处恐怖主义公约》、1976 年 11 月 10 日的《欧洲制止恐怖主义公约》。

（二）恐怖活动的性质

从根本上看，恐怖活动具有以下性质：

1. 反政府的性质

恐怖活动一般带有强烈的政治色彩，恐怖活动的实施者是往往要推翻现政权或建立自己的国家。

2. 反社会的性质

恐怖活动通过威胁公共安全达到影响或反对一些具体社会政策，借以发泄对社会的不满与敌视情绪。

3. 反人类的性质

新型恐怖主义活动更倾向于滥杀无辜，“要更多人看，也要更多人死”成为恐怖活动实施者的行动指南，违反了人类普遍的价值观。恐怖活动指向的客体是侵害了公共安全，即不特定的多数人的生命安全、健康或重大公私财产的安全。恐怖组织是以实施恐怖活动为目的的犯罪组织，因而恐怖活动对社会公共安全构成了极大的威胁，具有极大的社会危害性和危险性。

（三）恐怖活动的特点

第一，恐怖活动涉及暴力使用或暴力威胁性。

暴力性是恐怖活动最本质的特征，恐怖组织策划的恐怖活动更注重暴力事件产生的社会影响。

第二，恐怖活动具有政治目的性。

第三，恐怖活动的暴力具有不可预测性。

有组织的恐怖活动具有一定的隐蔽性，因此事先往往难以预料。

第四，恐怖活动的受害者具有象征性价值。

恐怖活动的袭击对象不完全是随意挑选的，这些目标之所以被选中，是因为他们的身份、他们所在的地点、他们的活动，象征着恐怖组织想要打击的目标。

第五，恐怖活动的实施者希望引起公众的注意。

恐怖活动不仅仅是为了恐吓或杀害直接受害人，其重要的意图在于影响更大范围的人群。

（四）恐怖组织的特点

1. 集团性

实施恐怖活动的主体必须是 3 人以上，实践中恐怖组织的人员少则几十人，多则几百人，上千人，规模大小不等。

2. 严密性

实施恐怖活动的组织成员固定且内部存在着领导与被领导的关系，有组织者、领导者、积极参与者，还有一般成员，各司其职，等级森严，纪律严密，有一套成文或不成文的“律规”。

3. 稳定性

恐怖组织自建立以后，在较长时间内反复多次进行恐怖活动，其实施一次恐怖活动后，恐怖组织不是被解散了，而是继续存在，继续实施新的恐怖活动。

4. 极大的社会危害性和危险性

实施恐怖活动的组织为了达到某个政治目的，往往不惜一切代价通过传统或非传统的暴力手段造成巨大的人员伤亡和财产损失，造成社会恐慌，从而严重冲击国家安全和社会稳定，甚至严重影响世界政治、经济和安全局势，因此具有其他犯罪活动无法比拟的社会危害性和危险性。

二、恐怖活动对大学生安全的威胁

由于国际恐怖主义在亚洲日益渗透，在我国也已出现了带恐怖组织性质的犯罪。我国虽然是一个稳定国家，但同样面临恐怖主义的现实威胁。

（一）中国面临的恐怖主义威胁

目前中国面临的恐怖主义威胁主要来自两个方面：

1. “东突”恐怖主义威胁

从20世纪90年代以来，我国在国内面临的恐怖威胁主要是“东突”恐怖主义势力，该势力是在新疆境内外地区以恐怖主义、分裂主义和极端主义为手法的一股势力。“东突”恐怖主义势力目前还是我国头号恐怖威胁，最近十几年来，在中国境内外的“东突”势力为实现建立所谓“东突厥斯坦国”的目的，策划、组织了发生在中国新疆和有关国家的一系列爆炸、暗杀、纵火、投毒、袭击等恐怖暴力事件260多起，造成包括维吾尔族在内的无辜群众、基层干部和宗教人士等160多人丧生，440多人受伤，严重危害了中国各族人民群众的生命财产安全和社会稳定，并对有关国家、地区的安全与稳定构成了威胁。

2. 国际恐怖势力威胁

国际恐怖势力对中国的威胁也是现实存在的，主要表现为一些国际恐怖组织和恐怖分子直接在海外针对中国的利益进行攻击，比如2005年在巴基斯坦和阿富汗就发生过恐怖分子袭击中国工程和技术人员的事件。国际恐怖主义的活动使我国的战略目标和战略利益受到威胁。

（二）高校等“软目标”正成为恐怖活动的袭击目标

第一，恐怖袭击的具体目标由攻击政府或军事设施等“硬目标”转向防范薄弱的公共场所等“软目标”。

“9·11”后，以美国为首的国际社会一方面加强了联合军事打击，另一方面建立反恐全球情报网络，加强了政府部门等要害部门的防卫。国际恐怖主义组织在高压态势下，当然避实就虚，出其不意地制造骇人听闻的恐怖事件。2004年发生在俄罗斯北奥塞梯共和国别斯兰市第一中学的武装劫持人质案件造成包括172名儿童在内的331人死亡，700多人受伤。别斯兰人质事件是典型的恐怖主义严重犯罪行为，表明学校易受袭击的脆弱性，同时反映此类恐怖事件所产生的独一无二的轰动效应开始成为恐怖组织和一些其他严重刑事犯罪分子所青睐的袭击目标。由于高校校园是向公众开放的场所，众多的学生和教师都密集在校园这个小范围地区内，很容易遭受恐怖分子的袭击。如果大学校园遭到袭击，那将是一场损失惨重和影响深远的灾难。

第二，高校等公共场所正成为恐怖活动的袭击目标

进入20世纪90年代，在极端主义、分裂主义和国际恐怖主义的影响下，境内外部分“东突”势力转向以恐怖暴力为主要手段的分裂破坏活动。一些“东突”组织公开宣扬要通过恐怖暴力手段达到分裂国家的目的。“东突”三股势力一方面鼓吹民族分裂主义，另一方面积极从事恐怖活动，在中亚、南亚地区比较活跃，宣传宗教仇恨思想，鼓吹“圣战”，公开号召中国境内的极端分子通过爆炸、投毒等手段，针对幼儿园、学校、政府等目标制造恐怖事件或袭击中国武装力量和政府部门。在警方查获的“东突伊斯兰党”、“东突反对党”等组织的纲领中明确提出，要“在人口集中的地区制造各种恐怖活动”，它们编印的小册子毫不掩饰地宣称要不惜代价在幼儿园、医院、学校等场所制造恐怖气氛。

（三）高校可能成为恐怖组织发展成员的温床

1. 以留学生身份作掩护

“9·11”恐怖事件中，多名国际恐怖主义分子正是利用留学生的身份作为掩护，在所在国的高校藏匿、策划、制造恐怖事件。另据报道，现在伊拉克的高校，极端主义情绪正在一些学生中迅速蔓延，大学校园内，一派学生组成的政治组织监控着敌对学生组织的会议，敌对派别经常相互殴打，甚至还刺杀那些试图控制极端主义蔓延的温和派教授。日益增多的学生运动和其他恐怖活动说明了伊拉克的校园逐渐成为恐怖主义的温床。

2. 以培训为名混进高校

在我国，“东突”民族分裂分子也将魔爪伸向了高校，他们在高校少数学生中发展组织成员，进行民族分裂宣传活动。被公安机关通缉的几个参与恐怖暴力活动分子也混进高校校园，以参加培训为名，掩护其身份，暗地里与恐怖组织频频联系，策划阴谋破坏活动。在上海、北京等地的几所高校也发现了参加民族分裂组织的学生，个别学生还成为民族分裂组织的负责人。

（四）恐怖主义在高校学生群体中的“示范”效应不可低估

中国正处于社会转型时期，诱发犯罪的各种消极因素增多，恐怖主义的

“示范”效应的危险性不可低估。21世纪的头几年，我国校园暴力活动趋于活跃，2003年在清华、北大两所高校发生了前所未有的校园爆炸案，震惊了全国，引起世界范围的关注。此后，北京、山东、江苏等地高校相继出现了一系列针对学生（儿童）的暴力恐怖事件。此外，个别高校师生收到恐怖信件、恐怖电子邮件、恐怖手机短信，甚至还发生大学校长被绑架的案件。尽管上述案件从严格意义上讲，还不属恐怖主义范畴，基本上是因为社会矛盾等因素引发或个人心理失衡而采取的极端行为，是普通刑事犯罪，但其在制造恐怖的轰动效应和“示范”效应不容小视。

因此，掌握和了解恐怖活动或恐怖主义的相关知识，抵御恐怖组织在大学校园中的渗透，对保障大学生在校园的生活安全有着重要的现实意义。

三、恐怖活动的形式及应对

为了加强防范措施，将恐怖活动消灭在萌芽状态，以减少更大的灾难发生，我国加强了国内反恐怖主义的立法特别是刑事立法，如在1979年刑法进行修订时，除明确规定劫持航空器等严重危害公共安全的恐怖活动为犯罪外，还特别增设了组织、领导、参加恐怖组织罪；又于2001年12月29日以中华人民共和国第64号主席令公布《中华人民共和国刑法修正案（三）》，对第120条组织、领导、参加恐怖组织罪的量刑幅度作了大幅的提高，还新增第121条资助恐怖活动罪和第291条之一款编造虚假恐怖信息罪，这些国内立法活动有利于进一步打击恐怖组织的组织者、领导者，有利于打击恐怖活动，同时作为联合国1999年通过的《制止向恐怖主义提供资助的国际公约》的缔约国，我国切实承担起了惩处向恐怖主义提供资助的犯罪行为的国际义务。

（一）恐怖活动的形式

由于恐怖活动是一种有组织的犯罪活动，从其内在性质和外在表现形态可以作出不同的分类，本节将从两个方面，特别着重从后一种角度，将对在高校中发生可能性比较大，对校园安全生活更具有威胁的“个体恐怖犯罪”几种恐怖活动方式及应对措施进行介绍。目前，“个体恐怖犯罪”还不是我国法律术语，如清华、北大校园爆炸案、马加爵校园杀人案，对其是否应作为恐怖活动来打击还存在较大的争议，这类犯罪外在表现为危害不特定多数人的安全，造成恐怖气氛和社会恐慌，虽然和恐怖活动相似，但多数由于缺乏政治动机，没有形成组织，不能定义为恐怖活动，而被归为“危害公共安全罪”或具体的“故意杀人罪”等罪名，在警方的术语中则被称为“特别严重的暴力犯罪”。

(二) 本质定义的恐怖活动和应对

从恐怖活动严格的法律定义出发，恐怖活动可以分为：

(1) 组织、计划、准备和实施恐怖活动；

(2) 参与恐怖活动，以恐怖主义目的对个人或组织进行暴力伤害，破坏物质财产；

(3) 为从事恐怖活动或参与恐怖活动，组织非法武装和黑社会（犯罪组织）；

(4) 招募、装备、训练和使用恐怖分子；

(5) 故意资助恐怖组织和集团，以及向他们提供其他帮助。

主要应对措施有：

第一，加强反对恐怖主义的宣传力度，通过学校原有的两课课程或军事教育等载体，讲授反恐章节，使师生多了解恐怖主义的相关知识，揭露恐怖分子反和平、反社会、反政府与反人类的本质；

第二，建立健全各类防范制度及措施，加强对敏感国家、敏感地区学生的了解和控制。

第三，建立相应的应急预案，适时在师生中开展反恐的演练。

(三) 外在表现的恐怖活动形式及应对

1. 恐怖爆炸活动及应对

在众多的恐怖活动中，爆炸恐怖活动有愈演愈烈之势。进入 21 世纪后，几乎每天都有一起或数起爆炸惨案的相关新闻报道，震慑人们的心灵。2001 年爆炸恐怖活动约占国际恐怖活动的 75%。美国的“9・11”爆炸案、西班牙马德里大爆炸、伦敦大爆炸、埃及沙姆沙伊赫连环大爆炸案、伊拉克巴格达的连环爆炸案等一系列震惊世界的重大恐怖事件都与爆炸相关，充分说明了爆炸恐怖活动已经成为当今恐怖分子最常用、最普遍和最主要的恐怖活动方式。

当前，世界常见的爆炸恐怖活动的主要类型有炸弹（药）爆炸、汽车炸弹爆炸、人体炸弹爆炸、邮件（包）炸弹爆炸、定时炸弹爆炸等。爆炸对人员造成伤害的主要因素是空气冲击波和碎片。冲击波能引起人的血管破裂，致使皮下或内脏出血，内脏器官破裂，肌肉纤维撕裂，破坏中枢神经系统，伤害呼吸及消化系统，震破耳膜等伤害。炸弹爆炸后弹壳自身产生的碎片以及破坏周围建筑物所形成的高速飞散的碎片，对人类会造成巨大的杀伤作用。

主要应对措施：

大学生应该具有一定的防爆安全常识和自我防护能力，储备一些必要的急救技能，就能在危险降临的时候，保持镇静，才有机会化险为夷。

在日常生活中，对某些异常情况要有足够的警惕，特别是在校园人员密集场所如教室、图书馆、食堂、大礼堂等处发现可疑包裹等物品时，应保持冷静，可采用“一听二闻”的方法，对可疑包裹做初步的判断。听，就是用耳朵听包裹内是否有可疑的钟表走表声；闻，就是用鼻子闻包裹内是否有火药的气味。切勿直接接触或翻动可疑物品，如上述两法仍无法排除是否为爆炸物或一旦发现爆炸可疑装置，马上远离可疑物品，确保自身安全，并立即将有关情况报告学校保卫部门或公安机关。在有关部门现场处置时，要听从公安人员的指挥，不要擅入警戒线，在没有确认的情况下，也不要散布不实信息，以免造成不必要的恐慌。

当学校真的发生了爆炸等恐怖袭击时，大学生一定要听从学校的统一指挥，不惊慌，不信谣，不传谣，主动配合有关部门开展侦查工作，积极为破案提供线索，通过自己的实际行动打击恐怖主义。如有需要，还应求助于专业工作者，及时舒缓恐怖爆炸活动对自己造成的心理震荡，尽快将心理调节到能正常学习、生活的状态中。

2. 恐怖投毒活动及应对

校园投毒案件仍在我国高校内时有发生，据有关媒体报道，在广东、湖南的高校就曾发生了造成百余名学生中毒的恶性投毒案件，由于案件受害人牵涉面广，造成社会恐慌效应明显，应当引起有关教育部门和大学生的警惕。

主要应对措施：

加强对学校内化学危险品、剧毒品的管理。学校的食堂往往是投毒案件的发生地，学校的后勤部门应进一步加强各项安全管理措施。但对大学生个人来说，也需增强法制意识和防范意识，除了学习掌握专业课程外，在当今社会，必须掌握一些与人沟通的技术和心理调试的技巧，学会换位思考，遇事切忌走极端，采取过激行动。同时，在与他人交往中，对同学存在的缺点和问题，要有所包容，善意地指出和帮助，绝不能恶意地嘲笑或孤立同学。当然，对确实存在心理问题的同学，应将有关情况及时向学生工作部门或保卫部门反映，以便学校及时采取干预措施，化解矛盾。

3. 生化恐怖活动及应对

生化恐怖活动是指通过散布病毒等病原体、投放放射性物体，造成大范围的人群受感染或辐射，从而制造大范围人员的高度恐慌的恐怖活动。例如，

2002 年轰动美国的炭疽邮件的恐怖活动就是其中最为典型的一例。在我国高校也发生多起收到不明粉末状异物的邮件，虽最终排除了投放炭疽或其他生化病毒的恐怖案件，但对此种恐怖活动方式应保持适当的警惕。

主要应对措施：

大学生在收到陌生邮件或可疑邮件时，应仔细审核寄件人的姓名和地址以及邮戳，对于邮件地址及署名模糊的可疑邮件要有警惕性，不要轻易拆开信封。信封开启，一旦发现有粉末状异物时，应立即停止操作，用塑料袋密封好并不再移动，然后立即报告学校保卫部门或公安、卫生防疫部门，最后，还要对双手及接触邮件的部位进行消毒。

4. 编造虚假恐怖信息的恐怖活动及应对

编造虚假恐怖信息，即投放虚假的爆炸性、毒害性、放射性、传染病病原体等物质，或者编造爆炸威胁、生化威胁、放射威胁等恐怖信息，或者明知是编造的恐怖信息而故意传播，严重扰乱社会秩序的犯罪行为。这类恐怖活动虽然没有造成他人人身、财产的实质性的伤害或损失，但在制造恐怖气氛上与爆炸等恐怖活动有类似的效果。我国为打击日益猖獗的恐怖活动，在《刑法》第 291 条之后增加一款，即编造、传播虚假恐怖信息的罪名。

2003 年 7 月，北京某高校学生李某因对某超市殴打顾客致伤怀有义愤，在一种“正义”感的驱使下，发布传单，扬言要制造爆炸教训一下该超市。经查，李某未准备爆炸工具，也没有具体进行爆炸的计划。谁知李某的这一“义举”却因构成“编造、传播虚假恐怖信息罪”而受到了法律的制裁。

主要应对措施：

大学生如果在计算机或手机上发现恐怖电子邮件和恐怖短信时，要及时报告学校的保卫部门或公安部门，不要随意删除电子邮件和短信，以免证据消失，更不能随意转发、群发，为恐怖活动推波助澜。

第三节 突发公共安全事件的应急机制

改革开放以来，中国经济建设在取得巨大成功的同时，经济社会结构发生了深刻的变化，全社会在利益调整、冲撞过程中孕育着大量的不安定因素，从反映社会分配状况的基尼系数来看，国家统计局最近的数据显示为 0.4 左右，中国社科院经济研究所课题组的统计数据显示为 0.454，南开大学的研究显示已经超过 0.5，均已经超过社会稳定的警戒线。人类文明在不断进步的同时，人类社会自身的复杂性和不可预见性也在与日俱增，在某种意义上现代社会也是风险社会，在人类的历史长河中，任何一个国家或地区都会面临这样那样的突发公共安全事件，特别是处于转型期的中国，更面临着应对突发公共安全事件高发期的严峻挑战，而校园内的突发公共安全事件因其特殊的地位，可能产生的后果更令世人关注。

一、突发公共安全事件的界定和特征

（一）突发公共安全事件的界定

突发公共安全事件是指突然发生，造成或者可能造成重大人员伤亡、重大财产损失和重大社会影响，并进而对国家安全、社会稳定、国家政权有较大影响的突发公共安全事件或状态。突发公共安全事件大多具有危机的特质，或者说具有向危机事件转化的潜质。因此，在一定意义上突发公共安全事件也称公共安全危机事件。校园内发生的突发公共安全事件一般指发生突然，成因复杂，并有可能对校园的安全构成或者可能构成重大危害，乃至可能造成重大人员伤亡、重大财产损失和重大社会影响，并对社会稳定和国家安全产生重大影响的事件或状态。

根据国务院《国家突发公共安全事件总体应急预案》的定义，突发公共安全事件主要分为自然灾害、事故灾难、公共卫生事件，社会安全事件等几类：

（1）自然灾害。主要包括水旱灾害，气象灾害，地震灾害，地质灾害，海洋灾害，生物灾害，森林草原火灾，以及由此引发的各类次生灾害。

（2）事故灾难。主要包括火灾，化学危险品事故，交通运输事故，公共设施和设备事故，环境污染和生态破坏事件等。

（3）公共卫生事件。主要包括传染病疫情，群体性不明原因疾病，食品安全和职业危害，动物疫情以及其他严重影响公众健康和生命安全的事件。

（4）社会安全事故。主要包括各类非法集会、游行、示威、请愿及集体罢餐、罢课、上访、聚众闹事等群体性事件；各类非法传教活动、政治性活动；各类恐怖袭击；重大治安、刑事案件；师生非正常死亡、失踪等可能引发影响校园和社会稳定的事件。

如按照其性质、严重程度、可控性和影响范围等因素可分为4级：

特别重大的突发公共安全事件是I级，用红色表示。

重大的突发公共安全事件是II级，用橙色表示。

较大的突发公共安全事件是III级，用黄色表示。

一般的突发公共安全事件是IV级，用蓝色表示。

(二)突发公共安全事件的特征

现实生活中，突发公共安全事件危机的形态各异，变化诡谲多变，但大多具有爆发突然、起因复杂、进程迅速、危害严重、影响广泛的特点，且相互交织，一旦处置不当可能会产生连锁反应。一般有以下几个共同特征：

1. 突发性

突发公共安全事件虽然是由一系列细小事件逐渐发展而来的，有一个量变到质变发展的轨迹，但事件爆发的时间、规模、态势和影响深度，却经常出乎人们的意料之外，即事件发生突如其来，进程较快，一旦爆发，其破坏性的能量就会被迅速释放，并呈快速蔓延之势，而且事件大多演变迅速，解决问题的机会稍纵即逝，如果不能及时采取应对措施，将会造成更大的危害和损失。

2. 公共性

突发公共安全事件所产生的影响和涉及的主体具有公共性，或者尽管突发公共安全事件的直接涉及范围不一定是在普遍的公众领域，但因为迅速传播引起了公众的关注，成为公共热点并造成公共损失、公众心理恐慌和社会秩序混乱。也就是说，虽然突发公共安全事件可能源于他人、他地，但在一个开放的、动态的、回应的社会系统内部，来自感知的强刺激使得公众身心紧张，对事态严重关注，从而促使政府必须要通过调动相当的公共资源，进行有序的公共组织协调才能妥善予以解决。如美国发生的炭疽菌攻击，实际发生案例并不多，但造成的影响和恐慌却是全国性的。又如国内的 SARS 病毒爆发，尽管在个别区域传播，但对整个社会包括高校内均造成了前所未有的恐慌。

3. 不确定性

不确定性表现在突发公共安全事件的原因、变化方向、影响因素、后果等各方面都无规律，变化无常，有可能是在一定区域，也可能是起因在校内或校外，难以准确预测和把握。危机的不确定性和人类理性的有限性使得人们在事件面前往往无所适从，更增强了恐慌感并扩大不安全感。

4. 多样性

多样性也称事件的独特性。突发公共安全事件的发生发展具有不同的情景，在表现形式上各有特色，事件的独特性导致难以照章办事。突发公共安全事件的分类有近百种之多，而且同样的事件发生的时间、地点、原因及变化的趋势又各不相同和千变万化。

5. 危害性

不论什么性质和规模的突发公共安全事件，必然不同程度地给社会造成破坏、混乱和恐慌，而且由于决策的时间以及信息有限，容易导致决策失误，造成无可估量的损失和社会危害。而且危机往往具有连带效应，可能引发次生或衍生事故，导致更大的损失和危机。在高校领域，任何一个突发公共安全事件，都有可能把潜在的各种社会矛盾引爆，并威胁整个社会的稳定。

突发公共安全事件的危害性还突出表现在：公众生命受到威胁，经济上遭受重大损失，正常的生产和生活秩序遭到破坏，造成社会的局部动荡和混乱。此外，突发公共事件还会给人们心理造成无法衡量的负面效应。

由于突发公共安全事件的随机性和不确定性，很多信息是随着事态的发展而演变的，而时间的紧迫性，使得决策者掌握的信息有可能不全面，得到的信息不及时，并且在信息的反馈和处理过程中，信息的准确性和有效性也难以得到保证，导致信息失真。这对每一个决策者都是严峻的考验。

二、校园突发公共安全事件应急预案的制定

（一）应急预案

应急预案是指人们为了应对自然灾害、重特大事故、环境公害以及人为破坏的各类突发公共安全事件，预先制定应急管理、指挥、救援计划等，一旦发生突发公共安全事件，即予以启动各项预先设置的应急措施，从而最大限度地减少灾害的发生。

通常一个完备的应急预案由几大重要子系统构成：完善的应急组织管理指挥系统，强有力的应急工程救援保障体系，综合协调、应对自如的相互支持系统，充分备灾的保障供应体系，体现综合救援的应急队伍等。基本内容包括：指导思想和工作原则、制订依据及适用范围、组织指挥体系及职责、预警和预防机制、分级响应程序、指挥和协调、突发公共事件的调查分析评估、善后处置、保障措施、新闻报道、监督检查、附则及定义与说明、相关责任、预案实施和生效时间等组成。

目前，我国国家层面的突发公共安全事件应急预案编制工作已基本建成，全国应急预案框架体系初步建立，作为法律支撑的突发事件与紧急状态处置等相关法规也已颁布实施。全国高校系统自 2005 年起根据教育管理部门的要求，相继制定了各项突发公共安全事件处置预案，并在近两年发生的各种重大校园突发事件中发挥了积极作用，相关学校在实际工作中已初步形成了有效的危机管理机制。根据国务院关于“建立健全各种预警和应急机制，提高政府应对突发事件和风险的能力”的要求，制定、修订突发公共安全事件应急预案成

为加强应急机制建设的重要组成部分和基础性工作。

（二）应急预案的指导思想和制定原则

1. 坚持以“三个代表”重要思想为指导，贯彻落实科学发展观

围绕全面建设小康社会的总目标，坚持以人为本，树立全面、协调、可持续的科学发展观，遵循预防为主、常备不懈的方针，按照统一领导、分级管理，条块结合、以块为主，职责明确、规范有序，结构完整、功能全面，反应灵敏、运转高效的思路，制定和完善突发公共安全事件的应急预案，建立健全各种预警和应急机制，提高政府社会管理水平和应对突发公共安全事件的能力，保障人民群众的生命财产安全、社会政治稳定和国民经济的持续快速协调健康发展。

2. 以人为本，健全机制

要把保障人民群众的生命安全和身体健康作为应急工作的出发点和落脚点，最大限度地减少突发公共安全事件造成的人员伤亡和危害。不断改进和完善应急救援的装备、设施和手段，切实加强应急救援人员的安全防护和科学指挥。要充分发挥人的主观能动性，充分依靠各级领导、专家和群众，充分认识社会力量的基础性作用，建立健全组织和动员人民群众参与应对突发公共安全事件的有效机制。

3. 依靠科学，依法规范

制定、修订应急预案要充分发挥社会各方面，尤其是专家的作用，实行科学民主决策，采用先进的预测、预警、预防和应急处置技术，提高预防和应对突发公共事件的科技水平，提高预案的科技含量。预案要符合有关法律、法规、规章，与相关政策相衔接，与完善政府社会管理和公共服务职能、深化行政管理体制改革相结合，确保应急预案的全局性、规范性、科学性和可操作性。

4. 统一领导，分级响应

各类应急预案的制定是在政府的统一领导下，组织有关部门、单位制定和修订本部门的突发公共安全事件应急预案。要按照分级管理、分级响应和条块结合、以块为主的原则，落实各级应急响应的岗位责任制，明确责任人及其指挥权限。

5. 加强协调，快速处置

应急预案的制定和修订是一项系统工程，要明确不同类型突发公共安全事件应急处置的牵头部门或单位，其他有关部门和单位要主动配合、密切协同、

形成合力。要明确各有关部门和单位的职责和权限，涉及关系全局、跨部门、跨地区或多领域的，预案制定、修订部门要主动协调有关各方。要确保突发公共安全事件信息及时准确传递，应急处置工作反应灵敏、快速有效，充分依靠和发挥人民解放军和武警部队在处置突发公共安全事件中的骨干作用和突击队作用，充分发挥公安保卫部门、治保组织及高校内部相关党团组织在处置突发公共安全事件中的重要作用。

6. 平战结合，资源整合

要经常性地做好应对突发公共安全事件的思想准备、预案准备、机制准备和工作准备，加强培训演练，做到常备不懈。按照条块结合，资源整合，降低行政成本的要求，充分利用现有资源，避免重复建设，充分发挥我国社会主义制度下集中力量办大事的优越性。

（三）制订急预案的范围

校园被人们称为社会状态的“晴雨表”，无论从横向的世界性角度来看，还是从纵向的历史角度来看，实现校园的稳定，是确保社会稳定的重要方面。当前，处于社会转型时期的高校，面临着来自社会因素、学生自身因素和国际因素等三大方面的挑战，这些挑战影响着高校的安定，是诱发校园突发公共安全事件的重要因素。

一般来说，为应对可能出现的校园突发公共安全事件，下列几种情形应当制订工作预案：

（1）群体性上访，围堵、冲击学校，干扰正常工作、生活秩序的事件。

（2）重大的刑事案件，严重暴力犯罪案件。

（3）集体中毒、火灾、溺水、交通事故、建筑物倒塌、化学危险物品泄漏等造成人员伤亡或环境污染的重大事故。

（4）自然灾害造成人员伤亡的紧急事件。

（5）散布错误言论、进行“法轮功”等邪教宣传、窃取国家机密等严重危害国家安全的重大事件。

（6）敏感时期进行非法集会、游行、示威、静坐、抗议等群体性政治事件。

（7）各类非法传教活动、政治性活动引发的群体性不安定因素。

（8）师生非正常死亡、失踪等可能引发影响校园和社会稳定的事件。

（9）其他重大安全事故。

（四）应急预案中的组织指挥体系建设

1. 应急指挥体系

在学校党委的领导下，学校成立预防和处置紧急突发事件工作领导小组（或指挥中心），按照学校党委书记是稳定工作的第一责任人、校长是安全工作的第一责任人的原则，校党委书记、校长担任组长或总指挥，分管机关、学生、保卫、后勤等相关的副书记、副校长，分别担任处置突发公共安全事件领导小组（或指挥中心）的副组长，学校的党委办公室、校长办公室、学生工作部（处）、保卫部（处）、研究生部、人事处、工会、宣传部、后勤集团等部门主要负责人为突发公共安全事件处置领导小组（或指挥中心）的成员。

领导小组（或指挥中心）的职能是：

（1）发生安全事故时，由领导小组发布应急命令。

（2）组织指挥安全事故救援及善后处理工作。

（3）及时向上级有关部门汇报和向有关单位通报事故情况。

（4）配合有关部门开展事故调查，在调查取证基础上写出书面材料。

（5）必要时向上级及有关方面请求紧急援助。

（6）代表学校对事故进行法律申诉和应诉的职能。

2. 分级响应的组织架构

领导小组（或指挥中心）下设：

（1）信息联络组（由学校校长办公室、宣传部负责）：担负学校安全事故处理领导小组的通信联络工作，安排值班人员，保证信息通畅；随时了解事件动态并向上级部门汇报，同时负责新闻单位的接待，保证公务用车。

（2）现场指挥组（由保卫、学生、相关处室及相关学院领导组成）：及时向领导小组组长报告事故现场的态势及救援情况，提出处理意见，执行组长的决策、指令、命令，指挥现场处置；抢救伤员，采取应急措施控制事故险情蔓延；合理调配现场工作人员及救护装备物资，指挥现场救护；学生处要调动各学院学生工作干部深入学生中间，及时了解学生动态，做好学生的思想工作和稳定工作。

（3）现场警戒维护组（由保卫部门负责）：突发公共安全事件发生后，保卫处迅速组织有关人员进入现场，做好现场保护工作和疏散周围群众的工作，并配合公安及政府相关部门做好事故调查工作。

（4）紧急抢险救灾组（由后勤、保卫、学工等部门组成）。发生突发公共安全事件后，紧急抢险救灾组迅速集结并开赴现场，投入抢险救灾活动或协助有关部门共同做好维护校园稳定的各项工作。

（5）医疗抢救组（由校医院负责）：突发事件发生后，校医院要迅速组织医护人员准备好抢救器械、药品、救护车等，迅速赶到现场对受伤师生员工进行救援。

（6）善后处理组（由保卫、学工、财务、校医院、校工会、人事、学校法律顾问及学生教职员工所在部门领导组成）：人事处、工会、学院要做好学生、职工及其相关人员的劝解、安抚、慰问工作和善后事宜的接待、学生职工的稳定工作，消除不稳定因素；保卫处、学工处、人事处、工会组织协调相关部门，做好安全事故的善后处理工作。

（7）后勤保障组（由后勤集团、财务等部门组成）：按照处置突发公共安全事件的类型及时预先储备抗灾、抢险的防毒、防传染、救生等防护用具，以及药物、食品、设备、工具等物资，在重大突发事件爆发时，以应燃眉之急所需。

3. 相关部门的工作职责

（1）校长办公室：经常与校内各院（部）、各部门保持密切联系，注意收集相关信息，发生紧急突发事件后，完成领导小组交办的工作，及时了解事件动态，随时向上级有关部门汇报情况，同时协调校内各有关部门，齐心协力处理紧急突发公共安全事件。

（2）学工部（处）、团委、研究生部：深入各院（部）学生基层，随时了解学生的思想动态。若发生突发紧急事件，及时到现场进行疏导和劝阻，发现异常情况，及时向领导小组报告。

（3）保卫部（处）：密切注意校园公共部位、敏感区域及各学生宿舍区等公共场所内外的一切动向，落实好校园昼夜巡逻、加强重点部位监控。发生紧急突发事件后，立即组织力量赶赴事故现场先期处置并尽力控制事态发展，同时向领导小组及公安机关、安全部门汇报事件情况。

（4）宣传部：及时了解掌握教职工的思想动态，做好舆论引导；发生紧急突发事件后，负责学校广播电视、网络的安全工作及事件的对外报道和解释工作。

（5）后勤集团：做好后勤服务工作，保证水、电、餐饮服务的安全运行和正常供给；发生紧急突发事件后，确保事故处理所需的物资供应及有关物资的提供。

三、应急预案的演练

应急预案的演练是检验、评价和保持应急能力的一个重要手段，其重要作用突出体现在：可在危机事故真正发生前暴露预案和程序的缺陷，发现应急资源的不足（包括人力和设备等），改善各应急部门、机构、人员之间的协调，增强公众应对突发重大事故救援的信心和应急意识，提高应急人员的熟练程度和技术水平，进一步明确各自的岗位与职责，提高各级预案之间的协调性，提高整体应急反应能力。在校园内部，可以有针对性地选择与师生密切相关的突发公共安全事件预案进行演练，如突发公共卫生事件、重大火灾处置等，让他们通过参与各类突发公共安全事件的演练，提高师生预防各类突发事件的应对能力，增强师生面对突如其来的灾害或事故时保持平稳的心理状态。

（一）演练的类型

可采用不同规模的应急演练方法对应急预案的完整性和周密性进行评估，如桌面演练、功能演练和全面演练等。

1. 桌面演练

这是指由应急组织的代表或关键岗位人员参加的，按照应急预案及其标准工作程序，讨论紧急情况时应采取行动的演练活动。桌面演练的特点是对演练情景进行口头演练，一般是在会议室内举行。其主要目的是锻炼参演人员解决问题的能力，以及解决应急组织相互协作和职责划分的问题。桌面演练方法成本较低，主要为功能演练和全面演练做准备。

2. 功能演练

这是指针对某项应急响应功能或其中某些应急响应行动举行的演练活动，主要目的是针对应急响应功能，检验应急人员以及应急体系的策划和响应能力。例如，指挥和控制功能的演练，其目的是检测、评价多个政府部门在紧急状态下实现集权式的运行和响应能力，演练地点主要集中在若干个应急指挥中心或现场指挥部，并开展有限的现场活动，调用有限的外部资源。功能演练比桌面演练规模要大，需动员更多的应急人员和机构，因而协调工作的难度也随着更多组织的参与而加大。

3. 全面演练

这是指针对应急预案中全部或大部分应急响应功能，检验、评价应急组织应急运行能力的演练活动。全面演练一般要求持续几个小时，采取交互式方式进行，演练过程要求尽量真实，调用更多的应急人员和资源，并开展人员、设备及其他资源的实战性演练，以检验相互协调的应急响应能力。与功能演练类似，演练完成后，除采取口头评论、书面汇报外，还应提交正式的书面报告。

无论选择何种演练方法，应急演练方案必须与本地区、本单位可能出现的突发公共安全事件类型和资源条件相匹配。

（二）演练结果的评价

应急演练结束后应对演练的效果做出评价，并提交演练报告，详细说明演练过程中发现的问题。按照对应急救援工作及时有效性的影响程度，将演练过程中发现的问题分为改进项、不足项和整改项。

1. 改进项

这是指在应急准备过程中应当予以改善的问题。改进项不同于不足项和整改项，它可能不会对应急预案本身构成明显的瑕疵，但也应予以改进。

2. 不足项

这是指演练过程中经观察或识别出的应急准备的缺陷，该缺陷可能会导致在公共安全事件发生时，不能采取合理的应对措施，保护公众的安全与健康。不足项应在规定的时间内予以纠正。演练过程中发现的问题确定为不足项时，应给出确定采取的纠正措施和完成的时限。

3. 整改项

这是指演练过程中经观察或识别出的，可能导致整体的应对处置措施无法达到预案设计的要求，应急准备明显有缺陷。应当及时进行整改，并再组织演练，以检验是否消除了上述缺陷。

（三）突发公共安全事件的处置要求

（1）领导要靠前指挥。不论发生群体性事件还是突发公共安全事件，学校领导必须迅速到达第一线，这样既能在第一时间掌握情况，又能形成现场的指挥中心。

（2）迅速查明情况。情况明，决心才能大，处置才能果断。学校有关领导和职能部门的负责人应迅速查明情况，及时向突发公共安全事件处置领导小组（或指挥中心）报告。

（3）果断处置。对发生的突发公共安全事件应及时启动应急预案，按照“早发现、早报告、早控制、早解决”的要求和“疏堵结合，以疏为主”的原则，迅速调动各种有利于化解突发公共安全事件的资源，对突发的公共卫生事件或灾害事故，在保护好现场的同时，果断实施人员和财产抢救，以减少损失。

（4）依法处置。校内一切突发公共安全事件的应急工作，都要坚持严格按照有关法律、法规、规章的规定，依法采取措施果断处置，严防事态进一步扩大。同时，为了今后的善后处理有据可查，应及时在事件中做好取证工作，对各项决策做好记录。

（5）正确引导。在信息社会中，突发公共安全事件发生后，各种信息会通过各种渠道迅速传播，成为社会热点和境外媒体报道的焦点。因此，事件的真相在新闻处理上极为重要，稍一迟疑，就会错失良机造成被动局面，并可能造成危机进一步升级。

（6）加强请示报告。校园内发生的突发公共安全事件，有可能会向社会进一步蔓延，处理不当会演化成全局性的事件。因此，在事件发生的第一时间要将有关事件发生的原因、规模、预判及时向有关部门报告，以便于上级部门掌握情况，做出判断，发出指示，有利于事件迅速、果断地得到处置。

（7）做好善后工作。一是总结经验、教训，及时举一反三，对工作中的薄弱环节认真加以整改。二是进一步修改和完善应急预案，使之更加实用，便于操作。三是做好后期处置。对有违法嫌疑的师生要谨慎处理，避免反弹；对意外事故中受伤的人员要及时进行抚恤和补偿；对突发事件中遭受损坏的实施要及时进行修复。

第五章 消防安全

进入21世纪，随着科学技术的进一步发展，高等院校已经成为社会的一个重要组成部分，是培养高级人才、开展科学研究的一个重要单位，同时也是高级人才和现代科研机构、设备比较集中的教学机构。良好的安全环境既是高校正常教学秩序、科研工作顺利进行的有力保证，也是确保学校和师生人身、财产安全的一个重要因素。在经济高速发展和现代高科技技术广泛运用的同时，作为高校安全的一个重要组成部分，消防安全工作也益发显现出其重要地位和作用，并也得到了不断的发展。但是，在不断发展的背后也存在着一些不容忽视的问题。如何正确地解决这些问题，做好高等院校消防安全工作，成了一个现实的课题。

第一节　消防的基本概念

消防工作是人们同火灾作斗争的一项专门工作，它的任务是“预防火灾和减少火灾危害，保护公民人身、公共财产和公民财产的安全，维护公共安全，保障社会主义现代化建设顺利进行”。做好消防工作是国家建设的需要、人民安全的需要，是全体社会成员的共同责任，任何单位和个人都有维护消防安全和预防火灾的义务。

一、消防的概念

我们现在讲的“消防”一词是从日本引进来的，在此之前，我国历史上一般将同火灾作斗争称为“火政”、“火禁”、“救火”等。20 世纪初“消防”一词引进我国时，曾泛指“消灭和预防火灾、水灾”等灾害。

随着社会的发展，火灾事故的日益突出，随着人们对消防的逐渐认识，一个完整的、独立的同火灾作斗争的体系逐渐形成。这样，人们就把专门同火灾作斗争称为“消防火灾”，才有了现在的“火灾消防”的特定含义，通常简称为“消防”。

二、消防工作方针

《消防法》第一章第二条规定：“消防工作贯彻‘预防为主，防消结合’的方针。”这个方针科学、准确地表达了“防”和“消”的辩证关系，反映了人们同火灾作斗争的客观规律，也体现了我国消防工作的特色。

(一) 处理的“防”与“消”的关系

做好消防工作，必须认真执行消防工作方针，而执行好消防工作方针，又有赖于对该方针的准确理解，尤其对防火与灭火直接关系的准确理解。

“预防为主，防消结合”，就是要把同火灾作斗争的两个基本手段——预防和扑救有机地结合起来。

防火和灭火是一个问题的两个方面，是相辅相成、有机结合的整体。“防”中有“消”，“消”中有“防”；“防”为“消”创造条件，“消”为“防”提供补充。“防”可以减少火灾的发生，避免火灾的危害，而“消”则可以减少已发生火灾所造成的损失和伤亡。就整体而言，只重视某一方面而忽视另一方面，或者把两者对立起来，都是不利于同火灾作斗争的。

(二) 预防为主，防患于未然

火灾是一种常见的灾害，但实际上绝大多数火灾是人为造成的。因此火灾并不是不可预防的，只是预防工作做好了，就能够减少火灾的发生，即使发生了火灾，也可以最大限度地降低火灾所造成的危害。

(三) 防消结合，做好灭火准备

消防工作方针，强调在做好火灾预防工作的同时，要做好各项灭火准备，及时扑灭发生的火灾。

在消防重点单位，要按照国家消防技术规范的规定，设计、安装相应的火灾自动报警、自动灭火、消火栓给水、防烟排烟、事故照明、消防电梯、人员疏散等消防设施。在建筑物内配备一定数量、相应品种的灭火器。

“预防为主，防消结合”的消防工作方针，正确地反映了人们同火灾作斗争的客观规律，“防”和“消”是相辅相成、相互渗透、相互补充的一个不可分割的整体，是达到同一目的的两种手段。只有全面地把握，正确地理解，认真地贯彻执行这个方针，才能把消防工作做好。

第二节 消防对高校的重要性

高等院校是培养高级人才、开展科学研究的一个重要单位，同时也是高级人才和现代科研机构、设备比较集中的教学机构，有着学校人员多、精密仪器多、三级建筑多、图书珍贵标本多等特点，也存在着一些不容忽视的问题。因此加强消防安全管理工作是高校行政管理工作中的一项重要工作，是高校发展的重要组成部分，具有重要的意义。

一、高校消防工作面临的特点

自中华人民共和国成立以来，特别是党的十一届三中全会以来，我国的高等教育事业有了很大的发展，学校管理逐步得到加强。从消防管理方面来说，与别的单位和部门相比，高校的消防工作有着自己的特点。

（一）人员聚集，层次复杂

随着连年扩招，高校规模的不断扩大，高等学校最大的特点就是人员集中、聚集。高等学校不仅教师多、专家学者多，学生更多，而且从院士到教师，从学生到民工，高校面临不同类型的人员。上课的时间教学楼里人员多；开饭的时间饭厅里人员多；自习的时间图书馆、阅览室里人员多；就寝的时间学生宿舍里人员多。还有一点要指出，特别是近几年，随着高等教育事业的蓬勃发展，改革开放以后，学校建设也迅速发展，在后勤服务、生产与值班保卫等工作上涌入校园务工的人员和建筑队的施工人员也明显增多。

（二）图书多，珍贵标本文物多

为了教学和科研的需要，高等学校藏有少则几十万、多则成百万、千万册图书；采集和珍藏大量的生物、化学、人体、考古、地质等方面的珍贵标本，这些图书和珍贵标本是高校自建校以来几代人辛勤劳动的珍品，这些珍贵图书、标本，为国家、为社会、为科技发展做出了巨大的贡献，使广大学生获得了丰厚的知识。保护好这些图书、标本是高校防火工作的重点。历史的教训不能忘记，例如某高校生物教学楼发生火灾，烧毁了建筑楼不算，在楼内存放的历代收集的标本全部付之一炬，特别是一些绝迹的标本，永远也无法填补。

(三) 贵重仪器设备多

因教学和科研的需要，高等学校购置了大量的计算机及各种价值昂贵的国内、国外先进的精密仪器、设备，这些仪器、设备在培养学生的感性认识、动手能力和搞尖端科学研究等方面发挥了重要的作用。若这些贵重仪器设备被烧毁，将给教学、科研造成重大损失。

(四) 存在火灾隐患的三级建筑多

很多高校建校历史悠久、老式建筑很多，很多都是国家级的文物建筑，有的是木制建筑，有的是三级闷顶建筑，由于当时的建筑设计标准和防火要求、配送电设备的技术标准和水平有限，现在已经远远不能适应日益增长的用电量的需要。因此无论在用电线路方面，还是在建筑物的使用性质方面均存在很大的火险隐患。这些文物建筑一旦发生火灾，造成的经济损失也是无价的。

二、高校消防工作存在的问题

(一) 消防观念滞后，消防意识淡薄，消防知识不普及

正确的思想意识能指导人们采取正确的行动，对于事态的发展往往起到促进作用；反之，则有阻碍之弊。近年来，社会和高校的火灾事故不断频发，使得师生员工的消防观念有了一定的提高。但是，在高校中很多师生员工的消防意识仅仅局限于火警电话或失火等待消防队扑救，对于消防监督、火灾隐患整改和如何加强消防工作显得比较茫然。我国现行消防安全的理念及接受消防教育的程度难以适应高校发展的需要。消防科普教育相对滞后，消防安全宣传的力度不够，我国将消防教育纳入学校教育计划仍有相当大的难度，高校学生在接受高等知识教育时，往往忽视了行为意识的教育，消防知识普及率在高校中还有待提高；加上部分领导对消防安全教育工作重视不够，有的领导认为经费紧张，消防投入又是无底洞，往往对保卫部门查找出来的隐患存在着麻痹思想，抱着侥幸心理，甚至不予理睬，最终是小患酿大灾，学校有些部门对消防

工作重要性认识不足，没有很好地发动师生参与，消防安全主体意识不强；许多师生潜意识里把消防工作当成消防部门或高校保卫部门的事，还有少数师生不把消防安全工作当回事，认为火烧不到自己头上；再则高校的法人和消防管理人员缺少必要的消防安全管理专业知识的系统培训，难免在管理上出现事倍功半、降低管理效能的现象，从而导致师生消防观念滞后、认识程度偏低、侥幸心理严重，这些都给高校的消防安全增加了难度和火灾危险性，在一定程度上对高校消防工作运转造成了障碍。

（二）经费投入不足，消防器材、设施短缺、陈旧

加强经费的投入、改善消防设施和装备，是预防火灾的一个重要手段。但是，由于意识问题或经费保障不足，高校相关部门、场所往往在消防设施配备上存在缺斤少两的现象，致使消防设备设施落后且不配套、不完整、不健全，埋下事故隐患。有的高校消防器材配备不及时，或数量不足，不少人员聚集场所如学生宿舍、食堂和图书馆等无明显的疏散指示和应急照明；有的高校没有配备隔热服、空气呼吸器等消防应急用品；有的高校室内外的消防栓长期缺少维护、保养；还有的高校消防设施没有进行定期检测，自动消防报警和喷淋系统存在问题，甚至消防控制室工作人员不足或没有经过严格的上岗培训。一些已经配备的消防设施、器材也有不少因检修、保养不及时，而难以发挥其有效的作用。还有一些老式建筑，年代已经久远，消防设施和装备已经远不能满足时代发展的需要，新装不添，旧装也日显破旧，一旦遇到火情就难以实现自救，造成战机贻误。

（三）管理机制不完善，防范措施不到位

落实教育培训机制，加强消防工作管理，是增强消防意识，预防火灾事故发生的重要手段。高校消防工作存在不能做到有法可依，有法必依的现象，对于发现存在的火灾隐患，往往由于行政干预和资金缺少等因素，造成火灾隐患整改的不及时或者不整改。防范措施的加强，在一定程度上也可以预防火灾事故的发生，实际上不少高校在落实防范措施的力度上还有待加强：消防安全出口不通畅，电气线路老化，宿舍、实验室违章用电、用火等现象还广为存在，极易引发火灾事故的发生和造成群死群伤。例如，南京某高校一幢宿舍楼男女生混住，为了便于管理，竟将其中一用于安全疏散的安全通道用铁栅栏门隔死，管理人员还解释说这样做是为了防止男生进入女生区，便于管理。

三、高校消防工作的意义

消防工作是国民经济和社会发展的重要组成部分，是发展社会主义市场经济不可缺少的保障条件。消防工作直接关系人民生命财产的安全和社会的稳定。

高等学校是培养人才的重要场所，高校消防工作是保证教学、科学研究和生活等正常秩序的重要手段，是高等学校管理的重要内容之一，对培养人才有着直接、重要的影响。

随着高等学校的建设与发展，学校校园和建筑面积不断扩大，固定资产不断增多。与此同时，发生火灾的因素也在增加，火灾次数与火灾损失随之上升，发生火灾后控制和扑灭的难度加大。因此，高校的消防工作日益繁重。

因此，作为走在改革开放的最前沿，代表国家最高科技水平的高等院校，一旦发生特大火灾，不仅会造成许多不可估量的经济损失，还会使正常的教学科研工作遭受影响，危及学校师生员工的生命财产安全。而且高校发生火灾事故会严重影响学校的发展和稳定，严重的还会成为国内外舆论的焦点，造成不良的社会影响。因此，做好高校的消防工作，预防和减少火灾事故特别是群死群伤的恶性火灾事故的发生，具有十分重要的意义。

第三节 火灾的预防

消防工作方针“预防为主，防消结合”，首先强调对火灾的预防。中央领导提出的“隐患险于明火”、“防范胜于救灾”，就是要求我们做到以预防为主。既然“隐患险于明火”，那么我们就要努力及早发现隐患，把隐患解决在火灾发生之前；既然“防范胜于救灾”，那么我们就要加强防范，做好预防工作。

一、火灾的起因

通过近年来高校发生的火灾和对高校消防安全重点部位的检查及其存在隐患的分析，火灾的发生主要有以下几个方面的因素：

（一）安全措施不落实和违反实验操作规程是高校实验室发生火灾的主要原因

开展各项科学研究需要大量的实验数据，也就离不开实验室工作，在实验室中有许多化学危险物和易燃易爆物品，还有一些性质不明的物料，另外，在一些常见的蒸馏、回流、萃取、电解等火灾危险性较大的作业操作中，用火用电一旦发生操作失误，就会引发火灾。高等院校的实验室一般有两大危险因素：一是化学危险品多；二是电器设备多。在实际教学中，有的实验室没有防火安全制度，有的实验室虽然制订了防火安全制度，但由于不少师生经常接触实验物品，时间长了对制订的安全防范制度就不以为然了，思想麻痹，疏于管理。

有的学生在进行课题实验时，违反实验管理规定，擅自离开实验台，导致发生火灾。有的学校实验楼的化学实验虽然有管理制度和操作规程，但没有将其落到实处，化学实验操作未得到严格有效的监管。

（二）电器原因是引发电教中心和计算机中心等部位发生火灾的主要原因

电教中心和计算机中心等部位都有相同的特点，电器设备多，用电负荷高，电器线路布满整个中心，电器线路超负荷运行及短路现象随时都有可能发生。内部装修所用材料，大多是可燃材料，有的甚至有纤维、泡沫、布条等易燃材料作为隔音的填充材料，一旦因电器原因发生火灾，不仅火势蔓延迅速，而且会产生大量的有毒气体，直接威胁师生生命安全。

（三）宿舍、公寓、图书馆等建筑耐火等级低，安全通道设计不合理

建筑内部结构及装修时使用大量易燃可燃材料，内部设施及电气线路陈旧老化，线路铺设不符合防火要求。尤其是一些旧图书馆，由于采光度低，为了照明的需要，使用大功率的照明灯具。灯具离书架太近，一旦电器线路故障发生火灾，火势蔓延迅速，不仅会使很多珍贵资料化为灰烬，造成无法弥补的损失，而且还会危及人身安全。

（四）消防安全意识差，违反用火用电规定是学生公寓发生火灾的主要原因

随着我国经济的发展，许多学生配备了电脑、电视机、电风扇等大功率电器，而宿舍往往只有一个插座，学生们就不按照安全用电的有关规定，随意安接插座，拖拉电线，增加用电设备，超负荷用电现象严重。多数学生还在宿舍

使用“热得快”、“电温瓶”等安全危险性大的电器。这些都极易造成电线短路，引发火灾。

一些管理不善的高校，学生在宿舍中使用酒精灯、煤气炉、电炉等明火做饭的现象越来越突出，而宿舍的可燃物较多，如果操作不当，极易引燃周围的可燃物，发生火灾。许多学生还在宿舍使用蜡烛，躺在床上看书，不慎碰倒，而引燃蚊帐、被褥等可燃物，火灾危险性非常大。

还有的高校中，学生抽烟现象严重，在男同学中更是屡见不鲜。学生们在公共场所是不敢明目张胆地抽烟的，而在宿舍中，则你一支，我一支，抽完烟后就随意乱扔，而他们不知烟头的内部温度高达几百度，一旦未熄灭，而扔进废纸篓、垃圾桶等易燃物上面，很容易引起火灾。

（五）高校出租房屋消防管理混乱

随着经济的快速发展，越来越多的高校也走向市场或引入市场竞争机制，有的将部分房屋改建为商铺或饭店，出租给别人经营管理；有的将内部的食堂承包出去，这些出租房和承包房的独立经营，使双方都片面追求经济效益，忽略了消防安全管理，导致大小火灾时有发生。

二、火灾及其分类

火灾是指在时间或空间上失去控制的燃烧所造成的灾害。火灾大多数是一种社会现象，发生火灾的主要原因可归纳为三个方面：一是人为的不安全行为（含放火）；二是物质的不安全状态；三是工艺技术的缺陷。而人为的不安全行为是最主要的因素。

火灾依据物质燃烧特性，可划分为A、B、C、D、E五类。

A类火灾：指固体物质火灾。这种物质往往具有有机物质的性质，一般在燃烧时产生灼热的余烬。如木材、煤、棉、毛、麻、纸张等火灾。

B类火灾：指液体火灾和可熔化的固体物质火灾。如汽油、煤油、柴油、原油、甲醇、乙醇、沥青、石蜡等火灾。

C类火灾：指气体火灾。如煤气、天然气、甲烷、乙烷、丙烷、氢气等火灾。

D类火灾：指金属火灾。如钾、钠、镁、铝镁合金等火灾。

E类火灾：指带电物体和精密仪器等物质的火灾。

按照国家《火灾统计管理规定》，火灾可划分为特大火灾、重大火灾和一般火灾。

特大火灾：死亡10人以上（含本数，下同）；重伤20人以上；死亡、重伤20人以上；受灾50户以上；直接财产损失100万元以上。具有上述情形之一的，为特大火灾。

重大火灾：死亡3人以上（含本数，下同）；重伤10人以上；死亡、重伤10人以上；受灾30户以上；直接财产损失30万元以上。具有上述情形之一的，为重大火灾。

一般火灾：不具有前列两项情形的火灾为一般火灾。

三、火灾的预防

针对以上高校火灾发生的原因，为了减少火灾损失，我们要加强火灾的预防工作：

（一）加强消防法规和防火知识宣传

新生入学时要进行安全教育、节假日也要集中学习，不同季节进行重点教育，使消防宣传做到经常化；组织职工观看火灾纪实、消防知识竞赛等多种形式的宣传活动，消防宣传内容多样化。通过宣传使师生员工充分认识火灾对学校发展、职工利益、人身安全造成的危害，吸取重大和特大火灾的惨痛教训，了解并掌握防火的有关知识。有条件的学校还可以将消防安全与其他如治安、交通等安全工作作为学生的一门必修课，重点对学生进行安全教育，使大学生牢固树立安全意识。同时对特殊岗位人员、外来打工人员要进行重点教育，持安全证上岗。

（二）加强消防管理，确定重点防火部位

针对高等学校人员多、精密仪器多、三级建筑多、图书珍贵标本多等特点，在消防安全管理工作中，首先应根据部位防火实际，如人员聚集，贵重物品集中，发生火灾影响大、损失大，火险隐患多等特点确定消防安全的重点部位，明确防火责任人，岗位、部位防火负责人，建立健全各项防火管理制度；其次是保障人员聚集场所安全出口畅通，安全标志明显，严禁堵塞、占用安全疏散通道；再次是加强易燃、易爆等危险品登记注册，加强危险品储存、使用等环节的管理工作；复次是对学校举办的集会、晚会等大型活动，必须报上级公安机关审批，做好应急预案工作，经检查合格方可举办；最后是配齐各部位的灭火设备，要求职工会使用、会灭火。

（三）开展安全检查，加大处罚力度

防火工作是一项经常性的工作，若想确保学校安全，在日常工作中，必须做到警钟长鸣，加强防火检查、巡视，通过检查，能够及时掌握高校各部位防火工作开展的情况，岗位人员用火、用电有无违章情况，安全出口疏散通道是否畅通，安全指示、消防器材是否完整好用，重点防火部位人员及制度执行情况等；通过检查，及时制止违章，及时发现隐患，及时进行整改，确实达到“防范胜于救灾”之目的。防火检查要遵循自检自查与学校及上级消防安全机关检查相结合，普查与重点抽查相结合，注重检查实效，发现情况认真落实整改，对违规违法行为从重处罚。

（四）层层落实消防安全责任

“防火安全、人人有责”，高校消防工作不是某个人、某个部门的工作，它是每位职工、学生应尽的责任与义务。要建立健全防火安全责任制，防火工作“谁主管、谁负责”，因此必须领导重视，从领导抓起，领导要有较高的防火意识和责任感，通过领导在落实防火责任制中的思想与行动上的表率作用来影响教职工和学生。要逐级签订防火安全责任书，实施防火责任分流，从校级领导、院系等中层单位到教研室、班级、班组等基层单位，做到横向到边，要纵向到底，直至落实到房间，责任明确到个人。在落实防火责任制中要与建立完善的规章制度相适应，这就是说高校要建立健全各项规章制度，各院系、各部门都要认真落实，并根据实际情况制定本单位的操作规程和管理办法。

（五）加大经费投入，改善消防设施

消防设施和设备的配备率和完好率，是衡量高校消防安全工作开展好坏的一个重要标准。新科技的运用，群体相对的高度集中，消防意识的相对弱化和知识的相对缺乏，这就对高科技消防设施和装备提出了较高的要求。首先，作为高校管理部门，要及时对消防投入和整改所需资金进行核算，并针对隐患列出整改计划，将经费列入学校经费开支的总预算中，设立消防专项基金，不断改善消防装备条件，有计划地消除火灾隐患；其次，要广泛动员，爱护设施，要加强对消防设施、设备的管理和维护保养，建立专人专门的保管制度，改善消防器材的存放条件，确保使用寿命的延长。

第四节 火灾的扑救与自救

要提高大学生抗御火灾事故的能力，要求我们不仅要做好火灾的预防工作，而且要学会处置火灾事故的方法，比如火灾的报警，初期火灾的扑救，火场的逃生，等等，以最大限度地控制火灾事故的扩大，减少或降低火灾事故造成的危害。

一、火灾的报警

“任何人发现火灾时，都应当立即报警。任何单位、个人都应当无偿为报警提供便利，不得阻拦报警。”《消防法》第32条对报警作了明确规定，报警是每个公民应尽的义务。消防工作实践证明，报警晚是酿成火灾的重要原因之一，除自然灾害和易燃易爆危险品发生特殊火灾外，几乎所有大火都与报警晚有密切关系。

（一）及时报警的意义

经验告诉我们，在起火之后的十几分钟内，能否将火扑灭，这是个关键的时刻。把握住这个关键时刻主要有两条：一是利用现场灭火器材及时扑救；二是同时报火警，以便调集足够的力量，尽早地控制和扑灭火灾。不管火势大小，只要发现失火，就应立即报警。不要以为自己有足够的力量扑灭火灾就不向消防队报警。因为火势的发展往往是难以预料的，如扑救方法不当，对起火物质的性质不了解，灭火器材的效用所限等原因，均有可能控制不住火势而酿成大火灾，此刻才想起报警，就是消防队到场扑救，也必然费时费力，造成一定的损失。有时由于火势已发展到猛烈阶段，大势已定，消防队到场只能控制火势不使之蔓延扩大，但损失和危害已成定局。所以，报警早，损失少，就是这个道理。

（二）报火警的方法

除装有自动报警系统的单位可以自动报警外，其他单位或个人可根据条件分别采取以下方法报警。

1. 向学校和周围的人群报警

（1）使用手动报警设备报警。如使用电话、警铃、汽笛、敲钟、手提警报器或其他平时约定的报警手段报警。

（2）派人或打电话到学校的保卫部门报警。

（3）派人或打电话向本单位的领导报警。

（4）使用有线广播报警。

（5）大声呼喊报警。

2. 向公安消防队报警

（1）拨打“119”火警电话向公安消防队报警。

（2）与公安消防队有对讲（专线）电话的，要立即用专线电话报警。

（3）与公安消防队（消防指挥中心）有无线报警联网的及时用无线报警设备报警。

（4）没有电话且离消防队较近时，可直接骑车或拦车、驾车到消防队报警。

总之，方法要因地制宜，以最快的速度将火警报出去是最终目的。

（三）报火警的内容

在拨打火警电话向公安消防队报火警时，必须讲清以下内容：

（1）发生火灾单位或个人的详细地址。包括街道名称、门牌号码、靠近何处；高校要讲明院系、部门；高层建筑要讲明第几层楼等。总之，地址要讲得明确、具体。

（2）起火物。如房屋、商店、油库、露天堆场等；房屋着火最好讲明是何建筑，如棚屋、砖木结构房、新式工房、高层建筑物等；尤其要注意讲明起火物为何物，如液化石油气、汽油、化学试剂、棉花等，以便消防部门根据情况派出相应的灭火车辆。

（3）火势情况。如只见冒烟、有火光、火势猛烈、有多少间房屋着火等。

（4）报警人姓名及所用电话的号码，以便消防部门电话联系，了解火场情况。报警后，还应派人到路口接应消防车。

（四）谎报火警和阻拦报警的处罚

在不少地方发现有个别人打电话报假火警。有的是抱着试探心理，看报警后消防车是否会来；有的报火警开玩笑；有的是为报复跟自己有意见的人，用报警的方法搞恶作剧故意捉弄对方；还有的怕事态扩大，影响不好而阻拦报警。

谎报火警和阻拦报警都属于妨害公共安全的行为。每个地区所拥有的消防力量是有限的，因谎报火警而出动车辆，必然会削弱正常的值勤力量。如在这时某单位正好真的发生火灾，就会影响正常出动和扑救，以致造成不应有的损失。阻拦报火警，也会因延误报警时机，而造成火灾扩大。按照《消防法》第 32 条和第 47 条的规定：谎报和阻拦报火警是扰乱公共秩序、妨害公共安全的行为，视其情节要受到罚款或拘留的处罚。

二、灭火的基本方法

灭火的基本方法，就是根据起火物质燃烧的状态，为破坏燃烧必须具备的基本条件而采取的一些措施。具体有以下 4 种：

(一) 冷却灭火法

冷却灭火法，就是将灭火剂直接喷洒在可燃物上，使可燃物的温度降低到自燃点以下，从而使燃烧停止。用水扑灭火灾，其主要作用就是冷却灭火。一般物质起火，都可以用水来冷却灭火，如用清水灭火器及简易的水桶快速扑灭等。火场上，除用冷却灭火法直接灭火外，还经常使用水冷却尚未燃烧的可燃物质，防止其达到自燃点而着火；也可用水冷却建筑构件、生产装置或容器等，以防止其受热变形而爆炸。

(二) 隔离灭火法

隔离灭火法，就是将燃烧物体与附近的可燃物质隔离或疏散开，使燃烧停止。这种方法适用扑救各种固体、液体和气体火灾。

采取隔离灭火法的具体措施有：将火源附近的可燃、易燃、易爆和助燃物质，从燃烧区内转移到安全地点；关闭阀门，阻止气体、液体流入燃烧区；排除生产装置、设备容器内的可燃气体或液体；设法阻拦流散的易燃、可燃液体或扩散的可燃气体；拆除与火源相毗邻的易燃建筑结构，造成防止火势蔓延的空间地带；用水流封闭或用爆炸等方法扑救油气井喷火灾；采用泥土、黄沙筑堤等方法，阻止流淌的可燃液体流向燃烧点。

(三) 窒息灭火法

窒息灭火法，就是阻止空气流动到燃烧区，或用不燃物质冲淡空气，使燃烧物质断绝氧气的助燃而熄灭。这种灭火方法适用了扑救一些封闭式的空间和生产设备装置的火灾。

在火场上运用窒息灭火法扑灭火灾时，可采用石棉布、浸湿的棉被、湿帆布等不燃或难燃材料，覆盖燃烧物或封闭孔洞；用水蒸气、惰性气体（如二氧化碳、氮气等）充入燃烧区域内；利用建筑物上原有的门、窗以及生产设备上的部件，封闭燃烧区，阻止新鲜空气进入。此外在无法采取其他扑救方法而条件又允许的情况下，可采用水或泡沫淹没（灌注）的方法进行扑救。

采取窒息灭火法扑救火灾，必须注意以下几个问题：

（1）燃烧的部位较小，容易堵塞封闭，在燃烧区域内没有氧化剂时，才能采用这种方法。

（2）采取用水淹没（灌注）的方法灭火时，必须考虑到火场物质被水浸泡后能否产生不良后果。

（3）采取窒息方法灭火后，必须在确认火已熄灭时，方可打开孔洞进行检查。严防因过早地打开封闭的房间或生产装置的设备孔洞等，而使新鲜空气流入，造成复燃或爆炸。

（4）采取惰性气体灭火时，一定要将大量的惰性气体充入燃烧区，以迅速降低空气中氧的含量，窒息灭火。

（四）抑制灭火法

抑制灭火法，就是将化学灭火剂喷入燃烧区使之参与燃烧的化学反应，从而使燃烧反应停止。采用这种方法可使用的灭火剂有干粉和卤代烷灭火剂及替代产品。灭火时，一定要将足够数量的灭火剂准确地喷在燃烧区内，使灭火剂参与和阻断燃烧反应；否则将起不到抑制燃烧反应的作用，达不到灭火的目的。同时还要采取必要的冷却降温措施，以防止复燃。

采用哪种灭火方法实施灭火，应根据燃烧物质的性质、燃烧特点和火场的具体情况，以及消防技术装备的性能进行选择。有些火灾，往往需要同时使用几种灭火方法。这就要注意掌握灭火时机，搞好协同配合，充分发挥各种灭火剂的效能，迅速有效地扑灭火灾。

三、火场自救

一场大火降临，在众多被火围困的人员中，有的人生灵涂炭，命赴黄泉；有的人跳楼丧生或造成终生残疾；也有人化险为夷，死里逃生。这固然与起火时间、起火地点、火势大小、建筑物内消防设施等因素有关，但也与被火围困的人员在灾难降临时有没有逃生的本领有关。

火灾事故发生时，建筑物内的可燃物，特别是化学合成材料容易着火，燃烧过程中能产生大量的 CO、CO_2 及其他有害气体，同时消耗空气中大量的氧气，严重危害人体，人员如果不及时疏散，势必造成中毒、窒息或烧伤致死。

所以，发生火灾时，除参加扑救的人员外，其他人员都应该迅速撤离现场。如果被大火围困，特别是被围在楼上，应采取一切措施自救逃生。其主要方法有：

（一）熟悉环境，临危不乱

首先要了解和熟悉我们经常或临时所处建筑物的消防安全环境。对我们通常工作、学习或居住的建筑物，事先可制定较为详细的逃生计划，以及进行必要的逃生训练和演练。对确定的逃生出口、路线和方法，要让所有人员都熟悉掌握。必要时可把确定的逃生出口和路线绘制成图，张贴在明显的位置，以便平时大家熟悉，一旦发生火灾，则按逃生计划顺利逃出火场。当人们外出，走进商场、宾馆、酒楼、歌舞厅等公共场所时，要留心看一看太平门和安全出口，留意消防器材和救生器具的位置，以便遇到火灾时能及时疏散和灭火。只有警钟长鸣，养成习惯，才能处险不惊，临危不乱。

（二）扑灭小火，险而无灾

消灭火险，就是最好的保护自己。小火初起，在报警的同时，应奋力将小火控制、扑灭。如电器起火先切断电源，燃器设施起火及时关闭阀门，办公室设施起火马上用灭火器扑救，等等。千万不要惊慌失措，更不要置小火于不顾而酿成大灾。

扑灭初期火灾的几个方法：

（1）就地取材，灭火器、黄沙、毛毯、棉被覆盖火焰，然后用水扑打。

（2）个别物品起火，要赶快把着火物搬到室外灭火。

（3）将着火点附近的可燃物及时疏散到安全地点。

（4）油锅起火，不能用水灭火（原因是油比水轻，容易蔓延），而应盖上锅盖，关闭煤气阀门，再灭火。

（5）煤气、液化气着火，要先关阀门，用围裙、衣物、棉被等浸水捂盖，浇水扑灭。

（6）家用电器着火，先切断电源，然后用毛毯、棉被窒息灭火，电视机着火人要站在侧面灭火，防止显像管爆裂伤人。

（三）撤离险地，不贪财物

在火场中人的生命最重要。火灾有初起、发展、猛烈、减弱和熄灭五个阶段。逃生行动是争分夺秒的行动，一旦听到火灾警报或意识到自己可能被烟火包围，就要尽快撤离，千万不要迟疑，要立即跑出房间，设法脱险，切不可延误逃生良机，不要因害羞或顾及贵重物品，把宝贵的逃生时间浪费在穿衣或寻找、搬离贵重物品上。

（四）保持镇静，明辨方向

确定撤离时，要强令自己保持镇定，要根据平时对环境的熟悉情况，迅速判断危险地点和安全地点，决定逃生办法。不要盲目地跟从人流相互拥挤、乱冲乱撞；要朝明亮处或外面空旷的地方跑；尽量往楼层下面跑，若通道口已被烟火封阻，则背向烟火方向离开；也可通过阳台、窗台等逃生。

（五）简易防护，匍匐撤离

为了防止火场浓烟呛人，可采用湿毛巾、口罩蒙住口鼻，也可采用向身上浇水的办法，或者用湿毯子将身体裹好，再冲出去。火灾中产生的一氧化碳在空气中的含量超过1.28%时，即可导致人在1～3分钟内窒息死亡。同时，燃烧中产生的热空气被人吸入，会严重灼伤呼吸系统的软组织，严重的也可致人窒息死亡。逃生者大多数要经过充满浓烟的路线才能离开危险的区域。逃生时，可把毛巾浸湿，叠起来捂住口鼻，无水时，干毛巾也可。身边如没有毛巾，餐巾布、口罩、衣服也可以代替。要多叠几层，使滤烟面积增大，将口鼻捂严。穿越烟雾区时，即使感到呼吸困难，也不能将毛巾从口鼻上拿开，烟雾很大时，最好采用匍匐前进的方法。

（六）选择通道，慎入电梯

楼房着火时，应根据火势情况，优先选用最便捷、最安全的通道和疏散设施，如疏散楼梯、消防电梯、室外疏散楼梯等。规范、标准的高层建筑，都会有两条或两条以上的疏散楼梯或通道，火势一旦起来，就要及时选择相对安全的通道撤离。有消防专用电梯的，可乘消防电梯逃生。无消防专用电梯时，千万不要去乘普通电梯，因为普通电梯的供电系统在火灾发生时会随时断电，或因热的作用导致电梯变形而将人困在电梯内。同时，由于电梯井犹如贯通的烟筒般直通各楼层，有毒的烟雾会直接威胁被困人员的生命。

从浓烟弥漫的建筑物通道向外逃生，可向头部、身上浇些凉水，用湿衣服、湿床单、湿毛毯等将身体裹好，要低势行进或匍匐爬行，穿过险区。如无其他救生器材时，可考虑利用建筑的窗户、阳台、屋顶、避雷线、下水管等脱险。

（七）缓降逃生，滑绳自救

当各通道全部被浓烟烈火封锁时，高层、多层公共建筑内一般都备有高空缓降器或救生绳、救生带，逃生者可以通过这些设施安全地离开危险的楼层；或用床单、窗帘、衣服等自制简易救生绳，可用水打湿，从窗台或阳台沿绳缓降到下面楼层或地面，安全逃生。

如果被火困在二层楼内，若无条件采取其他自救方法并得不到救助，在烟火威胁、万不得已的情况下，也可以跳楼逃生。但在跳楼之前，应先向地面扔些棉被、枕头、床垫、大衣等柔软物品，以便“软着陆”，然后用手扒住窗台，身体下垂，头上脚下，自然下滑，以缩小跳落高度，并使双脚首先落在柔软物上。如果被烟火围困在三层以上的高层内，千万不要急于跳楼，因为距地面太高，往下跳时容易造成重伤和死亡。只要有一线生机，就不要冒险跳楼。

（八）避入房内，固守待援

如果逃生通道已被切断，或房门用手摸时已烫手，这时若再开门，火苗与浓烟就会迎面扑来。此时应关闭迎火的门窗，打开背火的门窗，用湿毛巾、湿布堵塞迎火的窗缝，或用水浸湿棉被蒙上门窗，然后不停地用水淋湿房间门窗等可燃物件，防止烟火渗入，固守在房内等待救援人员的到来。

在无路可逃生的情况下，应积极寻找暂时的避难处所，以保护自己，择机而逃。如果在综合性多功能大型建筑物内，可利用设在电梯、走廊末端以及卫生间附近的避难间，躲避烟火的危害。如果处在没有避难间的建筑里，被困人员应创造避难场所与烈火搏斗，求得生存的机会。首先，应关紧房间迎火的门窗，打开背火的门窗，但不要打碎玻璃，窗外有烟进来时，要赶紧把窗子关上。如门窗缝或其他孔洞有烟进来时，要用毛巾、床单等物品堵住，或挂上湿棉被、湿毛毯、湿床袋等难燃物品，并不断向迎火的门窗及遮挡物上洒水，最后淋湿房间内一切可燃物，一直坚持到火灾熄灭。

（九）巧示信号，寻求援助

被烟火围困暂时无法逃离的人员，应尽量在阳台、窗口等易于被人发现和能避免烟火近身的地方。白天，可以向窗外晃动颜色鲜艳的衣物等；晚上，则可以用手电筒不停地在窗口闪动，或者敲击盆子等声响大的东西，发出求救信号，引起救援者的注意。

（十）发扬风格互助互教

在众多被困人员逃生过程中，极易出现拥挤、聚堆，甚至倾轧践踏的现象，造成通道堵塞和不必要的人员伤亡。相互拥挤、践踏，既不利于自己逃生，也不利于他人逃生。在火场自救中要发扬互助精神，帮助老人、小孩、病人先疏散，对行动不便者，可用被子、毛毯等包扎好，用绳子吊下。

第六章 交通安全

随着我国社会经济的快速发展和人民生活水平的逐步提高。近几年来，各类公私机动车辆发展速度迅猛，城市道路机动车流量大幅度攀升，交通拥堵现象日趋严重，交通事故频发。由于高校实行开放办学，高校与社会的交流频繁，使高校校园内的人流量、车流量急剧增加，校园交通环境日益严峻，交通事故逐年增多，从而对在校大学生的生命财产安全构成了严重的威胁。因此，尽快了解交通安全的基本常识，掌握自我安全防范的基本技能，对于确保大学生交通安全是至关重要的，也是迫切需要的。

第一节　交通事故及其原因

一、交通事故的界定

（一）交通事故的定义

当前我国在处理各类道路交通事故中，对交通事故的认定是依据《中华人民共和国道路交通安全法》第 119 条的规定："'交通事故'，是指车辆在道路上因过错或者意外造成的人身伤亡或者财产损失的事件。"

（二）交通事故的构成要件

根据交通事故的定义，构成交通事故应具备以下 4 个要件：

第一是车辆，指机动车与非机动车。主要包括机动车之间、非机动车之间、机动车与非机动车之间、机动车与行人之间、非机动车与行人之间 5 个方面。

第二是指在道路上发生的交通事故。包括城乡公路、城市道路（含人行道）、单位、居民小区内部道路、广场、公共停车场等用于公众通行的场所。

第三是指由行为人过错、过失或意外造成的，如果是因行为人故意造成的不适应本规定。

第四是指造成人身伤亡或财产损失后果的。

（三）交通事故的分类

交通事故一般有以下分类：按事故损害后果分类、按事故原因分类、按事故性质分类、按车辆类型分类、按事故现象分类等。通常普遍使用的是按交通事故造成的损害后果进行分类，一般将交通事故分为轻微事故、一般事故、重大事故、特大事故共 4 类，其具体的认定标准是：

（1）轻微交通事故：指一次造成 1～2 人轻伤或者财产损失在 200 元以下的事故。

（2）一般交通事故：指一次造成 1～2 人重伤或者轻伤 3 人以上，财产损失在 3 万元以下的事故。

（3）重大交通事故：指一次造成 1～2 人死亡或者重伤 3～10 人，财产损失 3～6 万元的事故。

（4）特大交通事故：指一次造成 3 人以上死亡，或者重伤 11 人以上，或者死亡 1 人，同时重伤 8 人以上，或者死亡 2 人，同时重伤 5 人以上，或者财产损失在 6 万元以上的事故。

二、交通事故的主要原因

近年来，我国交通事故呈逐年上升趋势，给人民群众的生命及财产带来了无法弥补的损失。据统计，我国每年共发生交通事故 30 余万起，伤亡人数 40 余万人，导致的直接经济损失近 20 亿元。发生交通事故的原因多种多样，既有驾驶人员违规和操作不当，又有道路状况差，行人及非机动车违规等多种原因。归纳起来，比较常见的有以下原因：

（一）驾驶人员造成的交通事故原因

1. 无视交通法规，不遵守机动车通行规定

一些机动车驾驶人员没有严格按照《道路交通安全法》的有关规定驾驶车辆，超速行驶、遇行人时未减速行驶、随意变道超车、闯红色信号灯、转弯不减速、行驶中没有保持足够的车距是发生交通事故的主因。

2. 酒后驾驶

饮酒后，酒精会对人的中枢神经起麻醉抑制作用。实验证明，饮酒者每100毫升血液中含酒精50毫克时，反应能力即有所下降，达到100毫克时，下降约35%，达到150毫克时，下降50%，使人动作失调、手脚失控。一些驾驶人员觉得自己能喝，抱着少喝一点没事的侥幸心理，往往酒后甚至醉酒状态开车，从而导致发生交通事故。据统计，饮酒后发生交通事故的比率要比没有饮酒时高16倍。

3. 新手多、驾驶技术差，遇突发情况处置不当

近几年来，随着私家车进入千家万户，很多车主都是刚学完驾驶，领到驾照后就驾车上路，而这部分驾驶人员中由于驾驶技术不精、经验欠缺，遇突发情况时容易出现精神紧张，从而导致操作失误而发生交通事故。

4. 车况差，带故障上路

有些驾驶人员容易忽视对车辆的日常保养和检查，不了解熟悉车况，往往因车辆方向盘、制动等主要部件失灵而导致交通事故，甚至是重大交通事故。

5. 疲劳驾驶

人在每天中午、晚饭后、午夜三个阶段大脑神经容易疲劳，此时开车容易诱发交通事故，而有些驾驶人员，特别是长途车驾驶人员由于经常得不到正常休息或者长时间、远距离驾驶，因过度劳累导致反应迟钝而发生交通事故。

6. 精力不集中

驾驶人员在驾驶车辆时与旁人说笑、聊天、接打电话，从而导致精力分散，遇到意外情况时，处置不正确，也是诱发交通事故的主要原因。

（二）行人造成交通事故的原因

1. 不走人行道

行人在户外行走时，有时为图方便不走人行道，在机动车道上行走又不注意身后来车，从而造成交通事故的发生。

2. 与机动车抢行

行人在横穿人行横道时，在车辆较多的路段等待横过马路时，往往缺乏耐

心，不按“一看、二等、三通过”的方法行事，与机动车抢行，容易造成机动车驾驶员应急处置不及而发生交通事故。

3. 翻越护栏，强行进入禁行区

有些行人为了少走弯路，强行翻越交通护栏或进入禁止行人通行的路段。由于这些路段禁止行人通行，车速相对较快，且机动车驾驶员往往不太把注意力集中在行人身上，对突发的情况反应较慢。因此，极易造成交通事故。

4. 在公路上嬉闹、玩耍

年轻人活泼好动，喜欢在行走时蹦蹦跳跳、嬉戏打闹，甚至有时还在公路上进行球类活动或在机动车道上滑滑轮车，造成机动车驾驶员猝不及防而发生交通事故。

5. 乘坐交通工具时不遵守安全规定

行人在乘坐交通工具时，车未停稳就匆忙上下车，车辆行驶中把肢体伸出窗外，这些都容易诱发交通事故。

6. 思想麻痹，安全意识淡薄

行人在道路上行走时，边走边看书或边听音乐、聊天说话。导致精力不够集中，也容易发生交通事故。

7. 骑自行车带人，骑飞车

骑车时带人、高速骑行、冲坡、双手不握自行车把、玩弄车技等行为也是诱发交通事故的原因之一。

（三）路况差及交通设施不全造成的交通事故原因

1. 路况差

有些道路损坏得不到维护，或因工程施工后未能及时恢复，导致路面高低不平，坑沟较多，增加了驾驶车辆的难度，容易诱发交通事故。

2. 交通配套设施不全

在行人多的路段未科学设置信号灯、交通隔离护栏和施画人行横道线，造成交通秩序混乱，从而诱发交通事故。

3. 交通配套设施缺失

有些路段虽然设置了配套设施，但因人为损坏而没有及时进行更换维修。例如，窨井盖破损、被盗，交通护栏损坏等都可能导致发生意外交通事故。

导致发生交通事故的原因很多，以上列举的是主要原因。因此，防范交通事故的发生，必须从车辆驾驶人、行人以及交通基础设施几个环节抓起，从而确保人们的人身安全，减少公私财产的损失。

三、校园交通事故的主要特点

随着高校的快速发展和教育改革的不断深化，高校与社会的交流越来越频繁，致使校园内人流量、车流量急剧增加，而高校校园道路基础设施建设滞后于机动车的发展速度，一般校园道路均较狭窄，停车场地匮乏，加之校园人员居住密集，人流、车流集中，致使校园交通环境日趋复杂，交通事故呈现大幅度增长的态势，其特点主要有：

（一）交通事故发生率呈现快速上升的势头，重大交通事故增多

随着进入校园的各类机动车辆持续增加，校园交通环境日益严峻，交通违规现象增多，由此导致校园交通事故频频发生。近几年来，校园交通事故发生率逐年增加，对大学生的人身安全构成了严重威胁。

（二）违法驾驶、超速行驶导致的校园交通事故

一些社会车辆进入校园后，少数驾驶人员不顾校园限速行驶的管理规定，在校园内高速行驶，少数车主（包括少数大学生）驾驶无牌、无证大功率摩托车在校园内高速行驶甚至飙车，是导致校园交通事故增多的主因。

（三）驾龄在2年以内的新驾驶人员交通肇事的现象突出

随着机动车数量的增加，新驾驶人员所占的比例越来越大，而新驾驶人员中由于驾驶技术不熟练、驾驶经验欠缺、遇突发情况时的应变能力差，因此发生交通事故的概率较大。

（四）从车辆类型看，小型车所占的比例比较大

在校园所发生的交通事故中，以私家车、摩托车为主，占90%以上。这说明，私家车驾驶人员大多为兼职司机，专业驾驶技能普遍较差，而摩托车肇事大多则是由于无证驾驶或超速抢行造成的。

（五）教学区以及人流量较大的主、次干道为校园交通事故的多发区域

教学区是师生集中工作和学习的场所，人流量、车流量是校园中最密集的区域。人、车争道、抢行的现象屡见不鲜，因而成为校园交通事故的频发区域。

（六）校园交通事故的多发时段

白天上、下班（课）时间，上午9：30~10：30，晚上18：00~21：00是校园交通事故的多发时段。这说明，每天师生集中上班（课）、下班（课）以及上午学生集中换课的时间段是最容易发生交通事故的时段，而晚上18：00~21：00则是师生集中出行的时段，因此，这一时段也是最容易发生交通事故的时间段。

根据校园交通事故特点，大学生应加强自我保护防范意识，自觉遵守交通法规，自觉维护校园交通安全。

第二节 高校交通事故的预防及其处理

高校交通事故的预防及其处理是指大学生在校园内行走或乘坐交通工具时，防范交通事故发生的正确方法和应采取的基本措施，是大学生应该具备的基本知识，这对确保大学生自身交通安全是至关重要的，也是非常必要的。

一、大学生易发交通事故的主要类型

（一）思想不重视，安全意识淡薄引起的交通事故

许多大学生特别是新生离开父母和相对封闭的学习环境不久，缺乏交通安全知识和应对复杂交通环境的经验，对交通安全的重要性认识不足，少数学生思想上容易形成在校园内骑车或行走，无论什么场合都应该车让人的错误认识，于是不管在校园道路上行走还是横穿马路时，往往目中无车而导致交通事故的发生。

（二）在校园道路上进行娱乐活动而造成的交通事故

大学生精力旺盛，多数学生喜欢体育活动，这是一项锻炼身体、增强体质的运动，但也有少数学生不顾交通安全，在人来车往的道路上踢足球、玩篮球、打羽毛球等，由于在打球的过程中，精力全部集中在自身活动中，对身边发生的其他事物视而不见，遇来车时往往因躲闪不及而发生交通事故。

（三）在道路上嬉戏、打闹造成的交通事故

大学生年轻，活泼好动，在道路上结伴同行时，有时喜欢推推打打，甚至相互追逐，一旦突然遇到来车会因处置不及而发生交通事故。

（四）戴耳塞听音乐造成的交通事故

有些大学生喜欢在行走时戴着耳塞边走边听音乐（或学习外语），由于听力对外界的反应明显减弱，对身后来车无法察觉，加上精力全部集中在音乐上。因此，极易引发交通事故。

（五）骑自行车车速过快，下陡坡冲坡造成的交通事故

高校教育改革后，一般校园面积都比较大，为了学习方便，许多大学生都购买了自行车，但有些学生喜欢骑快车、骑“飞车”，有时甚至与机动车比速度。除此之外，骑车带人、冲坡，甚至不握手把的现象也很常见，这些都是交通安全的严重隐患，在以往的校园交通事故中，此类事故是最为常见的交通事故之一。

（六）不走人行道造成的交通事故

有些学生总是认为，校园的主体是学生，在校园道路上，无论是人行道，还是车行道，学生都应受到保护。因此，少数学生往往有人行道不走，偏偏要与机动车争道、抢行，由于校园机动车道普遍比较狭窄。因此，在机动车道上行走，尤其是夜间在机动车道上行走，与机动车发生碰撞的概率增大，发生交通事故也就在所难免。

（七）横穿马路造成的交通事故

随着进入高校校园的机动车辆逐年增多，一些校园主、次干道的车流量越来越大，而校园的主教学楼、学生区一般都建在交通比较便利的主、次干道附近，遇上课、下课时容易形成人流、车流高峰，此时有些学生横过马路不按“一看、二等、三通过”的基本方法行事，强行横穿马路，从而导致交通事故的发生。

（八）无证驾驶而导致的交通事故

为了方便学习和出校办事，少数学生违反交通法规和校园交通管理的有关规定，私自购买无牌照旧摩托车，且在未取得合法驾驶证的情况下，违法驾驶摩托车上路，由于此类摩托车均未经检验，安全性能差，加之无证驾驶，驾驶技术不过关，少数车主甚至还驾驶无牌照大功率摩托车在校园内飙车，其后果是不但造成对自己的伤害，也严重威胁他人的人身安全。近几年，高校校园摩

托车交通肇事的案例时有发生，是校园交通事故比较多见的类型之一。

以上八种情况是高校校园常见的交通事故类型，大学生在校园日常学习和生活中，应针对上述情况举一反三，加强防范。

二、大学生交通事故的预防

交通事故的发生，必然给大学生的生命财产带来无法弥补的损失。因此，如何避免和减少交通事故，对每一个大学生来说都具有十分重要的现实意义。

那么，大学生怎样才能有效预防交通事故的发生呢？

（一）提高交通安全意识，自觉遵守交通法规

交通安全意识是支配人们日常交通行为的准则，直接决定着人的交通行为取向，而遵守交通法规是避免或减少交通事故发生的有效办法，也是每一个公民应该具备的基本常识。因此，作为大学生应该具备较强的交通安全意识，掌握基本的交通安全知识，自觉做遵守交通法规的模范。只有这样，交通事故才会远离你的身边，才能保证交通安全。

（二）自觉遵守道路通行规则

行人在道路上行走时，应走人行道，无人行道时应靠右边行走，步行时思想要集中，在车辆较多的路段，要尽可能做到“眼观六路，耳听八方”，应尽量避开经过身边的各类车辆，更不能与机动车争道抢行。横过马路时，要尽量走人行横道线、无人行横道线的路段，要耐心等待最佳的穿越时机，千万不可突然横穿，更不得闯红灯或翻越交通护栏。只要每一个大学生都能认真遵守行人通行规则，做到人车各行其道，个人的交通安全就会得到有效保障。

（三）骑车时的安全防范

大学生骑自行车是主要的出行方式，因骑车而发生交通事故历来是大学生交通事故的主要形式。因此，防范骑车时发生交通事故，对大学生来说是尤为重要的。骑车时预防交通事故的方法主要有：一是不要骑快车，尤其不要骑“飞车”、“霸王车”，因为自行车的安全性能相对较差，高速骑行时，遇突发情况容易造成侧翻，而此时由于车速过快，造成较大的冲击力，对人身的伤害往往很大，严重的可能导致车毁人亡的后果；二是遇陡坡或急转弯时不要冲坡，一般应下车推行；三是不要骑车带人，因为自行车允许载重量为一人，如果骑车带人，对方向的操作和刹车的要求超过了自行车的设计要求，加大了骑

车人对车的操作难度，因此，十分容易造成交通意外事故；四是在道路上骑行时，要走非机动车道，无非机动车道的路段，要靠路右边骑行，尽量避免逆向行驶。

（四）乘坐交通工具时的安全预防

乘坐公共交通车时要等车停稳后，依次上下车，车辆行驶时不得将肢体伸出窗外，探亲旅游乘坐长途客车时，千万不要贪图便宜而乘坐车况不好的车，更不能乘坐无营运证的车辆，购买车票时要同时购买人身保险；乘坐火车、轮船、飞机时，一定要遵守车站、码头和机场的各项安全规定，不能携带各类违禁物品进站上车，如易燃、易爆或管制刀具等，以免发生意外事故。

（五）不要在机动车道上进行球类活动或嬉笑打闹

在公路上玩球或打闹，增加了发生事故的突然性，容易造成机动车驾驶员慌张而导致操作失误，若遇驾驶经验不足的司机时，发生交通事故在所难免。因此，大学生应尽量避免在机动车道上进行球类等娱乐活动，以便更好地规避交通事故。

（六）骑电动车、摩托车时交通安全的防范

近年来，大学生骑电动车、摩托车的人数有逐年增多的趋势。电动车和摩托车一般车速都比较快，对车辆的驾驶难度相对较大，要求驾车人具备熟练的驾驶技巧。因此，对摩托车驾驶人员交通法规明确规定：必须取得合法驾驶证件后，才能驾驶摩托车上路。对电动自行车驾驶人员，交通法规虽然没有明文规定，但很多地方性法规都明文禁止车速超过每小时 22 公里的电动自行车上路行驶。近年来，随着电动自行车的车速有越来越快的趋势，已有很多人建议将超过每小时 25 公里车速的电动自行车作为摩托车来进行管理。由此可见，无论是摩托车还是电动自行车，车速均较快，发生交通事故的概率相对较高。因此，驾驶上述两种车辆时，一是要保持一定的车速，不可过快；二是要戴好安全帽，以便发生意外时减轻对脑部的冲击；三是不要驾驶安全性能差的电动自行车或摩托车，更不要驾驶无牌照或大功率的摩托车上路行驶，以免造成对自己或对他人的伤害。

三、交通事故发生后的应对与处理

在交通事故发生后的应对与处理方法主要有以下几种：

（一）熟悉交通法规和交通安全知识，是预防交通事故的关键

大学生普遍比较年轻，交通安全防范经验欠缺，对交通事故的危害认识不足。常言道，“车祸猛如虎”，就是告诫人们充分认识车祸的危害性。大学生应加强学习交通法规和其他交通安全知识，增强自我防范意识，养成良好的交通行为和良好的交通习惯，这是避免和减少大学生发生交通事故标本兼治的基本方法，也是预防发生交通事故的源头性工作。

（二）交通事故现场的处理

学生发生交通事故以后，应做好以下工作：（1）如学生人身受到伤害，应迅速就近到医院抢救，无论何时何地，抢救人的生命永远都是第一位的工作；（2）要保护好现场，因为交警对交通事故责任的认定，现场勘查结论是其重要依据之一，若事故现场被破坏，必然给交通事故最终定性带来困难，从而影响受害方的切身利益；（3）要设法控制住肇事车辆，不让其逃离现场，若一时无法控制，应牢记肇事车牌及其车型特征，以便为公安交通管理部门追查肇事车辆提供证据；（4）要及时报案，可以迅速拨打“122”报警电话，通知交警尽快赶到现场，交警到现场后会尽快展开现场勘查，可有效避免因时间过长等原因而对现场造成的破坏，同时可组织伤员抢救，并控制肇事者，除轻微交通事故外，一般应尽量避免与肇事者“私了”；（5）如果学生驾车发生交通事故，首先要立即停车，千万不能逃离现场，应立即抢救受伤人员，待交警到达现场后积极协助调查处理；（6）应及时向机动车投保的保险公司报案，以便于事故保险赔付，把事故损失降低到最低限度。

（三）交通事故的善后处理

在学生伤情基本痊愈，交通管理部门对事故责任基本认定以后，学校应协助受害学生或受害方家长参加由交通警察主持的事故损害赔偿调解。事故损害赔偿的内容包括：人身损害的赔偿项目、医药费、护理费、营养费、误工费、住宿费、交通费、住院伙食补助费、财产直接损失费等。若造成残疾和死亡的，还应增加以下赔偿项目：残疾赔偿金、死亡赔偿金及被抚养人的生活费、残疾辅助器具费、丧葬费及办理丧葬事宜的费用。除此以外，受害方还可要求精神损害抚慰金，但此赔偿项目一般适合进入司法程序的案件。关于人身损害的赔偿标准，应按照《最高人民法院关于审理人身损害赔偿案件适用法律若干问题的解释》第17~35条中的有关规定执行，若受害方与肇事方最终无法

就赔偿达成协议，则可起诉至人民法院，由人民法院审理后判决执行。

（四）对受害学生家庭成员进行安抚

学生发生交通事故后，必然对其家长及主要家庭成员的精神造成极大的伤害。因此，学校除积极协助做好受害学生的护理及追偿损害赔偿外，应对其家庭主要成员进行精神安抚，尽可能帮助受伤害学生及家庭成员，并提供人道帮助，让其真正感受到学校这个大家庭的温暖。

第三节 交通法规及其交通安全常识

了解掌握交通法规及其交通安全常识，对于预防交通事故的发生是至关重要的，学好、用好交通法规和交通安全常识，一方面可以更好地保护自己免受伤害，另一方面也能帮助社会创建有序的交通环境，减少交通事故的发生，为创建和谐社会作出应有的贡献。因此，高校大学生均应加强交通法规和交通安全常识的学习，并能熟练应用。

一、我国现行的交通法规

（一）中华人民共和国道路交通安全法

该法于2003年10月28日在第十届全国人民代表大会常务委员会第五次会议上通过，2003年10月28日中华人民共和国主席令第8号公布，自2004年5月1日起施行。

《中华人民共和国道路交通安全法》（以下简称《道路交通安全法》）全法共分8章，124条，现就主要内容介绍如下：

第一章，总则，共7条。明确了立法目的和适用范围，规定了政府和相关职能部门应该履行的职责，强化了宣传教育的重要作用。

第二章，车辆和驾驶人，共17条。本章对车辆登记、车牌号的使用、车辆安全检查、强制报废、强制保险以及非机动车的登记都作了明细具体的规定，同时规定了驾驶证是驾驶机动车辆唯一的合法证件，对已取得合法驾驶证者还提出了明确的要求，特别规定了5种不得驾驶机动车的情形，如饮酒、使用精神、麻醉药品、患有妨碍安全驾驶机动车的疾病、过度疲劳等。

第三章，道路通行条件，共10条。本章对道路交通信号灯、交通标志、标线、交通警察指挥以及其他交通设施的设置、使用、保护作出了明确的规定，是确保道路交通安全的重要措施之一。

第四章，道路通行规定，共 34 条。本章对一般通行、机动车通行、非机动车通行、行人和乘车人通行、高速公路通行分别作了具体的规定，是本法的核心部分。一般通行规定主要指右侧通行和分道通行的原则，机动车通行对车速、车距、超车、避让行人、载人载物量、载客限制等作出硬性规定，对车辆停车、安全带及头盔的使用也提出了要求。非机动车通行是指残疾人机动三轮车、电动自动车、畜力车，规定驾驶上述非机动车时的时速不得超过 15 公里，同时规定应在非机动车道内行驶，没有非机动车道时应靠右侧行驶。行人和乘车人通行规定中，规定行人应在人行道行走，无人行道时应靠边行走，通过路口或横过道路时，应依照信号灯在人行横道上通过，无信号设施时，应在确认安全时通过，同时规定了行人应当禁止的行为。对于乘车人，主要禁止以下三种情形，禁带危险品乘车，不得向外抛洒物品，不得有影响驾驶人员安全驾驶的行为。高速公路特别规定，一是指行人、非机动车以及时速低于 70 公里的机动车不得进入高速公路；二是除公安机关依法执行紧急公务外，任何单位及个人不得在高速公路上拦截检查行驶的车辆；三是在高速公路上进行故障处理时应设立警示标志。

第五章，交通事故处理，共 8 条。本章对交通事故发生后的现场处理、事故认定、事故赔偿作出了原则性规定。关于事故现场处理，规定车辆驾驶人员在发生交通事故后必须采取以下紧急措施：一是立即停车，二是保护现场，三是抢救伤员，但在未造成人员伤亡的情况时，可以即行撤离现场，自行协商处理赔偿事宜，也可不撤离现场，等待交通警察到现场进行处理。事故的认定，是指由公安交通管理部门根据对事故现场的调查、勘验、鉴定并得出结论，对事故的责任进行认定，即事故的发生由哪一方当事人的责任造成的，或者双方各自对该事故应承担多大的责任。事故的赔偿是根据公安交通管理部门对事故责任的认定，依据交通事故的赔偿原则，由公安交通管理部门组织调解。如当事双方达成并履行了协议内容，则本交通事故终结，如未达成协议或调解书生效后不履行协议的，当事人可向人民法院提起民事诉讼。对于解决交通事故的赔偿争议，公安交通管理部门的调解不是必经程序，不具有法定约束力。当事人可以选择先调解，达不成协议后再起诉至人民法院，也可以选择直接提起诉讼到人民法院。但在司法实践中，由于调解方便快捷、成本低、效率高，因此，在交通事故中被广泛使用。

第六章，执法监督，共 9 条。本章条款主要是对公安交通管理部门及交通警察在执法过程中应当遵守的原则和纪律作出了具体规定，同时规定对于公安交通管理部门及交通警察的执法活动，应当接受公安警察部门内部和行政监察机关的依法监督，同时应当自觉接受社会和公民的监督。

第七章，法律责任，共31条。本章是《道路交通安全法》的另一核心部分，主要围绕机动车驾驶人、非机动车驾驶人、行人、乘车人，在违反道路交通安全法相应的规定后应承担的法律责任，明确规定了违法情形及其对应的处罚种类。处罚共分4类：警告、罚款、暂扣或吊销机动车驾驶证、拘留。具体的处罚由公安交通管理部门及其交通警察依据事实，对各类交通违法行为依法予以处罚。本章对机动车的生产、销售、道路施工以及在道路上设置影响安全视距等涉及交通安全的行为亦作了具体的规定。

第八章，附则，共6条。主要是针对几种特殊情况作出的规定，如军队在编机动车由军队有关部门管理，上路行驶拖拉机由农业主管部门按本法有关规定行使公安交通管理部门的职权。境外机动车入境后必须遵守我国的道路交通规则，并接受我国有关主管部门的统一管理。

（二）中华人民共和国道路交通安全法实施条例

本条例自2004年5月1日起施行，共分8章，115条，是根据《中华人民共和国道路交通安全法》的规定而制定的，是道路交通安全法的实施法。本条例将《中华人民共和国道路交通安全法》的条款内容细化，是一部执行性法规。

（三）道路交通安全违法行为处理程序规定

本规定分为6章，49条，是根据《中华人民共和国道路交通安全法》及其实施条例而制定的。

本规定是公安机关交通管理部门及其交通警察对道路交通违法行为实施处罚的依据，是一部程序性法规。

（四）交通事故处理程序规定

本规定共10章，75条。适用于处理车辆在道路上因过错或者意外而造成人身伤亡或者财产损失的事故。交通事故的处理分为受理、调查、处罚执行、损害赔偿调解等程序，是交通事故处理的专用法规。

（五）最高人民法院关于审理交通肇事刑事案件具体应用法律若干问题的解释

本解释是为人民法院依法审理交通肇事犯罪而作出的司法解释，共9条。

对因不同情形交通肇事而构成犯罪的，人民法院依照本解释作出判决。

（六）中华人民共和国刑法

刑法关于交通肇事犯罪的相关内容共 7 条，分别为第 119 条、第 133 条、第 136 条、第 232 条、第 233 条、第 234 条、第 235 条。

二、校园交通安全管理规定

校园是大学生活动的重要场所，校园交通安全与大学生的人身及财产安全密切相关。因此，确保校园内的交通安全，构建有序的校园交通环境，是学校安全工作的重要内容之一。近几年来，随着高校公私机动车辆的迅速增加和办学规模的不断扩大，加之校园交通资源缺乏，校园交通环境呈现日益严峻的趋势，为了建立良好的校园交通秩序，保障师生人身及财产安全，各高校均相继加大了交通管理力度，并出台了校园交通安全管理规定。

校园交通安全管理规定是依照道路交通安全法的相关规定，结合校园自身的交通特点而制定的，是道路交通安全法的有效补充。各高校的交通安全管理规定基本相同，又因与各校交通实际情况不同而有所区别，内容大致分为：

（一）关于机动车辆的入籍与办理通行证

本规定主要是为了强化对校园内车辆的管理，及时了解掌握校内机动车辆的增减情况，针对校园交通管理的现状而制定，该规定要求校内新购车辆应到学校交通管理部门申报并办理校园车辆通行证后，方可在校园内行驶。

（二）关于车辆及车辆驾驶人员的管理

校园公私车辆及驾驶人员除应具备公安交通管理部门规定的必备条件外，凡进入校园的车辆还应遵守以下规定：

（1）限速要求，一般规定在校园内行驶的车辆速度不得超过 25 公里/小时。

（2）禁止在校园内鸣笛以及遇行人时应减速避让。

（3）所有车辆进入校园时应主动接受门卫检查。

（4）禁止在校园道路上进行驾驶技术学习。

（5）无牌号及排量在 250cc 以上的大功率摩托车不得在校园道路上行驶。

（6）进入校园的车辆应在指定的区域停放，不得在主干道以及其他禁止停放车辆的路段停放车辆。

（7）对非机动车驾驶人员的要求主要有以下几点：

一是骑自行车进出校门时，一般应下车推行。

二是骑自行车在校园道路行驶时，不得并排骑行或嬉戏打闹、相互追逐或双手撒把骑行，遇陡坡或其他禁止骑行的路段应主动下车推行，禁止冲坡或高速骑行。

三是停放非机动车时，应在规定的地点有序停放，不得随意挤占路面，影响道路畅通。

四是不得在骑车时做玩耍车技等危及交通安全的危险驾驶动作。

（三）对行人及乘车人的规定

行人及乘车人在校园内行走或乘车时，除应严格遵守交通法规外，还应遵守以下规定：

（1）不在校园道路上结伴并排行走。

（2）不在道路上嬉戏、踢球及进行其他有碍交通的活动。

（3）不得损坏校园交通设施，不得移动、毁损交通标志牌。

（4）乘车时不得向车外抛物、吐痰，不得与驾驶人员闲谈或进行其他妨碍行车安全的行为。

（四）关于对校园道路的管理

对校园道路的管理主要有以下规定：

（1）在校园道路上或在道路附近进行开挖、维修、砍伐树木等施工作业时，施工前应报学校相关职能部门审批同意后方可进行，施工时应设立明显的警示牌，夜间还应设立照明光源。

（2）未经许可不得在道路上堆放建筑材料或建筑垃圾，不得在路面上摆摊设点或设置影响交通安全的障碍物。

（3）开展大型活动及其他特殊情况需要临时占用路面，应提前一天向有关管理部门提出申请，获准后应采取有效的安全防范措施。

（4）未经许可不得在道路两边设置宣传牌、广告牌、牛奶箱等，经有关部门同意后在道路上方悬挂的横幅，净空不得低于地面 4 米，不得遮挡交通标志牌。

（5）学校可根据需要，临时决定封闭局部路段，并采取临时交通管制措施。

(五) 关于对违反校园交通管理规定的处理

对违反校园交通管理规定的行为，应视其情节轻重，由学校主管部门及交通管理人员作出以下处理：警告、责令书面检查、责令进行交通法规学习、校纪校规处罚、移交公安交通管理部门依法处理等，处理的目的是为了更好地维护校园正常的交通秩序，确保学生的人身及财产安全，构建和谐的校园交通环境。

三、交通安全常识

了解掌握交通安全常识，是大学生必须具备的基本技能，在当今机动车逐步进入千家万户，道路交通川流不息，交通事故频发的时代，学习掌握交通安全常识，对于确保个人的人身及财产安全尤为重要。因此，作为当代大学生，更应当学好交通安全知识，做维护交通安全的表率。下面就常见交通安全常识介绍如下：

(一) 常见交通信号

交通信号一般分为：机动车信号灯、非机动车信号灯、车道信号灯和人行通行信号灯 4 种。

1. 机动车信号灯和非机动车信号灯的识别

(1) 绿灯亮时，准许车辆通行，但转弯车辆不得妨碍直行车辆通过。

(2) 黄灯亮时，已越过停车线的车辆可以继续通行，未越过停车线的车辆应继续等待下次绿灯亮时通过。

(3) 红灯亮时，禁止车辆通行，在未设置信号灯的路口，应按照一慢、二看、三通过的要求减速行驶，遇行人时应主动避让。

2. 车道信号灯的信号识别

(1) 绿色箭头灯亮时，允许本车道车辆按指示方向通行。

(2) 红色箭头灯亮时，禁止本车道车辆通行。

3. 人行横道信号灯的信号识别

(1) 绿灯亮时，准许行人依次通过本人行通道。

(2) 绿灯闪烁时，行人停止进入人行横道，但已进入人行横道的行人可以继续通过。

(3) 红灯亮时，禁止行人通过。

(二) 行人在道路上行走时的交通安全常识

1. 行人横过道路时的安全要求

（1）遇有信号灯的路口，应按信号灯的指示依次通过，通过时要特别注意转弯车辆，如遇转弯车辆时应主动避让。

（2）遇未设置交通信号灯的路口，行人通过时一定要看清左右方向的来车，确保能安全通过时再行通过，切忌与机动车抢道或在机动车临近时突然跑步通过，一般的方法是先看左边方向来车，再看右边方向来车，确保安全后中速通过。

（3）行人横穿未设置交通隔离带的道路时，一般先看左边方向来车，到达道路中心线后再看右边方向来车，确定安全后再行通过；遇设置了交通隔离带或设置有禁止行人通行的路段时，千万不要攀越交通护栏强行通过，应就近找到过街天桥或行人地下通道通过。

2. 行人在道路上直行的交通安全常识

（1）行人在道路上直行时，一般应走人行道。

（2）在未设置人行道的路段上行走时，一般应靠右边行走。

（3）行人在人车混合道路上直行时，要集中精力，注意身后来车，遇车辆靠近时要主动避让，切莫与来车赌气抢道或挡在车前故意不避让。

（三）候车或乘车时的交通安全常识

（1）候车时，一般应在站台上等候，不要在公路上拦车或在车未停稳时上车。

（2）乘坐汽车，尤其是乘坐公共电车、公共汽车时，一定要等车进站停稳后依次上、下车，乘车时车内无座位需要站立时，要两脚分开站稳，双手握紧扶手，避免车辆行驶过程中因处置突发情况时而发生意外安全事故。

（3）不要将肢体伸出车窗外，不要向车外丢弃物品，以免发生意外。

（4）乘坐长途汽车时，一般选择居中靠里的位置就座，随身携带的大件物品应摆放在行李架内或交乘务员统一保管，贵重物品或现金一般应随身携带，大额现金最好存入卡内随用随取。

（5）购买车船票时，一定要同时购买人身意外伤害保险。

（6）要乘坐正规营运公司的公共汽车，切莫贪图便宜而乘坐无安全保障的汽车，更不要乘坐无准运证，甚至是未年审或无车牌号的车辆。

（7）不搭乘货物运输车辆。

（四）骑车时交通安全常识

（1）转弯前应减速慢行，向后观望并向转弯方向伸手示意。

（2）经常检查所骑车辆刹车的灵敏度及其性能，防止刹车失灵或其他故障而影响安全。

（3）骑行时双手不离把，不相互追逐或呈S形曲线行驶。

（4）遇大坡时应自觉下车推行，禁止冲坡行为。

（5）不骑车带人，不攀扶其他车辆行驶。

（6）超越前车时，不要妨碍前车的正常行驶。

第七章 人身安全

人身安全是指个人的生命、健康、行动等与人的身体直接相关方面的平安，没有危险，不受到威胁。它是大学生生活、学习的基本保障，是安全之本。随着社会的快速发展，大学生的生活空间大大扩展，交流领域不断拓宽。我们不但要在校园内学习、生活，而且还要走出校园参加众多的社会活动，危及大学生人身安全的因素随之不断增多。变质的食品、医药的隐患、校园暴力的侵犯、突发的意外事故等都会危及我们的人身安全，稍有不慎，就会造成不幸，给家庭造成痛苦，给社会增添负担。因此，在校园生活和社会活动中切实保证人身安全，提高防御能力，是大学生安全教育之根本。

第一节 饮食、用药安全与传染病预防

健康的身体是保证大学生正常学习和生活的前提，在大学校园里我们要养成良好的生活习惯，关注饮食卫生安全，预防疾病尤其是传染病，这不仅是学校职能部门和卫生防疫机构的职责，也是我们大学生关爱自我的体现。

一、饮食安全

（一）常见食物中毒的预防

食物中毒是因为食用了含有某种细菌、细菌毒素或混有重金属、农药或其他毒物的食物，以及食用有毒的动植物所引起的中毒。这是高校中威胁大学生人身安全的主要因素之一。确保饮食卫生，预防食物中毒，除了有关部门加强管理，食堂等从事饮食业的单位严格遵守食品卫生防疫制度外，大学生也应掌握日常饮食卫生常识，提高防范意识。

1. 食物中毒的类型

细菌性食物中毒：细菌可污染食物，并在食物中大量繁殖，有的还产生毒素。人吃了含有大量细菌或含有细菌毒素的食物就会发生食物中毒。易被细菌污染的食物有肉、鱼、蛋、乳制品等，尤其是卤肉类、凉菜、剩余饭菜。

化学性食物中毒：进食了含有有毒的化学物质的食品，如被农药污染的蔬菜、水果等，会发生中毒。

有毒动植物食物中毒：常吃的食物由于加工、烹饪方法不当，没有把食物中的有毒成分除去，或食用了腐烂、霉变的食物，以及误食了有毒的动植物，也会引起食物中毒，如毒蘑菇、发芽的马铃薯、霉变的甘蔗等。

2. 食物中毒的特点

食物中毒的种类虽然很多，发病情况也各不相同，但是一般都具有以下特点：

第一，中毒的潜伏期比较短，很多人在短时间内（大多数为0.5~24小时以内）发病或先后发病，发病情况一般都比较急骤。

第二，所有病人都具有相同的症状或症状基本类似。

第三，病人在相同的时间内，食用过某种食物，发病范围局限于食用过该种有毒食物的人群。

第四，食物中毒没有人与人之间的接触传染。

3. 预防常识

一是树立卫生防疫意识，养成良好的个人卫生习惯。饭前便后要洗手，餐具要消毒，不和别人共用餐具。

二是把好“进口关”，坚决杜绝“不干不净，吃了没病”的思想。

在采购食品时，应选择新鲜食物。不吃未彻底煮熟的食物，不吃发霉变质的、过期的或受污染的食品。生吃水果要彻底洗净或削皮。不光顾无证、无照的流动摊点和卫生条件差的饮食店。不喝不符合卫生标准的饮用水。不吃有毒或可能含毒的食物，即使对于盐腌过的食品，也不能掉以轻心，因为致病性嗜盐菌就可能在盐腌的食品中繁殖。

三是了解食物禁忌。据人们长期生活经验和现代科学家研究证明，有些食物搭配同吃会引起各种症状或中毒。例如，猪肉忌菱角，同食会引起腹痛；牛肉忌栗子，同食会引起呕吐；狗肉忌绿豆，同食会中毒；兔肉忌芹菜，同食会伤元气；甲鱼忌苋菜，同食会中毒；鲤鱼忌甘草，同食会中毒；螃蟹忌柿子，同食会引起腹泻；鸡蛋忌糖精，同食会中毒，重者死亡；红糖忌皮蛋，同食会中毒，等等。

四是学会鉴别食品安全。掌握鉴别食品的知识可以避免受到劣质食品的危害。

果汁含乳饮料的鉴别。尽量挑选一些大企业生产的知名产品，这些企业生产条件好，管理规范，产品质量较稳定；对包装损坏，发生泄漏、涨袋或胖听的饮料不能再饮用；发现饮料有异味或结块、变酸时也不能再饮用；注意产品的生产日期和保质期，不购买过期的产品。

熟肉制品的鉴别。在购买酱、熏、炸、叉烧类熟肉制品时，可采用看、嗅、摸的方法来鉴别新鲜程度。肢体破碎、颜色晦暗、有异味，甚至有臭腥味、手摸发黏的为变质熟肉制品。对于挂糊的熟肉制品尤其要小心，因为有些变质的鱼、肉经挂糊炸制后不易鉴别，在购买时应掰开表面挂糊，查看内部炸肉，若色泽不正、发黏、有异味，则属变质产品。灌制食品如香肠、香肚、火腿肠、红肠等，一般以填充坚实、空洞少的为佳。如香味减退或消失，有酸味或其他异味，表面发黏，则不能食用。

定型包装食品的鉴别。定型包装食品俗称小包装食品，主要是各类零食。在购买这类产品时最好到大型正规商店购买；在购买时要注意检查包装是否完好，包装破损的产品容易受到外界污染；还要检查产品的名称、厂名、厂址、生产日期、保质期、执行标准等是否齐全，不齐全的不要购买；最后要注意保质期限。

五是发生食物中毒时应立即到医院诊治，并报告当地的疾病预防控制中心，防止继续蔓延。

（二）急性食物中毒的现场救护

一旦有人出现上吐、下泻、腹痛等症状，立即拨打“120”，同时将病人食用的可疑食品、呕吐物或粪便封存带上，送医院检查以便诊断。

在送中毒者去医院进行抢救前，可采取现场急救法：

（1）催吐。如果吃下食物的时间在1~2小时内，可使用催吐的方法。具体方法是将20克盐加白开水200毫升，冷却后一次喝下，如果不吐，可多喝几次进行呕吐，也可用鲜生姜100克，捣碎取汁，用200毫升温水冲服。如果吃下去的是变质的荤食，可服用十滴水催吐，还可用筷子或手指等刺激咽喉，引发呕吐。

（2）导泻。如果吃下剧毒食物的时间已超过2~3小时，而且精神较好，可用些泻药，促使致毒食物尽快排出体外。

（3）解毒。如果是吃了变质的鱼、虾、蟹等引起的食物中毒，可取食醋100毫升，加水200毫升，稀释后一次服下。若是误食了变质的饮料或防腐剂，最好的方法是用鲜牛奶或其他含蛋白质的饮料灌服。

（三）酒精中毒的预防与处置

随着大学生交往范围的扩大，生活水平的逐步提高，迎新生、送老生、过生日、庆节日、来亲朋时往往聚餐，进餐时难免喝一些酒水，推杯换盏间也总有一些大学生把握不好尺度，出现醉酒现象。

过量饮酒会导致酒精中毒，一次饮用大量的酒精饮料会对中枢神经系统产生先兴奋后抑制的作用，重度中毒可使呼吸心跳抑制而死亡。

长期过量饮酒会对大学生的身心造成严重危害。酒精对人的黏膜和腺体分泌有刺激作用，会引起食管炎、胃炎、胰腺炎等，此外众所周知的是酒精还会造成肝损害。另外，长期大量饮酒后还会出现神经系统病变，如酒精中毒性遗忘症、酒精中毒性幻觉症（幻听、常失眠）、酒精中毒性痴呆等。在酒精的刺激下，常使人产生迷离恍惚、为所欲为而又洋洋自得的举动。人在这种失去理智的状态下很容易与周围的人发生冲突，或者实施一些莫名其妙的破坏行为，容易引发校园暴力事件。目前，酗酒已成为大学生恶性斗殴事件的主要原因之一。因此大学生一定要把握合适的尺度，避免过量饮酒。

一旦发生急性酒精中毒，应采取如下措施进行现场救护：对轻度中毒者，首先要制止其再饮酒；其次可找些梨子、马蹄、西瓜之类的水果给其解酒，也可用刺激咽喉的办法（如用筷子等）引起呕吐反射，将酒等胃内物尽快呕吐出来（对于已出现昏睡的患者不宜采用此方法），然后安排其卧床休息，注意保暖，注意避免呕吐物阻塞呼吸道，观察呼吸和脉搏情况，如无特别，一觉醒来即可自行康复。如果卧床休息后，还有脉搏加快，呼吸减慢，皮肤湿冷，烦躁的现象，则应马上送医院救治。严重的急性酒精中毒，会出现烦躁、昏睡、脱水、抽搐、休克、呼吸微弱等症状，应该从速送医院救治。

二、日常用药安全

（一）药物不良反应

药物不良反应一般是指在正常用法、用量的情况下出现的对人体有害的或意外的反应。药物有它的两重性，用药可改善人体状况或抵抗病原体，这是治疗作用；用药产生的毒副作用危害人体，这是不良反应。有些不良反应很严重，甚至会致命，必须密切注意。药物不良反应有许多种，最常见的是副作用、毒性反应和过敏反应。

1. 副作用

药物产生副作用最常见的，是药物固有效能的一部分，是伴随治疗作用而出现的。如在用抗过敏药物时，会使人精神不振，甚至昏昏欲睡，这种作用不是我们期望的，即称副作用。副作用一般危害不大，但也需注意，副作用大时应减少药量。

2. 毒性反应

药物引起人体各系统的变化而有害于机体称为毒性反应。如药物对肝脏、肾脏、造血系统、神经系统等的损害即为毒性反应。毒性反应的轻重程度与药物剂量及用药时间长短密切相关。因此，用药不可轻易增加剂量或延长疗程，以免增加毒性反应。

3. 过敏反应

过敏反应也叫变态反应，实为免疫力反应。这种反应轻重差异很大，表现多种多样，难以预料。过敏反应可发生在人体许多部位，总的可分全身性过敏反应和皮肤反应。轻者停药自愈或迅速治愈，重者可危及生命，其中以过敏性休克的危险性最大。皮肤反应最多见，有各种形状的药疹、皮炎、水疱等。过敏反应的特点是很小的药量就可引起严重反应，虽然只发生在少数人身上，但也必须提高警惕，绝不可忽视，以保安全。

（二）日常用药的注意事项

用药发生不良反应是常见的，想完全防止是不可能。不过，如能准确地选择药品，结合疾病状况和体质，谨慎地掌握用药剂量、方法、时间和妥善地配药，至少可以减轻不良反应，避免发生意外。

1. 注意病史和用药史

患过何种疾病，用哪些药产生过不良反应，最好都清楚，去看病时要向医生讲清。如果自己是过敏性体质，更要谨慎。

2. 注意用药方法

用药方法要严格按药品说明书要求，凡宜口服的药物最好采取口服用药。若因病情或药物性质需要注射时，也要注意速度不可过快，不得漏于血管外。使用抗生素静脉注射之前一般要先在皮肤上做过敏反应测试，在此期间不得自行离开，以免产生过敏反应后发生意外。

3. 注意用药量

若在医院开药，必须按医师的指示办事，不得随便改动。若自购药品使用，一般可按说明书用药。但要在允许的剂量范围内，根据年龄和体质状况适当掌握剂量。对不熟悉或未曾用过的药品最好先从小剂量开始，边用边观察，根据情况可作适当调整。

4. 购买和使用非处方药品注意事项

非处方药是消费者可不经过医生处方，直接从药房或药店购买的药品，而且是不在医疗专业人员的指导下就能安全使用的药品。它具有安全、价廉、方便等特点，大学生在日常生活中可能经常会购买和使用这类药品。

大学生在购药前，应根据症状，结合自己掌握的医药知识，对疾病做出明确判断，也可向销售药品的专业人员咨询，以便准确选择药品。对于无法自我判断的疾病，则应及时到医院就诊。

自行购买常用药品时一定要到正规的药店。选购药品时首先要看外包装是否有药品生产批准文号及标明的药物成分、含量是否符合标准；其次要注意药品说明书上标注的药品疗效是否对症及有何不良反应；再次要注意察看药品是否在有效期内；最后要打开外包装观察药物，如果有霉点或外表破损，则不能使用。购买药品后，应要求开具发票，写清药名等内容，并将其妥善保存，以防不测。

使用时应遵照药品说明书，掌握用法、用量、次数、疗程，准确用药。不可多种药品混用。

需要强调指出的是，任何药物都有毒副反应，只是程度不同而已。非处方药物较为安全，是相对而言的。如果病因不明，病情不清，则以不用非处方药为好。若用药后不见效，或有病情加重迹象，甚至出现有皮疹、瘙痒、高热以及其他异常现象，应立即停药，去医院就诊。

5. 滥用抗生素害处多

滥用的含义是指过度而无节制地使用。滥用抗生素容易使细菌产生耐药性，从而使抗生素的抗菌作用减弱或消失，结果是药物疗效降低，疾病更难治，也浪费了物质与钱财。滥用抗生素必然增加过敏反应，引发的毒性反应更不可忽视。有些抗生素易引起耳鸣、耳聋，有些易损伤肝脏、肾脏等。在实践中，多数的上呼吸道感染即俗称的感冒都是由病毒引起的，而病毒感染是没有特效药的，但许多大学生一出现感冒症状后就自行购买一些抗生素服用，这样不仅无助于疾病的治疗，反而会给身体造成伤害。

6. 服用补药要适可而止

补药一般是指各种营养药，如维生素类、蛋白质类、钙类、铁类等。目前市场上的补品更是多种多样，使人眼花缭乱，有的包装上说得很好，有的名字取得很吸引人，其实并不是大家都需要补的。根据目前的生活水平来看，缺乏营养的人只是少数，一般营养可在每日的膳食中获得，不必另补。补入人体营养素，应该是缺什么补什么，缺多少补多少，不能乱补或滥补，要补得心中有数。目前有些大学生认为维生素类药物都是“补品”，是蔬菜、水果的“代用品”，副作用少、安全性大，因此，不少人吃维生素类药物犹如吃蔬菜、水果，非常随便，其实不然，维生素类药物也必须按规定的适应症、用法用量服用，否则也会引起不良反应，甚至引起残疾或死亡。例如，长期、大剂量服用维生素 A、维生素 D 可引起发热、腹泻、中毒等，对身体会造成一定的伤害。

（三）安眠类药物中毒的症状与预防

大量使用或误服安眠药、镇痛药，会使中枢神经系统受抑制，引起中毒。中毒者一般表现为昏睡、呼吸表浅、瞳孔缩小，随着中毒的加深会陷入深度中毒，表现为：各种反应迟钝，以至消失，瞳孔缩小或放大，瞳孔对光反应消失，脉搏加快而微弱，呼吸不规律，最后可因呼吸中枢麻痹而死亡。预防措施：一是平时要保管好安眠药、镇痛药，防止乱服、误服，以免中毒；二是发现中毒后，可先行紧急处置，如催吐后送医院诊治。

三、传染病的预防

传染病即传染性疾病，是由病原体引起的，能在人与人、动物与动物或人与动物之间相互传染的疾病。它是许多种疾病的总称，较常见的有流感、病毒性肝炎、性病、艾滋病、细菌性痢疾等。2003 年在我国肆虐的“非典型肺炎”也是传染病。传染病能够在人群中流行，必须同时具备三个基本环节：传染源、传播途径和易感人群，缺少其中任何一个环节都流行不起来。因此，预防传染病的一般措施也就是针对这三个方面。

大学校园中人员居住密集，互相之间接触频繁，应高度重视传染病的预防，下面就介绍一些常见传染病的防治知识。

(一) 流行性感冒

流行性感冒又称流感，多发生在春季和冬季。流感不同于普通感冒，是由流感病毒引起的呼吸道传染病，具有潜伏期短、传播速度快、发病率高等特点。预防流感的措施是：常洗手，注意室内通风；多参加户外运动，加强体育锻炼，以增强自身防御疾病的能力；合理膳食，多吃含维生素 E 和维生素 C 的食品；接种流感疫苗。一旦发生流感，要加强护理，发病后卧床休息，多饮水，进食易消化、营养丰富的食物，必要时给予对症处理，如发热头痛时可服用解热镇痛药。

(二) 肠道传染病

这是一组经消化道传播的疾病，常见的主要有伤寒、副伤寒、细菌性痢疾、霍乱、甲型肝炎等，往往引起腹痛、腹泻、恶心、呕吐及发热等症状。肠道传染病主要是因吃了不清洁的食物所引起的。因此，预防肠道传染病的关键是做好饮食卫生，防止“病从口入”。此外，充足的睡眠和丰富的营养有助于增强体质，也有助于预防夏季肠道传染病。

(三) 血吸虫病

血吸虫病是人体感染了血吸虫尾蚴所引起的一种寄生虫病，若不及时治疗，可出现迅速消瘦、贫血、营养性水肿和腹水等症状，严重的会导致死亡。预防血吸虫病，首先要不接触疫水，雨后与早晨不要在河边草地上赤足行走。必须与疫水接触时，应做好个人防护措施，可穿桐油布鞋、长筒胶鞋、塑料防护裤等，也可以在衣物、皮肤上涂擦防护药品。如果接触了疫水，应进行早期预防性治疗。

(四) 病毒性肝炎

病毒性肝炎由侵犯肝脏、导致肝组织发炎坏死的肝炎病毒引起，它的传染性较强，传播途径复杂，流行面广，发病率较高，对人类健康威胁较大。预防病毒性肝炎要养成良好的个人卫生习惯，注意饮食卫生，不食用生的或未煮熟的海产品。有条件的可注射疫苗。

(五) 传染性非典型肺炎

传染性非典型肺炎是由一种新的冠状病毒引起的急性呼吸系统传染病。世界卫生组织将其称为“严重急性呼吸综合征”（简称SARS）。目前尚无有效的治疗药物，但可预防。主要的预防措施有：保持良好的个人卫生习惯，勤洗手；室内经常通风换气，衣物勤洗勤晒；加强锻炼，充分休息。

（六）性病

性病是指主要通过性行为引起的传染性疾病，如梅毒、淋病、尖锐湿疣、生殖器疱疹等。近年来，各种性病在我国逐步蔓延已是不争的事实，防治性病已成为全社会的严峻任务。在高校里，学校为了保证大学生正常的学习、生活秩序，不提倡在校大学生的性行为，可是大学生正处在18~25岁的黄金年龄阶段，身体发育已趋成熟，性意识已经觉醒，同时随着社会开放程度增加，性行为在当前的大学校园已是无法回避的现象，由此所引发的传染性性病也不可避免地摆在我们的面前。为有效地保护自己的身体健康，大学生应该了解一些预防性病的知识。

预防性病的措施是：

（1）对性行为要有正确的认识，提倡洁身自爱，抵制社会不良风气，不卖淫、不嫖娼，既不做性病的受害者，也不做性病的传播者。

（2）采取安全性行为，正确使用预防药具。

（3）发生不洁性行为后，如果出现异常症状，一定要及时去正规医院检查治疗。

（七）艾滋病

艾滋病的医学全名为“获得性免疫缺陷综合征”（英文缩写AIDS），是由艾滋病病毒（人类免疫缺陷病毒——HIV）引起的一种严重传染病。艾滋病病毒侵入人体后破坏人体的免疫功能，使人体发生多种难以治愈的感染和肿瘤，最终导致死亡。

目前世界上还没有药物和方法可以彻底治愈艾滋病，因而死亡率极高。它的传播途径主要有三种：（1）血液传播是最直接的途径，输入被病毒污染的血液或使用了被血液污染而又未经严格消毒的注射器、针灸针、拔牙工具，都有可能被艾滋病毒感染；（2）与艾滋病病毒感染者进行没有预防保护（使用保险套）的直接有体液交换的性行为，是目前全世界艾滋病感染的主要途径；（3）母婴感染，也称“垂直感染”，如果母亲是艾滋病病毒的感染者，她极有可能（约30%的机会）经由母体及母乳直接将艾滋病病毒传染给新生的婴儿。

预防艾滋病，应该在了解艾滋病基本常识的基础上，做到以下几点：

（1）洁身自爱、遵守性道德是预防艾滋病的根本措施。

（2）约束个人性行为，不性乱、不卖淫、不嫖娼。

（3）及早治疗并治愈性病可减少感染艾滋病的危险。

（4）共用注射器吸毒是传播艾滋病的重要途径，因此要拒绝毒品。

（5）不注射未经国家检验的血液和血液制品，不到不可靠的医疗单位打针、拔牙、针灸、手术。

（6）不用未消毒的器具穿耳洞、文身、美容，不与他人共用剃须刀、牙刷。

第二节 意外事故伤害的预防

意外事故是指由于不可预见的原因或者不可抵御的力量而导致的人身伤害事故。① 大学生在日常生活、学习中的意外事故也是造成人身伤害的一个重要原因。大学生在参加群体性活动、实验实习、外出旅游以及体育锻炼、比赛时，都有可能遇到由于自身和外界因素造成的意外事故。因此，树立强烈的安全意识和掌握预防意外事故的安全知识十分必要。

一、校内外活动安全

（一）群体活动安全

大学校园中为了适应各种教育、教学、社交等活动的需要，经常组织各类群体活动，如集会、参观、文艺表演、舞会等。群体活动具有以下特点：一是多在操场、礼堂、体育馆、展览馆、影剧院、舞厅等能容纳较多人员的场所；二是参加人数众多，少则几十人，多则几百上千人，甚至上万人。由于在有限的空间、时间范围内人员高度集中，一旦发生意外，比如突然发生地震等自然灾害、室内发生火灾、室外突遇暴风雨袭击等情况，现场秩序极易遭到破坏，人群出现混乱，互相拥挤、踩踏，极易产生群死群伤的灾难性后果。因此，必须高度重视大学生群体活动的安全问题。作为个体，大学生在参加群体活动时，应牢记以下几点：

（1）树立牢固的安全意识。大型群体活动一般都有安全预案，安排专人负责安全工作，但是，再周密的预案也不能确保万无一失，为保证自身的人身

① 劳凯声：《中小学学生伤害事故及责任归结问题研究》，《北京师范大学学报》2004 年第 2 期。

安全，首先自己要牢记“安全”二字，要避开有危险的地方或情况不明的场所。

（2）熟悉所处场所的环境。到人员聚集的场所，尤其是室内场馆时，要牢记安全门等安全设施的位置和安全疏散通道的方向。

（3）遵守活动秩序。要听从老师或现场管理人员的指挥，不要嬉戏、打闹、追逐，或发生其他影响秩序的行为。

（4）一旦出现意外情况，要保持头脑清醒，切忌惊慌失措。如果现场秩序混乱、无人疏导，不要急于从出口外出，应保持在原地不动或选择人少的地方等待。因为这时出口处的人员最多，最容易出现拥挤踩踏的情况。如果可能的话，可以自行组织维护现场秩序，指挥疏散。

（二）实验、实习安全

实验、实习是大学生学习中的重要内容，在实验、实习过程中有可能接触、使用一些具有危险性的化学物质，如易燃易爆物品、放射性元素，还会使用一些机械、电器、压力容器等物品，如果麻痹大意，操作不当，就会发生触电、爆炸、化学物品灼伤、烧伤、烫伤等危及人身安全的问题。在实验、实习过程中应做到以下几点：

（1）要有自我保护意识。在实验、实习场所发生意外事故，一般由自然、人、设备、管理、环境等因素造成，其中人为的因素约占80%，所以，一定要有很强的自我保护意识。

（2）严格遵守实验、实习现场安全纪律，动手时严格按照操作规程要求进行，按规定穿戴劳保用具，不要有过于自信、麻痹以及好奇等心理。

（3）仪器、设备如发生故障，应立即停止，立即报告教师，切勿私自拆卸。

（4）实验用电的安全，凡涉及用电的实验，一定要注意用电安全。实验线路搭好后一定要经指导老师检查，以防漏电或电击伤人；使用高温炉、红外线灯时要注意遵守安全用电操作制度，不要靠近高压设备及电源箱等；严禁乱接电源和私自接拉电线。

（5）化学实验中，易燃易爆、剧毒性等对人身可能造成伤害的药品，取用时一定要在指导教师的指导下取用，且随用随取；取用化学危险品必须谨慎小心，严防震动、撞击、摩擦、重压和倾倒，易燃易爆的化学危险品不得混用；容易剧烈反应或灭火方法不同的化学药品，不可放置在一起；实验室内严禁烟火，杜绝一切可能产生火花的隐患。

(6) 在工厂实习过程中，要严格遵守规定，不要随处任意走动，不要接近危险区；在车间不要随便触摸正在运行的机器及操作按钮等,以免引起生产事故;严格按照操作程序操作,防止损坏仪表仪器及机械设施,遇到危险情况及时报告,防止发生人身伤亡事故。

(7) 在毕业实习过程中，不仅要注意在工厂或单位的安全，还要注意出外乘车及旅途中的人身安全。每到一个实习地，要注意了解当地的治安情况和风俗习惯，认清道路，注意食宿安全，并针对可能发生的一切问题采取切实可行的措施。

(三) 旅游安全

随着人们物质生活、精神生活的日益丰富，旅游已成为人们生活中重要的内容之一。尤其是年轻的大学生，旅游是开阔视野、增加阅历、增长知识的绝佳途径。外出旅游，只有安全得到保障，才能乐在其中。

1. 大学生外出旅游应注意的事项

(1) 长途旅行要根据当时季节和目的地的气候条件及沿途各地的环境，带适合和实用的衣服、物品；每天看天气预报，了解气候变化，及时调整计划，防患于未然，否则很可能置身困境，遭受人身伤害。

(2) 旅行中，夏天应防中暑，温热地带防蚊虫叮咬，冬天注意防寒；登山时防止跌打扭伤；注意休息，不宜过度疲劳。

(3) 讲究饮食卫生，不吃不洁瓜果和饭菜，不喝过期或不卫生饮品；在流行性疾病传播季节和寄生虫病流行地区，尽可能避免和疫水接触，做好相应的预防工作。

(4) 尽量避免与他人争执，也不宜参与别人的争执。年轻人火气较盛，易冲突，要防止因话不投机发生争斗，造成伤害。

(5) 旅行中，特别注意交通安全，不与机动车抢时间、比速度；乘车时不要将肢体伸出窗外；当发现乘坐的长途汽车司机心情沉重，或醉意朦胧，或疲惫不堪，或异常激动时，应毫不犹豫地要求更换司机或改乘其他车次。

(6) 旅途中，对陌生人敬让的饮料、食品、香烟、纪念品，要婉言谢绝。

(7) 旅途中临时留宿时，要用短暂时间对周围环境有一个大致了解，明白自己所处的位置、方向，了解安全通道，防火、防盗、防毒设施以及漏电、停电、有害气体泄漏措施；行走中，尤其是晚上，应步步留神，注意缺少井盖的“陷阱”，远离危险建筑；在雷雨天气时还要注意防雷击。

(8) 进行登山、滑雪、漂流、攀岩等户外活动时，事先要制定周密的计划，对可能发生的意外情况要准备好应急措施；要携带必要的安全用具，如绳子、电筒等；要量力而行，身体不适或感觉疲劳时，千万不要勉强；在野外行走时，要防止毒蛇、野兽侵害。

(9) 在旅店住宿时要注意保管好自己的钱、票证及其他物品，贵重的物品要随身携带，一般行李可交旅店寄存处寄存；睡觉时注意关好门窗，外出时锁好门；如有不认识的人同住一间房，既要注意文明礼貌，热情大方，又要提高警惕，不要轻信他人。

(10) 在深山密林中行走，要注意防止迷路，特别是在阴雨或大雾天气。因此，事先最好找个向导同行，不要单独行动。为了防止迷路，可每隔几步在同一方向做上不易消失而又明显的记号，以便返回时识别。这里介绍一些简单的方法：枝叶茂盛、树冠大的一侧是南方；树干有阴湿的苔藓、树皮粗糙的一侧是北方；蚁窝边积土多的一侧是北方。

2. 旅游意外事故处理

(1) 中暑急救防范措施

中暑是由于人体长时间被烈日暴晒或处在高温环境下，而出现的头痛、恶心、头晕、意识丧失等一系列症状。中暑的急救处理可采取以下措施：

① 立即将病人转移到阴凉通风处，松开其腰带，解开其颈部的衣领扣或者脱去外面的衣服。

② 患者服用冷盐开水、绿豆汤等，或口服葡萄糖盐水。

③ 口服十滴水、仁丹等防治中暑的药品。

④ 高热者应迅速进行冷水喷淋，也可用风扇吹风。在头部、心前区，也可放置冷毛巾降温。

⑤ 可用手指掐捏中暑者人中、百会、合谷及十宣等穴。

⑥ 对中暑引起的呼吸停止者，要立即进行现场人工呼吸，并应迅速送往医院抢救。

(2) 兽咬伤的救助

犬、猫等宠物或鼠、狼等野兽咬伤后，不能大意，这些兽类咬伤有伤口或伤痕，并导致致病微生物的沾染，因此可能继发感染。最严重的是狂犬病病毒，由患狂犬病的犬、猫等动物咬伤或抓伤带入人体组织，其死亡率为100%。破伤风的潜伏期为几天，如不及时治疗，死亡率也在20%左右。被猫或狗咬伤后的紧急处理原则：

① 避免过分恐惧，尽可能安静、放松、减少活动，以免毒素扩散。

② 先用盐水反复冲洗伤口，也可以用20%的肥皂水清洗伤口，至少半

小时。

③ 对较深的伤口用3%的过氧化氢冲洗，不予缝合，以利引流。

④ 注射破伤风抗毒素1500单位。

⑤ 注射狂犬疫苗。

（3）蛇咬伤的救助

无毒蛇咬伤后，多半先疼，数十分钟后逐渐消退。如被无毒蛇咬伤，只需要用70%的酒精或60度以上的白酒对伤口消毒、包扎，一般无不良后果。

毒蛇咬伤处，一般会有双点“八”或“八”牙痕，局部疼痛，短期内局部红肿，牙痕周围发硬，多半不出血，但也会有出血不止现象，时间一长牙痕会因肿胀融合在一起，肤色转成青紫。早期即有精神不振、全身酸疼、头昏眼花、恶心、呕吐、气急、心慌等症状。晚期毒性作用出现嗜睡、昏迷、四肢抽筋、呼吸困难、脉细，最后出现呼吸循环衰竭。

被毒蛇咬伤后，首先要镇定，立即坐下不要乱跑，以减少身体吸收毒素的速度，就地止血将伤肢放在低位。同时用布条（手帕）距伤口5~10厘米处绑扎，每隔15~20分钟放松2~3分钟，以免肢体远端缺血坏死，一般在急救处理结束，或服有效的蛇药半小时后松绑。四肢结扎时多在关节上方。然后用清水或肥皂水反复冲洗伤口，冲洗后有条件时，可用碘酒、酒精局部消毒。牙痕经上述处理后，可用火柴或打火机的火焰烧灼伤口，以破坏蛇毒。尔后即将牙痕伤口用小刀挑开呈“+”、“*”或“-”形切口，细致检查伤口，有无毒牙残留。如有残留，应及时排除，同时用上述冲洗法反复冲洗伤口。

另外，被毒蛇咬伤后，人体局部组织内已有毒液，此时应迅速及时地将其毒液尽量吸出。具体方法：一是用手指从四周向伤口挤毒液，至少15分钟以上，直到伤口引流出淡黄色清水为止；二是直接用嘴吸吮伤口中的毒液，吸吮时把嘴对准伤口，使劲地往外吸毒液，吸一口，吐一口，并及时漱口，如口中有破溃，如口腔溃疡或龋齿等，则不应用口吸法，以防毒液经破溃处进入人体。如果随身带有蛇药可即刻服用20片，同时将药片捣碎以酒或水混合呈糊状外涂于伤口处。确定是被毒蛇咬伤经就地急救处理后，应尽快到医院治疗。

（4）被毒虫咬螫伤后的救助

毒虫咬螫伤的种类很多，常见的有蜂蜇伤、蝎子蜇伤、蜈蚣刺伤、毒蜘蛛咬伤、毛虫螫伤等。轻的仅有局部症状，很快消退；重的则出现全身症状，有的甚至引起死亡，故要慎重对待，切勿疏忽轻视。毒虫咬螫伤后的处置：

①在伤口的上方用绳带捆绑止血，除黄蜂蜇伤用0.1%稀盐酸等弱酸性溶液中和外，其他的多用稀释的氨水冲洗伤口，并用肥皂水、盐水洗净。

②可用火罐拔吸毒液或用手挤压伤口，排除有毒的液体。

③大量喝水，使毒素排出体外。

④请医生诊治。

二、各种体育运动安全

（一）体育运动安全

大学生由于年龄结构等原因，大多热衷体育运动，喜爱参加体育锻炼。但是，参加体育运动必须要有一定的体能和技巧，其中不少项目还具有较强的竞争性和对抗性。因此，一定程度上具有潜在的不安全性。大学生参加体育运动应当坚持持之以恒、循序渐进、量力而行、合理安排、全面发展的原则，否则容易发生运动损伤。

例如，某高校一次运动会上，一同学参加 3000 米长跑项目比赛。到达终点后，该同学瘫倒在跑道上，口吐白沫。学校急忙把他送到医院抢救，但抢救无效而死亡。该同学是学校的长跑运动员，多次在长跑项目中夺魁，为什么会突然死亡呢？通过调查和尸检发现，该同学当时患感冒并发病毒性心肌炎，由于比赛的剧烈运动，导致心力衰竭而死亡。

1. 防止运动损伤应注意的问题

（1）充分了解自己的身体和健康状况。从事体育活动之前，必须充分了解自身的健康状况，以确定是否要参加某项活动。确定和限制参加体育活动的范围，并结合身体状况的实际，正确地选择锻炼的方式和方法，调整运动内容、强度和重点，最好定期进行身体检查。患有疾病或身体不适的同学，千万不可进行剧烈的体育运动，月经期的女同学要避免进行大幅度或震动大的跑跳运动，也不要进行增加腹压的力量性训练。

（2）要做好准备活动。严禁不做准备活动就参加锻炼和比赛。充分的准备活动，可以使人体有准备地从安静状态逐步过渡到运动状态，加强肌肉韧带的柔韧性、弹性和肌肉的黏滞性，使身体各组织器官做好充分准备，从而减少运动性外伤。准备活动的内容和量度要根据活动的性质、个人的身体状况、气象条件而定。

（3）应加强运动中的保护。运动中的保护可以增强训练者的信心，避免一些意外事故发生。练习者在学会自我保护的同时，要注意对器械、场地和着装进行选择，不使用损坏的器械进行锻炼，在场地太差的地方锻炼要格外谨慎小心，着装要适合所参加的体育活动。在练习危险动作时，要请教练或有经验的保护者进行保护。在体育运动中，既要勇敢顽强，又要谨慎细心；既要克服

"运动损伤不可避免"、"小伤无害" 的麻痹思想，又要防止运动竞赛中故意伤人的错误倾向出现，提高预防运动损伤的自觉性。

2. 体育运动中发生损伤时的处理办法

在体育活动中，时常发生一些程度不同的损伤事故。按被损伤的性质区分，常见的损伤有骨折、脱位、闭合性软组织损伤、开放性软组织损伤，其中以闭合性软组织损伤最为常见。一旦在运动过程中发生损伤，当事者一定要保持冷静，在场的同学要发扬互助友爱的人道主义精神，及时地给予受伤者以帮助，并为其进行恰当的处置。在这一过程中，主要掌握以下几点原则：

（1）消除当事者的紧张和顾虑，积极利用身边的药品和物品进行急救。

（2）如有大量出血和休克现象，应首先进行止血和抗休克（可以用手指按压当事者的人中）。

（3）在不明伤情时，切忌毫无救助常识地实施护理、复位等处置，以免加重伤情。

（4）尽快护送受伤者到医院进行救治，为帮助医生了解受伤经过及受伤的程度，应将受伤及急救的情况详细告诉医生。

（二）游泳安全

游泳是大学生喜爱的运动，然而如果准备不充分、缺少安全防范意识、遇到意外时慌张、不能沉着自救，则极易发生溺水伤亡事故。人淹没于水中，由于呼吸道被水、污泥、杂草等杂质阻塞，喉头、气管发生反射性痉挛，引起窒息和缺氧，甚至死亡，称为溺水。溺水致死原因主要是气管内吸入大量水分阻碍呼吸，或因喉头强烈痉挛，引起呼吸道关闭、窒息死亡。症状为溺水者面部青紫、肿胀，双眼充血，口腔、鼻孔和气管充满血性泡沫，肢体冰冷，脉细弱，甚至抽搐或呼吸、心跳停止。

1. 防止溺水的方法

为了确保游泳安全，防止溺水事故的发生，专家建议：

（1）不要独自一人外出游泳，更不要到不熟悉水情或比较危险的地方去游泳。选择安全的游泳场所，对游泳场所的环境卫生、水下情况要了解清楚。

（2）必须要有组织地在熟悉水性的人带领下去游泳，并指定救生员做安全保护。

（3）要了解自己的身体健康状况，平时四肢就容易抽筋者不宜参加游泳或不要到深水区游泳。要做好下水前的准备，先活动身体，如水温太低则应先在浅水处用水淋洗身体，待适应水温后再下水游泳；有假牙的人应将假牙取下，以防呛水时假牙落入食管或气管。

（4）对自己的水性要有自知之明，下水后不能逞能，不要贸然跳水和潜泳，更不要酒后游泳。

（5）在游泳中如果突然觉得身体不舒服，如眩晕、恶心、心慌、气短等，要立即上岸休息或呼救。

（6）在游泳中，若小腿或脚部出现抽筋，千万不要惊慌，可用力蹬腿或做跳跃动作，或用力按摩、拉扯抽筋部位，同时呼叫同伴救助。

2. 溺水的救助

（1）如果游泳时意外溺水，附近又无人救助时，首先应保持镇静，千万不要手脚乱蹬拼命挣扎，这样可减少水草缠绕，节省体力。正确的自救做法是落水后立即屏住呼吸，然后放松肢体，尽可能地保持仰位，使头部后仰。只要不胡乱挣扎，人体在水中就不会失去平衡。这样你的口鼻将最先浮出水面，可以进行呼吸和呼救。呼吸时尽量用嘴吸气、用鼻呼气，以防呛水。经过长时间游泳自觉体力不支时，可改为仰泳，用手、脚轻轻划水即可使口鼻轻松浮于水面之上，调整呼吸，全身放松，稍作休息后游向岸边或浮于水面等待救援。

（2）救护溺水者，应迅速游到溺水者附近，观察清楚位置，从其后方出手救援。或投入木板、救生圈、长杆等，让落水者攀扶上岸。在游泳中遇到溺水事故时，现场急救刻不容缓。当发生溺水时，不熟悉水性时可采取自救法：除呼救外，取仰卧位，头部向后，使口鼻部可露出水面呼吸。呼气要浅，吸气要深。此时千万不要慌张，不要将手臂上举乱扑动，而使身体下沉更快。

（3）将溺水者救上岸后，首先判断溺水者意识和生命体征。如果均正常，可视情况帮助清除口腔、鼻咽腔的呕吐物和泥沙等杂物，加强护理。

（4）如果意识丧失，生命体征存在，应去除口腔异物，包括取下假牙，保持呼吸通畅。应将其舌头拉出，以免后翻堵塞呼吸道。

（5）如果溺水者呼吸、心跳已停止，应立即进行人工呼吸，人工呼吸在最初向溺水者肺内吹气时必须用大力，以便使气体加压进入灌水萎缩的肺内，尽早改善窒息状态。一般以口对口吹气为最佳。急救者位于伤员一侧，托起伤员下颌，捏住伤员鼻孔，深吸一口气后，往伤员嘴里缓缓吹气，待其胸廓稍有抬起时，放松其鼻孔，并用一手压其胸部以助呼气，反复并有节律地进行（每分钟吹 16~20 次），直至恢复呼吸为止。同时进行胸外心脏按压，让伤员仰卧，背部垫一块硬板，头低稍后仰，急救者位于伤员一侧，面对伤员，右手掌平放在其胸骨下段，左手放在右手背上，借急救者身体重量缓缓用力，不能用力太猛，以防骨折，将胸骨压下 4 厘米左右，然后松手腕（手掌不离开胸骨）使胸骨复原，反复有节律地进行（每分钟 100 次），直到心跳恢复为止。在急救的同时应迅速送往医院救治。

第三节 校园暴力及防范

大学校园本是一片净土，但是近年来，我国高校暴力案件频频发生，并呈现蔓延上升趋势，打破了校园应有的宁静，校园暴力已成为危害大学生人身安全的主要因素。校园暴力是指在学校实施正常管理、教育职能期间，发生于校园内部及其周边的，师生之间、学生之间以及非学校人员对学校师生所实施的暴力行为，它属于社会暴力的一种。减少和避免这些校园暴力的发生，需要社会、学校和我们大学生的共同努力。作为大学生，一方面要加强遵纪守法的观念，努力提高个人素质与修养，同时也要学会应对迫近自身的暴力伤害和威胁的策略及方法，以避免或消除对自己的人身伤害。

一、校园暴力产生的原因

校园暴力产生的原因可以分为客观的外在原因和主观的内在原因两大方面。校园暴力是社会不良因素的影响和大学生主观心理发展缺陷互相作用的结果。

（一）客观外在原因

1. 市场经济的负面影响

经济体制改革和政治体制的转型之际，社会生活各个方面发生结构性的变迁，打破了原来相对静止、相对封闭、有序的社会生活状态，走向了变动、开放和相对无序。这些都深刻地影响和塑造着大学生的思想、行为。这种影响是两面的：市场经济的发展具有不可否认的巨大的积极作用，与此同时，也有消极一面，由它带来的无序性引发了人们思想上的某种混乱，使得少数大学生的人生观和价值观产生偏轨和倾斜，他们趋乐避苦，追求享受，当通过正当渠道不能达到目的时，其中一部分人就会采取犯罪甚至暴力犯罪的方法如抢劫、杀人等来实现。

2. 学业、就业压力的影响

随着市场经济体制的建立，竞争机制在各个领域逐渐引入，大学生的学业负担、就业压力越来越大。在学业或就业受挫时一部分大学生就丧失理智导致犯罪甚至暴力犯罪。绝大多数的大学生虽已成年，但心理、生理还远未完全达到社会上成年人的成熟阶段。其特征是离开父母来到一个陌生的环境里，一切事情都要靠自身的力量去处理，一时难以适应，心理不免产生压力。学业上的竞争压力更是无时不在、无处不有。加之现今就业困难的无形压力，更使大学生心理压力倍增。大学生活中不如意的事情和压力积累到一定程度，如一旦受突发事件的刺激，便很可能引发校园暴力。

3. 教育弊端带来的影响

一方面，教育目标追求功利。学校把一切工作都纳入量化管理，通过打分、测评等方法评优，把一切管理手段和标准量化，把学生的一切行为都与分数挂钩，导致以利益相诱惑的恶性竞争。这种恶性竞争很容易导致学生心理的失衡。与此同时，在开设课程方面，部分高校普遍重视专业课，德育课没有得到切实的加强，致使一些大学生在对物质享受的盲目追求中迷失了方向。另一方面，人文素质教育滞后。如为了验证一下“狗熊到底笨不笨”，清华大学学生刘海洋先后两次把掺有火碱、硫酸的饮料，倒在了北京动物园饲养的狗熊身上和嘴里，造成 3 只黑熊、1 只马熊和 1 只棕熊受到不同程度的严重伤害。刘海洋伤熊事件突出地反映了学校多年来过于忽视人文教育的恶果。

4. 文化带来的影响

由于对外开放，国内出现了文化的多元化，新文化同传统文化不断发生冲突。社会的主流文化是健康向上的，对大学生起着积极的正面引导作用，但像色情、暴力、享乐主义以及西方文化中所宣传的私有化、极端个人主义文化及文化商业化作用下产生的文化糟粕，都剧烈冲击着本民族思想道德观念，也影响大学生正确的人生观、价值观的形成，成为诱发校园暴力的重要因素。

5. 家庭带来的影响

家庭是人生的第一所学校，父母是子女的第一任老师。父母的思想、行为、品质以及家庭的氛围，无不对子女产生极大的影响。一些大学生走上违法犯罪的道路，与他们的家庭教育及家庭氛围的影响有着某种直接的联系。主要表现在：（1）缺陷型家庭的影响，导致孩子产生孤僻、冷酷、无情、悲观的心理状态。（2）家庭教育存在误区，一些父母主观上想以物质刺激作为调动子女学习积极性的唯一手段，而在不同程度上忽视了子女的道德修养和思想、政治方面的进步，使一些孩子陷入了“自我设计”、“个人奋斗”的泥坑。有些父母以种种方式溺爱子女，在物质上千方百计满足子女的过分要求，对子女百依百顺，有求必应，对子女的过错百般袒护，甚至放纵怂恿，使子女养成唯我是从，蛮横霸道的任性性格。这类孩子进入大学以后，因“先天不足”而缺乏免疫力、抵抗力和自控力，一旦自己的主观愿望与客观现实发生了矛盾，就会产生越轨行为，甚至走向暴力犯罪的深渊。

（二）主观内在原因

客观外在的消极因素对某些大学生的暴力行为来说并不起决定作用，客观外在的消极因素作为外部条件只能通过大学生个体的消极主观因素而起作用。

1. 错位的价值观

正确的价值观应以对社会发展的贡献为衡量标准。产生暴力行为的大学生，只从本位、自我欲望去判断和行动，一切以自我为中心，不能从他人、社会角度去进行价值判断，不惜以暴力手段去追求自我价值的实现。如发生在某医科大学临床医学系大三学生马晓明因功课不好被学校“劝其退学”而杀死自己爸爸和奶奶的案件中，马晓明原本准备自杀，可又担心自己死了会引起亲人伤心，进而才采取一了百了的极端方法杀死亲人。从表面上看，马晓明自始至终都想到了自己的亲人，一直在替亲人着想，但本质上他思考、处理问题仍以“自我”为中心，并未真正从亲人、从社会角度来分析和处理问题。

2. 错误的法制观念

法制观是指一个人对于法律制度的观念和态度。大学生法制观念正确与否，将决定其行为是否能在法律规范内进行。错误、混乱的法制观，是影响大学生实施犯罪的一个重要因素。尤其是对法制怀有敌视态度的大学生，则会去破坏法律所维护的社会经济、政治、文化和社会生活秩序。

3. 颠倒的道德观

有暴力行为的学生往往把美德当做缺德，把缺德当做美德，在他们身上道德失去了正确导向的作用，失去了对行为的约束力，他们随心所欲，为所欲为。

4. 心理发展不成熟

大学生处于青年期，其心理正在迅速走向成熟但又未完全成熟，他们心理起伏比较大、易冲动、自我控制能力较差、做事情欠缺考虑。大学生心理脆弱主要原因有：其一是对自我的要求过分高于自身的素质、能力；其二是客观生活环境困难。如 2004 年，云南某大学学生马加爵与同学打牌发生争执，马加爵认为同学的言语极其伤害自尊，让马加爵积怨多年的怨气终于爆发，于是用石工锤残忍杀害了 4 个朝夕相处的同学。马加爵在发生“打牌”事件之前，心理压力早已“忍辱负重”，无论是自己的贫穷，无法找回的自尊，快毕业的惶然，还是肩负父母甚至家族的希望重任，他积聚了太多的心理压力，有着极其强烈的反抗心理和仇恨情绪，终于导致悲剧的发生。

5. 贫富的差距

现在大学生群体内部存在着严重的农村学生与城市学生的贫富差距；此外，不仅来自农村的学生中存在贫富差距，来自城市的学生中也同样存在西部地区与沿海地区的贫富差距。因此，来自不同家庭背景的学生面对巨大的物质反差，心理上如不能及时适应、及时找到内心的平衡点，就很容易陷入与同学之间关系紧张的低谷。在心理问题上若处理不当，贫困学生在心态上容易自卑，变得孤僻、沉默，以至自闭，产生仇视社会和反人类的心理；而较富裕的学生却容易滋长自骄自负、轻视贫困同学的傲慢心理。同时，贫困生和富裕生在同一个班级乃至同一个宿舍中朝夕相处，而思想精神却完全归属于两个不同的世界，这样就形成了人为隔阂。人为隔阂常常使二者之间出现摩擦，而摩擦升级将容易导致暴力犯罪。

二、校园暴力的特点及危害

（一）校园暴力的特点

（1）突发性。高校学生大多是天之骄子，来自五湖四海，没有宿仇。但往往由于日常生活中一些鸡毛蒜皮的小事发生口角，当事人一时想不通就实施暴力，以泄一时之气。所以此类暴力主要表现为行为的发生不具有规律性。多数行为出乎人们的预料，并且在没有任何防范的情况下发生，造成的损害较大和无辜受害者较多等。当前高校中故意杀人、故意伤害等暴力犯罪都具有这一特征。

（2）暴力性。暴力性主要体现在行为人在施暴时的力度大、危害结果严重。如当事人在犯罪时，常表现出不计后果和残忍的一面，对被害人的生命、健康和财产造成严重危害，从而给社会造成极坏的负面影响。

（3）心理健康欠缺性。校园恶性案件的主体——在校大学生主观上普遍存在精神健康状态不佳、心理障碍严重等问题。

（4）施暴地点。多在空教室、体育馆、楼梯间、厕所内、运动场或其他偏僻场所，而且多在上学或放学时发生。

（二）校园暴力的危害

要缓解、消除校园暴力，首先就必须客观准确地认识它所带来的多方面的危害。

（1）校园暴力严重危害大学生的身心健康。校园暴力可以直接导致对身体的伤害，有的会造成终身遗憾。它除了造成被害人生命、健康、财产损失外，还形成极为恶劣的心理伤害，严重的有自杀倾向，有的甚至还会形成暴力习惯或倾向。另外，大学生受到校园暴力的侵害，容易使他们对社会的认识产生偏差，他们对社会产生极度的恐惧心理而自我封闭、逃避社会，导致他们的社会适应能力低下，或是因对社会产生憎恨心理而报复社会，走上违法犯罪道路。

（2）校园暴力使许多大学生养成流氓习气，影响他们的健康成长，甚至走向犯罪，最终危害社会。

（3）校园暴力还极易引发治安案件，严重影响社会治安，构成社会的不稳定因素。

（4）校园暴力严重扰乱了学校的正常教学秩序，严重影响了学生的学习意愿和老师的教学成效，导致教学质量低下，也严重影响了学生和家长正常的社会生活，引发许多社会问题。

（5）校园暴力会使一些原本品行良好的学生成为施暴者。校园暴力的一个重要特点是一个人在多次受害之后往往具有行凶的倾向，许多行凶者都是从受害经历中学会对他人施暴的。

（三）校园暴力的防范

校园暴力是个人、家庭、学校或者社会等多方面原因综合作用的产物，是社会多方面消极因素的综合体现。校园暴力的防范，需要社会各界的广泛关注和全社会的共同努力，才能取得明显效果。

1. 大学生应注重思想道德教育，形成良好的道德风尚

大学生要自觉加强理想教育、诚信教育、爱国主义教育以及形势政策教育，大学生应正确认识自我，认识社会，树立正确的世界观、人生观、价值观，增强大学生的公德意识。事实表明，许多大学生进入大学后，往往缺乏新的追求目标，没有目标规划，从而造成理想缺失，结果在大学里浑浑噩噩，产生迷茫感与失落感，导致心理问题和疾病，走向犯罪。

2. 大学生应自觉加强法制教育

虽然学校进行了全面教育，但部分大学生仍然不知法、不懂法，有的甚至是法盲，如把寻衅滋事看成游戏，把打架斗殴看成是哥们义气，等等。针对这种现象，大学生要自觉强化法制教育，做到知法、懂法、守法，通过教育，了解法律，知道行为的法律后果；增强人身安全防范意识，弄清什么是犯罪，提高辨别是非和抵御错误思想侵袭的能力，正确理解权利与义务的关系，养成维护法律尊严的思想和遵纪守法的良好习惯。

3. 大学生要加强心理引导，提升自我的心理素质

第一，大学生要学会控制情绪和自我宣泄。对一些经常产生的不满、愤怒和痛苦应积极加以宣泄释放。如进行快跑、拳击等激烈的体育运动，或找知己倾诉等，以减轻心理压力，同时增强社会应变力，学会处理现实与理想的矛盾，学会自我调适，学会事前理智思考。以乐观和坚强的积极态度去面对所遇到的困难，而不应觉得自己无出路产生极端的想法和采取极端的行动。

第二，大学生应建立和谐的人际关系。大学生要克服心理障碍和自闭倾向，学会与人沟通，积极在现实生活中寻找朋友；要充满信心地对待生活，能够接纳他人，使自己的心理处于轻松愉快之中；要以严肃的态度对待爱情，保持稳定的情绪及健康的心理。

第三，大学生应培养一定的抗挫折能力。大学生进入校园就感到各种压力的存在，难免在生活学习中有不少困难难以轻易克服，甚至不能避免失败的发生。挫折教育就是采用心理调节方法，克制不良习惯，建立良好的心态，进行情感教育，增强心理承受能力，增强免疫力，增强斗志和克服困难的信心，以便从悲观的情绪中走出来。

第四，大学生要能够正确评价自己。正确认识自己、评价自己是建立良好自我意识的基础，同时也是健全人格形成的重要保证。健全的人格能够推动健康社会行为的产生，而有缺陷的或不健康的人格则可能推动反社会行为。因此，积极促进平衡、协调而统一的自我意识的建立，对提高大学生心理健康水平和心理素质，预防违法犯罪问题的产生具有建设性的作用。

4. 大学生要正确处理好同学之间的关系

就许多校园暴力发生的直接原因而言，大多数是微不足道的小事，同学之间应讲文明，讲团结，互相之间应有忍让精神，时时用法制来约束自己。作为一名在校大学生来说，不论成绩好坏，不论能力大小，不论成果多少，不论家境贫富，不论相貌美丑，都应当自觉消除优越感和自卑感，学会同学之间相互尊重、相互欣赏、相互取长补短，减少人为隔阂。对待同学应有一颗宽容的心，避免产生矛盾的尖锐化，减少暴力的诱因，这是对自己的最大保护。

5. 大学生要注意保管好自己的财物

贵重物品妥善保管，外出时不要随身携带大量现金，不贪财，不露富，夜间休息宿舍要关好门窗，使违法犯罪分子无机可乘，从根本上消除或减少自身被侵害的机会，积极做好个人安全防范工作。

6. 大学生要增强人身安全意识

大学生要增强抵御能力，学习一些防身术，一旦遭遇侵害，即便遇到突发

性暴力袭击，也不必惊慌，应该沉着应对，巧妙周旋，斗智斗勇，尽早报案，将损失减少到最低限度。在遭受不法暴力侵害时，应当临危不惧，沉着冷静，机智果敢，选准时机，正确运用正当防卫这一法律武器同罪犯作坚决斗争，保护自己的人身和财产安全，同时使犯罪分子受到应有的惩罚。大学生在搞好自我防范的同时，要发扬勇敢精神，见义勇为，团结起来，同违法犯罪行为作坚决斗争。

7. 大学生要严格遵守校规校纪

大学生平时要按规定的时间返校就寝，不要到行人稀少、环境阴暗或偏僻的地方活动，避免成为犯罪分子攻击的目标。高校根据国家安全法规精神，从学校具体情况出发制定的安全管理制度，是保护学校和学生安全的有效武器。不少学校制定了校园治安综合治理条例、违反校园治安管理处罚条例、大学生奖惩条例以及教室、宿舍、食堂、图书馆、文体活动场所、实验室等综合的或单一的规章制度，不仅从管理上规范了大学生的学习、生活、课余活动行为，而且对违反管理的行为做出了制裁规定。这些规定，既是防止侵犯大学生合法权益的有效措施，也是大学生在其合法权益受到侵害时进行自我保护的有力武器。

8. 大学生要增强抵御暴力文化及不良文化场所、环境的能力

暴力镜头、暴力文化是暴力行为的催化剂。目前，我国不少高校及周边治安状况严峻，仍然存在一些违规经营的网吧、游戏室、录像厅、歌舞厅等娱乐场所，禁而不绝，这些不健康的书、刊、画、音、影、碟、游戏、歌舞传播了大量暴力文化，在这些暴力文化潜移默化的影响下，大学生的人格、心理暴力倾向的产生在所难免，而且这些场所、环境也是暴力案件的高发场所，大学生应自觉抵御暴力文化及散播不良文化的场所。

第四节 女大学生自我安全防范

对女大学生来说，防范性骚扰和性侵害是相当重要的安全问题，因为性骚扰和性侵害会给被侵害对象的身心造成极大的伤害。因此，女大学生有必要掌握预防性侵害和性骚扰的基本知识。

一、性侵害和性骚扰的主要形式

一般认为大学校园里的性骚扰是一方通过语言的或形体的有关性内容的侵犯或暗示，给另一方造成心理上的反感、压抑和恐慌的，即可构成性骚扰。性

侵害是指违反被害人意愿，加害者以权力、暴力、金钱，引诱、胁迫被害人与其发生性行为。

性侵害主要有以下几种形式：

（一）性侵害

一是暴力型性侵害。犯罪分子采用暴力或以暴力相威胁受害人实施强奸或猥亵等。

二是胁迫型性侵害。侵害人利用自己的权势、地位、职务之便对有求于自己的受害人加以利诱，或利用被害人的过错或隐私进行威胁，从而强迫受害人与其发生非暴力型的性行为。

三是社交型性侵害。此类性侵害多发生在大学生的社会交往过程中，如外出应聘或实习，相约到娱乐场所等，侵害人多与受害人有过交往，如同学、同乡，甚至是男朋友。随着互联网的发展，大学生的社会交往更加广泛，不少大学生热衷于网上交友，甚至远赴外地与网友见面，也给不法分子提供了机会。

四是诱惑型性侵害。利用受害人追求享乐、爱慕虚荣的心理，诱惑受害人而对其进行性侵害。

（二）性骚扰

性骚扰的主要形式：一是利用靠近女生的机会，有意识地接触女生的身体。二是在女生面前公然暴露生殖器。三是借助电话和手机进行骚扰，或者强行要求谈情说爱，或者无聊地谈天说地，或者发送低级庸俗的信息及黄色短信等，甚至是造谣中伤、恐吓威胁，给被骚扰人造成精神上的痛苦。

二、性侵害、性骚扰的预防措施

（一）树立自我保护和防范意识

对性行为要有正确的认识，对非正常的性行为要及时控制和制止。增强法制意识，了解相关法律规定。自珍自爱，衣着得体，举止得当。防止因自身原因诱发外界对自己的性侵害。

（二）在社会交往过程中要慎重

如应聘要找正规的中介机构登记；应聘家教时要多了解对方情况，初次登门最好有同学相伴；消除贪小便宜的心理。在外面不要轻易接受异性的邀请与馈赠，应警惕与个人工作、学习、业绩不相符的奖赏和提拔，不要轻易地告诉对方自己的住址、电话和其他联系方式，在公共娱乐场所切勿饮酒，更不能过量。结交网友要持谨慎心态，不能轻信对方，要通过多种渠道摸清对方的基本情况，不要轻易答应见面。初次见面地点要选择在热闹的公共场所。

（三）提高警惕，避开危险的环境

性侵害一般都发生在独处时或偏僻地，所以应尽量避免独处或在偏僻地点逗留。例如，夜间不要单独外出，如果确有必要，要有人同行或者有所戒备；不要在单身男性家过夜；如发现陌生男人尾随或跟踪时，要设法摆脱，必要时可设法求援；不要随意搭乘陌生人的车辆，夜晚一般不要单身乘出租车去偏远的地方。大学生应遵守学校规定，不要违反规定单独在外租房居住。校外居民房环境复杂，没有相应的安全设施，更缺乏必要的管理，安全没有保障。

三、应对性骚扰和性侵害的策略

（一）如何应对性骚扰

《妇女权益保障法》修正草案中规定："任何人不得对妇女进行性骚扰"，"用人单位应当采取措施防止工作场所的性骚扰"，"对妇女进行性骚扰的，受害人提出请求的，由公安机关对违法行为人依法给予治安管理处罚"。这 3 个条款在我国立法史上第一次清晰而明确地对性骚扰行为说"不"。有了法律的保障，面对性骚扰，女大学生要克服女性的软弱和矜持，采取有效的措施应对，不要做沉默的羔羊。

（1）在公交车、地铁等公共场所遇到性骚扰时，女大学生要有强烈的自我保护意识，或及时避开此地，换个位置，或大声斥责，使骚扰者知道，你不是好惹的。总之，要把你的拒绝态度表示得明确而坚定，使性骚扰者明白，若一意孤行将产生严重的后果，对他是不利的。

（2）在实习或打工的工作场所一旦发现男同事对自己的好感有向性爱方向发展的苗头，应立即回避。如果无法回避，则想办法在不伤害对方自尊心的情况下，让对方明白，双方之间只会有友情，而不会有爱情。对于比较熟悉的人，应分步解决。首先点到为止，一般而言，男性对女性的初次骚扰只是轻微的试探，由此观察你的反应而决定自己进一步的行动。你应心平气和地给予指出，说明自己的不快。当他再次对你进行骚扰的时候，你应该立即给他来一番晓之以理的谈话，力求达到既不伤和气，又能避免受骚扰的效果。当你委婉的劝导也不能奏效的时候，对这样的人而言，忍耐绝不是出路，委曲求全只能使骚扰者愈加肆无忌惮。不要怕闲言碎语，应将他的行为向有关上级部门和自己的老师汇报，并且公之于众，借助舆论和道德的压力使他收敛。

(3) 如果在校内偏僻地方遇到男性突然触摸自己私密部位或朝自己暴露生殖器，应大声斥责，并迅速离开，然后向学校保卫部门或公安机关反映。千万不要表现出害怕或羞愧的神色，更不可与之搭话或纠缠。

(4) 接到骚扰电话后，要直接挂断电话，不要与对方纠缠，切忌与对方对骂，对方可能因引起你的注意而更猖狂；如果对方再打，可将电话拿起一会儿后再挂上。收到黄色短信迅速删除，千万不要回复。

(二) 面对性侵害的处置方法

女大学生必须增强女性自我保护意识，掌握基本自救技能，学习在遭受不法侵害时或者之后所应该采取的应对措施、自救渠道，勇于揭露犯罪，同时学习如何在保证自身身体健康和生命安全的情况下采取恰当的策略防止不法侵害的发生或者避免危害结果的扩大化。

1. 以人为本，头脑冷静

当遭遇歹徒施暴时，首先是保持头脑冷静，临危不惧。这样不仅可以保证自己临阵不乱，能仔细观察对方的举动和周围环境，正确判断形势寻找呼救和逃脱的机会，而且可以对罪犯起到震慑作用。坚持以人为本的原则，即首先是要保证自己的生命安全和身体不受伤害，在此前提下采取合适的自救措施，避免犯罪分子从强奸演化为杀人或伤害。

2. 随机应变，斗智斗勇

根据实际情况采取有效措施，如果面对的是来自自己相识的人的性侵害，要用明确的话语予以制止，千万不要怯懦甚至屈就；如果面对的是陌生人，可以先采取低姿态麻痹对方，想办法拖延时间，然后伺机逃脱，或趁对方不备时，采取自卫措施攻击对方，使其暂时失去攻击能力，趁机逃脱。对犯罪分子实施攻击时，要把握时机，狠、准、快地攻击其要害部位，攻击的方法可以用拳、脚、膝盖猛力打击对方的面部、小腹部和阴部，如可以用手指抠其眼睛，同时用力踢裆部，使犯罪分子疼痛难忍，丧失侵害能力，还可以使用身边的木棍、沙石、提包、高跟鞋等进行防卫。在防卫的同时大声呼救。

3. 正当防卫，法律保护

我国《刑法》第20条规定："对正在进行行凶、杀人、抢劫、强奸、绑架以及其他严重危及人身安全的暴力犯罪，采取防卫行为，造成不法侵害人伤亡的，不属于防卫过当，不负刑事责任。"因此，女大学生不必担心在自卫反抗中会给犯罪分子造成一定的伤害，法律是鼓励公民积极使用正当防卫的权利，同这类严重暴力犯罪作斗争的。

4. 保留证据，积极报案

如果不幸遭受性侵害，一定要记清犯罪分子的相貌、口音、生理特征、衣着打扮、携带物品等，尽量在犯罪分子面部留下受伤标记，保留沾有精液、血迹、毛发的衣物，暂时不要洗澡，以便进行法医鉴定。受害人要克服内心恐慌，打消顾虑，积极报案或向老师反映，协助公安机关侦查破案，将犯罪分子绳之以法，这样不仅可以减少本人再受侵害的几率，还能防止他人再遭毒手。

5. 调整心态，勇敢面对

性侵害会给受害人带来严重的心理创伤，受害人会长期生活在忧郁、恐慌、沮丧的心理状态中，如果不及时调整，会产生无助感和厌世感，丧失对生活的信心。这样将直接影响到受害大学生今后的学习和生活。作为一名有知识、有文化的当代大学生，我们应该充分认识到遭受性侵害不是我们的错误，不能因此背上沉重的包袱。要及时调整心态，将精力集中到学习上，多参加健康的文体活动，尽快走出阴影。必要时可求助于心理医生。

第八章 财产安全

财产安全问题一直是大学生安全中较为普遍的问题，在大学校园里，发案率最高的就是学生财产被侵犯的案件，主要包括盗窃、诈骗、抢劫、抢夺等。大学生个人财产的保护途径主要有两种：一是他力保护，即依据国家法律法规，依靠国家行政、司法机关、高校保卫等职能部门和其他行政组织的保护；二是自力保护或称自我保护，指的是学生个人凭借对财产安全的防范意识和技能，依靠自己的力量，对财产的不法侵犯进行事前预防、事中防卫以及事后保护。实践证明，自力保护能够有效遏制或减少财物侵犯问题的发生，使个人的财产处于相对安全的状态，而且往往比他力保护更为有效，可以使被侵犯的损失降到最低程度。

第一节 防 盗 窃

一、盗窃罪与一般盗窃行为

（一）盗窃罪

根据我国现行《刑法》的规定，盗窃罪是指以非法占有为目的，窃取数额较大的公私财物，或者多次窃取公私财物的行为。其主要特征是：

第一，在客观上表现为窃取数额较大的公私财物的行为。

(1) 盗窃罪的对象是财物。这里的财物既包括有物体，也包括无物体。根据《刑法》第196条的规定，盗窃信用卡并使用的，以盗窃罪论处。最高人民法院2004年4月28日发布的《关于审理扰乱电信市场管理秩序案件具体应用法律若干问题的解释》规定，盗用他人公共信息网络上网账号、密码上网，造成他人电信资费损失数额较大的，以盗窃罪定罪处罚。在高校里，大学生往往容易忽视“无物体”的盗窃问题，这一点尤其要引起注意。

(2) 盗窃罪的行为是窃取他人占有的财物。窃取是指使用非暴力胁迫手段，违反财物占有人的意志，将财物转移为自己或第三者（包括单位）占有。

(3) 窃取公私财物数额较大，或者多次窃取公私财物。《刑法》将盗窃数额划分为数额较大、数额巨大、数额特别巨大三个层次，以此作为盗窃罪定罪量刑的标准。根据1998年最高人民法院、最高人民检察院、公安部《关于盗窃罪数额认定标准问题的规定》：个人盗窃公私财物，“数额较大”以500~2000元为起点；“数额巨大”以5000~20000元为起点；“数额特别巨大”以30000~100000元为起点。各省、自治区、直辖市，可以根据本地区经济发展状况，并考虑社会治安状况，在上述数额幅度内，研究确定本地区执行的具体数额标准。

是否构成“多次盗窃”，首先要考虑行为人是否可能盗窃数额较大的财物，是否具有犯盗窃罪的故意；其次要综合考虑行为的时间、对象、方式以及已经窃取的财物数额等。例如，在夜不闭户的乡村，即使行为人三次以上入户小偷小摸，都不宜认定为盗窃罪。每次只在超市盗窃一支圆珠笔，没有取得数额较大的意图，即使短期内三次以上盗窃的，也不宜认定为盗窃罪。盗窃数额较大，是构成盗窃罪的法定条件。盗窃财物数额的大小，反映了社会危害程度的大小，是区别罪与非罪、衡量罪刑轻重的重要标志之一。

第二，盗窃罪的主体只能是已满16周岁，具有辨认控制能力的自然人。

第三，盗窃罪的主观方面只能是故意。即明知自己的盗窃行为会发生侵害公私财产的结果，并希望或者放任这种结果的发生，且具有非法占有公私财物的目的。

关于盗窃罪的刑事责任，《刑法》第264条规定：“盗窃公私财物，数额较大或者多次盗窃的，处3年以下有期徒刑、拘役或者管制，并处或者单处罚金；数额巨大或者有其他严重情节的，处3年以上10年以下有期徒刑，并处罚金；数额特别巨大或者有其他特别严重情节的，处10年以上有期徒刑或者无期徒刑，并处罚金或没收财产。”盗窃金融机构，数额特别巨大及盗窃珍贵文物，情节严重的，处无期徒刑或者死刑，并处没收财产。

（二）一般盗窃行为与盗窃罪的区别

一般盗窃行为，是指以非法占有为目的，窃取公私财物，数额较小，尚不够刑事处罚的行为。一般盗窃行为和盗窃罪的主要区别是：

（1）盗窃数额不同。一般盗窃行为的盗窃数额尚未达到刑法关于盗窃罪规定的“较大数额”。

（2）性质不同。一般盗窃行为是一般的违法行为，盗窃罪是犯罪行为。

（3）处罚的依据不同。对一般盗窃行为的处罚依据是《中华人民共和国治安管理处罚法》，这种处罚是国家行政机关的行政处分；对盗窃罪的处罚依据是《中华人民共和国刑法》，这种处罚是国家司法机关的刑事处分。

（4）法律后果不同。一般盗窃行为在行政处罚后被认为有劣迹，不可能构成屡犯；盗窃罪在刑事处罚中被认为有前科，可能构成屡犯。

（三）一般盗窃行为与未经同意擅自借用他人物品行为的区别和联系

一般盗窃行为与未经同意擅自借用他人物品行为的主要区别是：

（1）在行为目的上，前者以非法占有为目的，后者不具有此目的。

（2）在行为方式上，前者对盗窃的物品，或秘密使用或转移他处，后者则公开使用。

（3）在行为结果上，前者一般不会将盗取的物品归还失主，即使归还也只是一种悔过的表现，不影响盗窃行为的成立，后者是有借有还。

两者也存在一定的联系：行为人擅自借用他人物品之后，决意占为己有，秘密使用或转移他人物品，就转化为一般盗窃行为。

二、高校盗窃案件的一般特点和发案原因

（一）高校盗窃案件的一般特点

第一，从作案人员上看，外盗的主体主要为活动在高校周边的吸毒人员或其他无业游民。

这些人员因为无正当经济来源，又需解决毒资或其他生活开支，屡次到高校作案。另外，一些进入学生宿舍（公寓）推销或怀有其他目的的外来人员也常常成为外盗的主体。他们往往在趁人不备时窃取学生财物并迅速逃离。此外，少数学生因错误的价值观、金钱观而成为内盗的主体。例如，校外吸毒人

员程某窜入某高校学生宿舍，以推销化妆品为名溜门盗窃被抓获。根据程某交代，其曾多次以此方式在该栋学生宿舍盗窃手机。

第二，从作案手段上看，主要有以下 9 种：

（1）撬门破锁。此类盗窃分子撬开门锁或其他柜子、箱子后，只要是值钱的东西都盗，以价值高、易于携带的物品为主。偷盗自行车时，常常是直接破锁后迅速逃离现场。在抓获的偷盗现行中发现，作案人员随身携带的工具有“十字”改锥、“万能”钥匙等，尤其是“十字”改锥，可以很快将锁芯破坏掉。

（2）溜门行窃。盗窃分子发现房间无人时，迅速溜入室内窃取财物。盛夏时节，一些男生或女生图凉快，午休或夜间睡觉不关门，小偷便趁他人睡着时入室偷窃。有的小偷夜间先偷走钥匙，白天再寻找机会入室偷窃。有些同学上厕所不锁门，小偷利用时间差，快速入室盗窃。

（3）爬窗入室。趁建筑物门窗没有铁栏杆，或窗户未关时，通过阳台、水管翻窗入室进行盗窃。

（4）顺手牵羊。趁主人不备，见财起意，将疏忽看管的财物趁机盗走。

（5）竹竿钩盗。用竹竿将晾在窗外的衣服钩走，有的把纱窗弄开，钩走放在室内桌上、凳上的衣服、挂包、手袋等。此类作案手法主要发生在学生宿舍的一楼、二楼。

（6）浑水摸鱼。窃贼往往在人多手杂、场面较为混乱的时候，直接将财物盗走。

（7）骗取信任，伺机盗窃。通过与学生交往认识进入其宿舍，在取得学生信任后，趁学生不注意进行盗窃。例如，某市无业人员胡某到某高校打篮球时认识了一名新生，在取得该新生信任后一同回学生宿舍取东西。后趁该同学上厕所之机，迅速将宿舍内其他同学放在桌上充电的手机盗取，而后找借口逃离。

（8）抽芯盗窃。在一叠或多张现金中抽出一张或几张，而不把全部现金偷走。这种作案手法的特点是目标明确，不留痕迹。例如，某高校在查破的一起内盗案件中发现，作案人员王某为了不引起受害人的警觉，作案时只从数张一百元钞票中抽出 1~2 张，至案件查破时，王某采取同样手法已作案十多起。

（9）偷配钥匙，预谋行窃。

第三，从作案时间上看，主要集中在以下时间：

（1）刚开学或放学，宿舍较为混乱时；

（2）上课期间，相连几个宿舍没人时；

（3）人群拥挤、杂乱时；
（4）上体育课或进行体育活动，财物放在一旁疏忽看管时；
（5）门窗未关或敞开时；
（6）假期室内长期无人时。
第四，从作案地点上看，主要集中在以下几个地点：
（1）学生宿舍（公寓）；
（2）办公（教学）楼；
（3）图书馆；
（4）体育场所；
（5）食堂；
（6）自行车、电动车集中存放点。

第五，从盗窃财物上看，主要是便于携带的手机、电脑硬件、笔记本电脑、钱包、银行卡、信用卡等。

（二）高校盗窃案件的发案原因

盗窃案在高校发生的各类案件中所占比例是最多的，占90%以上。究其原因，一方面是学生防范意识不强，给犯罪分子以可乘之机；另一方面是少数大学生对自己要求不严，守法意识淡薄，为追求享乐，不顾家庭和自己的经济承受能力，盲目攀比，没有钱就去偷，见好东西就拿，违法乱纪，有的甚至逐步走上犯罪道路。三是宿舍防范条件较差，管理人员责任心不强，管理出现漏洞，给犯罪分子可乘之机。此外，有关法制尚不健全，打击不力，助长了不法分子的侥幸心理。由于盗窃案件的破案率不高，不能及时有效地打击盗窃分子，使得盗窃分子心存侥幸，继续作案。与此同时，对那些屡次盗窃的人员，如吸毒人员，因其患有某种疾病或处于怀孕、哺乳期而往往逃脱了法律的制裁。

三、大学生防盗窃案件的一般策略

在高校内，如何预防各类盗窃案件的发生，确保学生的财产安全，在加强他力保护的同时，更重要的是加强学生的自我保护意识与能力。下面以几个主要案发地点和自行车、电动车防盗为切入点，重点讲述盗窃案件的预防策略。

（一）学生宿舍（公寓）内盗窃案件的预防策略

1. 如何预防学生宿舍（公寓）内盗窃案件的发生

（1）养成人走锁好门窗的习惯。最后离开宿舍的同学，一定要将门、窗关好，千万不要怕麻烦，不要因为短暂的离开而不锁门。

（2）不要留宿外来人员。大学生在交往中要注意分寸，不能只讲感情、义气，不讲原则、纪律。如果违反学校学生宿舍管理规定，随便留宿他人，很可能引狼入室，造成宿舍被盗。

（3）警惕陌生或可疑人员。发现形迹可疑的人应加强警惕，多加注意。作案人到宿舍行窃时，往往以找人为借口在楼道里溜达，见管理松散、出入自由、房门大开，便来回走动、窥视张望、伺机行事。遇到这种可疑人员，同学们应主动上前询问。如果来人有正当的理由一般都能说清楚；如果来人无法说明来意或神色紧张，可一方面与其周旋，另一方面派人与学校保卫部门取得联系，由保卫部门进一步核实其身份。

（4）禁止上门推销。遇到进宿舍推销小商品的人，应马上通知楼内管理人员，将其带出楼外，或直接打电话给学校保卫部门。实践证明，一些推销人员在溜门串户过程中，一旦发现宿舍无人，便顺手牵羊，盗窃财物。因此，对这些推销人员切不可掉以轻心。

（5）妥善保管现金及贵重物品。宿舍内不要存放大量现金，可以将钱存入银行，即使是少量的生活费，也要随身携带。手机、CD机、快译通等贵重物品千万不要放在宿舍明处，用完后锁在橱柜内。有电脑的宿舍最好换上防盗锁，条件允许的，可以加上明锁，双重保险，或存放到学校在学生宿舍（公寓）内提供的寄存处保管。

（6）确保防盗设施完好。宿舍内的防盗设施如果存在问题，如一楼的窗户没有防盗网、走廊内气窗没有防盗栏，应积极向学校反映。门、锁、门窗玻璃损坏要及时请维修人员修复。

（7）保管好自己的钥匙。宿舍、橱柜、抽屉等处的钥匙，不能随便借给他人或乱丢乱放，以防别有用心的人复制。钥匙一旦丢失，必须马上更换门锁，切不可私自借配。

（8）加强安全值班。同学们应积极参加宿舍楼内的安全值班，特别是在上课期间，组织无课的同学在楼内巡视，或在传达室值勤，协助学校保卫部门做好安全防范工作。通过参加值班、巡逻等安全防范工作的实践，不仅可以保护自己和他人的财物安全，而且还可以增强安全防范意识，锻炼和增强自己社会实践的能力。

（9）树立集体防范意识。事实证明，室友间的团结友爱，宿舍间的相互照应在一定程度上可预防盗窃犯罪。

2. 在学生宿舍（公寓）内突遇窃贼或可疑人员时的应对方法

（1）要头脑冷静，注意自身的安全。窃贼心狠手辣，多数都带有凶器。要保持头脑冷静，随机应变，在敌强我弱的情况下不要轻易反抗或乱叫，可以寻机脱身，寻求外援或拨打学校保卫部门的电话。在有条件的情况下，最好把窃贼锁在房间内。在援兵未到的情况下，要与窃贼保持一定距离，谨防其狗急跳墙。

（2）要发挥同学们的集体力量。在绝大多数情况下，宿舍里或多或少总会留有一部分同学，不管是否认识，只要听说宿舍里进来小偷，大多数同学是会挺身而出的。若窃贼夺路逃跑，同学们应紧紧盯住，大呼“抓贼”。校园里师生众多，只要不让窃贼脱离视线，还是有机会抓获的。

（3）要以正压邪，对窃贼形成威慑。盗窃分子做贼心虚，在学生宿舍这种特定的环境中，如撞见窃贼正在作案，应尽快拿起身边可用于自卫的工具，如凳子、木棒等，约两个以上的同学堵住窃贼的出路，并大声警告，对其形成威慑，待学校保卫人员赶到一起将窃贼捉住。如窃贼胆敢行凶，可进行正当防卫。

（4）一旦抓获窃贼，最好的办法是一面采取强制措施将其控制住，一面通知学校保卫处来人将其带走，必要时也可以直接扭送学校保卫部门或公安机关。但特别要注意：一是不能疏忽大意，让其寻机逃走或猝起伤人；二是强制程度要适当，不能殴打辱骂，如果将窃贼打伤或致残致死，是要负相应法律责任的。

（5）在无法当场抓获窃贼时，应记住其特征，以便向公安保卫部门提供破案线索。窃贼的特征包括年龄、性别、身高、胖瘦、相貌（圆脸或方脸，浓眉或淡眉，高鼻梁或矮鼻梁，大眼或小眼，大嘴或小嘴等）、衣着、口音、动作、习惯，以及身上的痣、瘤子、斑点、刺花、残疾等各种特征，佩戴的戒指、手镯、项链、领花、耳环等各种饰物的情况。

（6）如发现可疑人员，一定要讲究方法进行详细盘问，既不冤枉好人，造成矛盾，也不放过坏人，导致损失。如盘问后疑点较多，应立即向保卫部门报警，但同样要提高警惕，防止其寻机逃跑或狗急跳墙伤及无辜。此外，在盘问时，一是要注意语气，不可将矛盾激化；二是不能随意搜查，因为此举是违法的。

（二）教室、图书馆内的盗窃案件预防策略

教室、图书馆是学生学习的主要场所。大学的学习环境属自主开放式，教

室、图书馆不同于中学阶段，流动性较大，大学生年级之间、专业之间交叉使用同一教室，聚集在图书馆看书、自习的现象较为普遍，加之学生之间互不熟悉，个别同学将随身携带的财物疏于看管，故而教室、图书馆内的盗窃案件时有发生。

教室、图书馆内的盗窃案件，其作案手法最主要表现为顺手牵羊、浑水摸鱼。犯罪嫌疑人往往趁同学们上厕所、借书还书、接听电话时迅速将座位或书桌上的财物盗走。为此，提醒广大同学注意：

(1) 上自习最好结伴而行，尽量避免单独行动。

(2) 长时间离开座位时，书包及其他物品一定要随身带走，尤其是现金和贵重物品，千万不要存有侥幸心理。

(3) 在属于本班级的固定教室里，离开时最好不要放贵重物品，最后走的同学一定要检查一下门窗是否已关好，将门锁好。教室的钥匙也要严加管理，严防外借和流失。

(4) 单独上教室或图书馆，无论是自习还是做实验或上网，最好不要携带大量现金和贵重物品，以免丢失。

(三) 食堂、运动场所的防盗策略

学生放学就餐时，很多学生尤其是女生习惯事先占据就餐座位而将书包放在餐桌椅上，然后再去排队买饭。由此便给不法分子浑水摸鱼和顺手牵羊之机。

学生在课间进行体育活动时，不少学生习惯将书包或装有现金、贵重物品的衣服随手放在运动场边。虽然这些学生当时会意识到尽量将书包或衣服放在离自己尽可能近的地方，但在运动过程中，却难以集中注意力去看管放在一旁的财物。

食堂、运动场所的盗窃手法依然多见于顺手牵羊和浑水摸鱼。由此，应注意：

(1) 去食堂就餐或参加体育活动时，若有熟人可代为看管财物，但贵重物品要随身携带。

(2) 排队买饭时不要将书包或背包背在身后，而应尽量置于身前，以防被身后的不法分子伺机盗窃。

(3) 若临时参加体育活动，要将随身携带的财物妥善保管好。

（四）校外马路及公交车上的防盗策略

学生外出或探亲访友，或购置商品，或采风游玩等，此时，大家一般都带有一定数额的现金或其他贵重物品。于是，在防范意识松懈之时，便被不法分子盗窃。据此，提醒广大同学：

（1）外出时尽量少带现金。大额现金应存入银行，需要时可带银行卡，这样倘若被盗，也可及时挂失，将损失降至最低。

（2）不要在公共场合炫耀自己的贵重物品，以免被不法分子尾随伺机盗窃。

（3）背有书包或其他行李袋时，尽量将袋子放置在身前，防止被尾随的不法分子割包行窃。

（4）乘车时要有意识地用手护住装有现金或贵重物品的口袋，尤其是上下车的瞬间更要注意。

（5）乘车途中要避免打瞌睡，尽量用手护住口袋或背包。

（6）若无背包，而身上携带有一定数额的现金时，可将零钱放在外面的口袋，其余的现金则放在贴近身体的口袋里。

（五）自行车、电动车的防盗策略

在高校，自行车数量多，管理难度大，且自行车易盗易销赃，自行车被盗的问题一直是比较突出的问题，当前电动车也逐渐成为不法分子偷盗的重点目标。预防自行车、电动车的被盗工作，同学们应注意以下几点：

（1）尽量不要买好车。被抓获的盗窃车辆的犯罪分子承认，那些好车、新车常常成为其盗窃的主要目标。

（2）安装优质锁。

（3）人走上锁。

（4）不要随意停放，尽量将自行车停放在楼栋值班人员或视频监控探头的监控范围内。

四、发现被盗后的处置办法

第一，立即报警。

发现被盗后，第一反应就是立即向公安机关或学校保卫部门报警，而不要哭喊，或马上清点物品，以免引人围观或因动手清点物品后将盗窃现场破坏。

第二，保护好现场。

报警后可守在盗窃现场外，等待公安机关或学校保卫部门的工作人员前来勘察现场，寻找线索。

第三，清点物品。

等待公安保卫部门的工作人员勘察完现场后，再仔细清点物品。将被盗的物品清单据实写好后交公安保卫部门。

第四，配合侦破工作。

要认真回忆被盗前的现场情况，认真回答办案人员的提问，尽可能提供破案线索。

第五，办理挂失手续。

若发现银行卡、存折被盗，应报告办案人员后，立即去银行办理挂失登记手续。

第二节 防 诈 骗

一、诈骗罪

诈骗罪，是指以非法占有为目的，用虚构事实或者隐瞒真相的方法，骗取数额较大的公私财物的行为。诈骗罪的基本构成为：行为人以非法占有为目的实施欺诈行为——对方产生错误认识——对方基于错误认识处置财产——行为人取得财产——被害人受到财产上的损害。诈骗罪的主要特征是：

（一）客观上表现为使用欺诈方法骗取数额较大的公私财物

行为人使用骗术，即以虚构事实或者隐瞒真相的欺骗方法，使财物所有人、管理人产生错觉，信以为真，从而似乎“自愿地”交出财物。“虚构事实”，是指捏造不存在的事实，骗取被害人的信任。“隐瞒真相”，是指对被害人掩盖客观存在的某种事实。这里的“自愿”并非出自被害人的真正意图，而是上当受骗所致。使用欺骗的方法非法占有公私财物是诈骗罪区别于盗窃罪、抢劫罪、抢夺罪的重要标志。

（二）主观上是故意

这是指明知自己的行为会使他人陷入错误认识进而发生侵害他人财物的结果，并且希望或者放任这种结果发生，且具有非法占有公私财物的目的。

（三）犯罪主体为一般主体

年满 16 周岁具有完全行为能力的人即可成为诈骗罪的主体。

依照《刑法》第 266 条的规定，犯诈骗罪的，处 3 年以下有期徒刑、拘役或者管制，并处或者单处罚金；数额巨大或者有其他严重情节的，处 3 年以上 10 年以下有期徒刑，并处罚金；数额特别巨大或者有其他特别严重情节的，处 10 年以上有期徒刑或者无期徒刑，并处罚金或者没收财产。

根据最高人民法院制定并公布的《关于审理诈骗案件具体应用法律的若干问题的解释》的规定：个人诈骗公私财物 2000 元以上的，属于“数额较大”；个人诈骗公私财物 30000 元以上的，属于“数额巨大”；个人诈骗公私财物 200000 元以上的，为诈骗“数额特别巨大”。各省、自治区、直辖市可根据本地区经济发展状况，并考虑社会治安状况在 2000～4000 元、30000～50000 元的幅度范围内，确定本地区“数额较大”和“数额巨大”的起点标准。

近年来，以大学生为作案对象的诈骗案件逐年上升。作案人主要利用大学生热情善良、思想开放、乐于助人的特点，巧妙地接近他们，抓住大学生思想单纯、阅历不广、辨别是非能力差的弱点，骗取他们的信任，驱使一些大学生言听计从、慷慨解囊甚至失身，教训极为惨痛。据统计，目前高校诈骗案件造成的经济损失仅次于盗窃案件。有效地防止大学生受骗案件的发生，保护大学生人身财产安全，是公安保卫部门亟待研究的一个重要课题。

二、高校诈骗案的一般特点和发案原因

（一）高校诈骗案的一般特点

高校诈骗案的特点主要表现在：作案手段的多样性、作案地点的流窜性、作案动机的复杂性、作案行为的反复性、危害结果的严重性 5 个方面。

1. 作案手段的多样性

诈骗案的作案手段主要有以下八种。

（1）假冒身份行骗

诈骗分子往往利用假名片、假身份证、假学生证与大学生交往，假冒在校大学生及其亲友、记者、华侨或领导子女等身份，接近大学生，然后以求援或帮助他人解决急需等理由向学生借钱，钱到手后立即逃离。有的骗子甚至到车站冒充接新生的老师，骗取他们的信任之后实施诈骗。例如，某高校大学生王某在回宿舍的路上，被自称南京某高校的两名学生拦住，称其写论文到武汉考察，钱在车上被偷，跟同行的老师失去联系，现在身无分文，向王某借钱打电

话，随后又向王某借钱乘飞机返校，称返校后立即还钱并许诺给以一定的报酬。王某信以为真，到银行取出2500元钱借给了骗子。又如，湖北黄梅县无业人员黄某进出某高校新生宿舍，骗称为新生的班主任，以收班费为名要求每个学生交纳200元的班费，共骗得现金2000元。

（2）用假货和假钞行骗

目前，作案人用假货和假钞进行诈骗的手段越来越“高明”，他们已经不像过去那样，一人拿着所谓的“名贵”假货直接来问被害人买不买，而是两人以上共同作案，扮演各种角色引诱被害人介入后，再“灵活机动”地针对不同的“猎物”变换不同的手法行骗：一是邀约被害人一起购买、一起“赚大钱”；二是通过抵押别的假货，向被害人借钱买“名贵”假货；三是制造混乱，以假钞换真钞。

（3）编造突发事件行骗

针对被害人的特殊心理编造突发事件，让其在焦急中上当受骗，是诈骗者的又一伎俩。近年来，诈骗者利用同学通信录上的地址和电话号码，以及在乘车途中了解到的情况，趁学生在回家或返校途中的机会打电话给学生家长，谎称学生突发疾病或出车祸，需要立即汇款给其做手术等进行诈骗。例如，家住农村的某校学生罗某某的父母，在家里接到自称唐老师的电话，称罗某某生病住院，急需交住院费，让罗的父母赶紧给指定的账号汇款。罗某某的父母非常着急，立刻按照电话提供的账号分2次共汇款5500元钱，后发现上当受骗，向公安机关报案。

（4）编造虚假中奖信息行骗

作案人的诈骗伎俩变化多端，令人防不胜防。有的以发短信、打电话的方法称机主号码中奖，通知机主先汇款，之后到某地领取奖品，从而对其进行诈骗。有的学生用手机回电话咨询中奖事宜，结果手机费用被下载。例如，某高校学生刘某在网吧上网玩游戏时，收到一条系统消息：“恭喜您成为今天的幸运玩家，请及时与QQ号为80691113的GM联系领取奖品”，刘某立即加了名为“盛大客服”的该号为好友。“盛大客服”以收取手续费为名，要刘某将379元钱汇往某中国邮政储蓄卡。刘某因沉浸在得奖的兴奋中，只简单用QQ与对方验证，当得知奖品为8000元人民币和价值13000元的手提电脑时，更对自己中奖的事实深信不疑，并将钱汇往该账号。当对方确认了刘某所汇出的款项时，进一步要求其再汇500元钱用做网络保障并承诺这笔钱将随奖金和奖品返还，刘某虽有些怀疑但经不住大奖的诱惑，还是找同学借款将钱汇出。当刘某再次询问何时领奖的时候，对方又提出领奖必须加入他们公司的无线上网业务，开通该业务另需交纳1200元费用。至此刘某才真正意识到上当受骗，愤然报警。

(5) 借用储蓄卡汇款行骗

骗子会冒充学生混进校园，谎称是北京、上海等名牌大学的学生来实习，或者说是大老板的子女来旅游，钱包被人偷窃，装出可怜的样子，先是借被害同学的电话卡打电话，故意安排同伙在北京、上海接听电话，承诺汇款，接着提出借同学的储蓄卡号码让家里电汇钱款救急。诈骗者就这样“循序渐进”，趁机把被害同学银行卡的密码骗到手，之后迅速将卡上的钱取出，溜之大吉。

(6) 投其所好，虚设诱饵行骗

作案人往往利用大学毕业生急于就业和出国等心理，投其所好，应其所急，施展诡计骗取财物。某重点大学应届毕业生李某为找工作，托人结识了自称与某厅领导的儿子有深交的王某。王某称只要1000元介绍费，找个工作没问题。谁知王某拿到钱后，再也不露面了。有的诈骗分子还伪造一套假身份证、假工作证、假公章、假招聘简章、假合同等，骗取求职人员的报名费。

(7) 以恋爱为名行骗

骗子还以同大学生交朋友谈恋爱的形式，既骗其感情，又骗其财物。某重点大学一位自考女生结识了一“男朋友”，“男朋友”对她“关怀备至”，经常带她吃喝玩乐，俩人还在外租房同居。没想到某天晚上，待该女生睡熟后，“男朋友”不辞而别，并卷走了她的手机和1000多元现金。

(8) 制造事端，趁机骗抢

几个诈骗分子结成团伙，相互分工、相互配合，由其中一人故意与大学生制造矛盾，然后借机向学生要求赔偿损失，其他成员则以中间人、打抱不平者的身份出现，诈骗甚至抢夺学生财物。社会上俗称“撞猴子”、“踩盘子”的诈骗就是这种伎俩。

2. 作案地点的流窜性

作案人为了躲避被害人的寻找，逃避公安保卫部门的缉捕，常常四处流窜，一旦诈骗得手，立即潜逃。由于作案人打一枪换一个地方，活动区域较广，给缉查工作造成了很大的困难。

3. 作案动机的复杂性

作案人的动机复杂多样，有的是为了钱财，有的是为了骗取女大学生的感情甚至肉体，也有的因为没有考上大学，心态不平衡，以行骗来发泄不满情绪。

4. 作案行为的反复性

由于诈骗的钱财来得比较容易，诈骗分子往往挥金如土，对钱的渴求，又促使他们频频作案。诈骗案件的立案起点较高，作案人被抓获后，常因诈骗金额较少，不能立案，只能采取行政手段处罚。作案人一旦恢复自由，又会重操旧业，铤而走险。另外，由于被害人文化层次较高，他们上当受骗后，虽懊悔不已，但又怕声张出去，有失体面。尤其是女大学生被诱奸后，为了顾全声誉，不少人不愿报案。作案人经常利用大学生们的这种心理，故伎重施，反复作案。

5. 危害结果的严重性

诈骗案虽然主要是一种侵犯财产权的犯罪，但对被害人的人身权也往往构成侵害。大学生基本上没有什么经济来源，是纯粹的消费者，诈骗分子把黑手伸向他们，不仅使他们不宽裕的经济雪上加霜，而且严重影响到大学生今后的生活和学习。有的大学生被骗后，财产受到损失，身心受到伤害，造成精神、心理压抑；有的诈骗案数额之大超出一般人的想象，给大学生及其家庭带来极大的打击。

（二）高校诈骗案的发案原因

诈骗分子之所以将诈骗目标盯在大学生身上，且屡屡得手，这除了诈骗分子“能说会道”，将谎言编得美丽动人，让人真假难辨外，更主要的原因在于部分大学生社会经验不足，单纯幼稚，辨别能力差，疏于防范。这主要表现为如下几点：

1. 思想单纯，轻信偏信

一方面，很多同学从小学、中学到大学都是“两耳不闻窗外事，一心只读圣贤书”，与社会接触较少，思想单纯，对一些人或事缺乏应有的分辨能力，更缺乏刨根问底的习惯，对于事物的分析往往停留在表象上，或根本就不去分析，使诈骗分子有可乘之机。另一方面，大学生有较强的社会交往愿望，喜欢交朋结友，容易认识和接触一些别有用心的人员。

2. 感情用事，疏于防范

帮助有困难的人，这是我国的优良传统，是值得我们继承和发扬的。但如果不假思索地去“帮”一个不相识或相识不久的人，这是很危险的。然而遗憾的是，我们有不少大学生就是凭着那种幼稚、不作分析的同情、怜悯之心，一遇上那些自称走投无路急需帮助的“落难者”，往往就会被他们的花言巧语所蒙蔽，继而“慷慨解囊”，自以为做了一件好事，殊不知已落入骗子设下的圈套。

3. 急于求成，轻率行事

高校大学生思想活跃，参与意识很强，希望通过参加各种社会实践活动或勤工俭学丰富自己的社会阅历，提高自己适应社会的能力，为将来走上工作岗位，从而更好地实现自我价值打好基础。由于大学生社会交往的局限，信息来源较少，且无时间、精力到处收集分析信息资料，常常盲目相信各种媒体广告或到处张贴的小广告，只要有信息，便不加辨别地认为是真实可靠的，因而钻进诈骗分子事先设计的圈套，上当受骗。

4. 人生观和价值取向的偏差

随着市场经济深入发展，东西方文化交流加强，我国社会经济、文化、生活发生了很大变化，传统的人生观和价值观受到严峻挑战。部分大学生不能树立正确的人生观和价值观，贪图享受，爱慕虚荣，往往难以抵御外界的诱惑，常因贪小便宜而上当受骗。

三、大学生防范诈骗案件的一般策略

（一）多学习、多观察，认识社会

通过报纸、电视、广播等媒体，可以了解千变万化的世界；通过法律学习，知道自己有哪些合法权利；通过学校组织的安全防范教育活动，可以了解相关的案例，更多地掌握一些防范知识。这些学习和交流，丰富了大学生对社会的理解和认识，有助于提高大学生分辨是非的能力。

（二）慎重交友，不感情用事

结交朋友要择其善者而为之。朋友之间，应志同道合，相互理解和支持，应是真挚的感情交流而不是简单、庸俗的利益关系；要严格做到“四戒”，即戒交低级下流之辈，戒交挥金如土之流，戒交吃喝嫖赌之徒，戒交游手好闲之人。与人交往要区别对待，保持应有的理智。对于熟人或朋友介绍的人，要注意观察，学会“听其言，观其色，辨其行”，而不能简单地认为“朋友的朋友就是朋友”；对于初识的朋友，不要轻易“掏心窝子”，更不能言听计从，受其摆布。

（三）加强个人修养，克服不良心理

不良心理常常成为大学生上当受骗的成因，拥有一个健康而理性的心理是大学生预防诈骗案件的重要手段。要加强个人修养，树立正确的世界观、人生观、价值观。在与同学、老乡、朋友的交往中，懂得尊重他人，强调自立意

识。要拥有爱心，乐于助人，但不被坏人利用；不投机取巧、贪图便宜，用平常心与人交往，不急功近利，不为虚荣心所驱使。

（四）增强自我防范意识

对不熟悉的人不要轻易讲出自己或同学的姓名、家庭住址、电话、社会关系等个人资料。对突然出现的老乡、校友、朋友、老师等，要多想、多问、多核实，做到心中有底，讲究分寸，多留一个心眼。

（五）注意与同学和老师相互沟通

注意与同学和老师相互沟通。班集体是校园中最基本的组织形式，在这个集体中，同学间、师生间的友谊比什么友情都珍贵，彼此间应该加强沟通和帮助。在自己拿不定主意时，最好与同学、老师商议斟酌。不要把个人交往看成是纯粹的个人隐私。有些交往，在合适的范围内适当透露和公开，更符合安全需要，特别是在自己觉得可能会吃亏上当时，与同学、老师沟通，能够及时避免诈骗案件的发生。

（六）慎重对待他人的财物要求

人人都需要别人的帮助，同学、老乡、朋友之间有一时急用，相互借贷是正常的，也较为安全。但应当考虑信誉和偿还能力，三思而行。"陌生人之间只存在赠与，不存在借贷"，你可以出于同情而施舍于你不认识的人，却无法在借贷关系中从他那里得到偿还。

四、大学生受骗后的处置办法

对于诈骗行为，应以"积极预防，严厉打击"为原则，我们在积极预防的基础上，对于那些诈骗分子也要严厉打击。

诈骗分子的目的一般在于骗取财物，人身攻击性较小。所以，同学们要敢于和诈骗分子作斗争，当你知道受骗后要善于与之周旋，勇于抓获犯罪分子。发现犯罪分子逃跑后，应立即到公安机关或学校保卫部门报案，提供诈骗分子的体貌特征和其他有价值的线索，如实述说自己的被骗经过，以便公安部门及时破案。

另外，同学中一旦有人受骗，其他知情同学也应及时向学校保卫部门报案，并如实反映情况，提供真实线索，争取尽快破案。

第三节 防抢劫和防抢夺

一、抢劫罪与抢夺罪

（一）抢劫罪

抢劫罪，是指以非法占有为目的，以暴力、胁迫或者其他方法，强行劫取公私财物的行为。本罪除了侵犯了他人财产外，还侵犯了他人的人身权利。这既是抢劫罪区别于其他财产犯罪的重要标志，又使抢劫罪成为侵犯财产罪中最严重的犯罪。抢劫罪的主要特征是：

（1）本罪的客观要件是当场使用暴力、胁迫或其他强制方法，强行劫取公私财物。暴力、胁迫或其他强制方法，是抢劫罪的手段行为；强行劫取公私财物是抢劫罪的目的行为。“暴力方法”，是指对财物的所有人、占有人、管理人不法行使有形力，使被害人不能反抗的行为，如殴打、捆绑、伤害、禁闭等。“胁迫方法”，是指以当场立即使用暴力相威胁，使被害人产生恐惧心理因而不敢反抗的行为，这种胁迫也应达到足以抑制对方反抗的程度。“其他方法”，是指除暴力、胁迫以外造成被害人不能反抗的强制方法。最典型的是采用药物、酒精使被害人暂时丧失自由意志，然后劫走财物。

（2）本罪的客体是复杂客体，即不仅侵犯了公私财产的所有权，同时也侵犯了被害人的人身权利，往往造成人身伤亡。

（3）主观方面是直接故意，并以非法占有公私财物为目的。直接故意包含两层意思：一是对公私财产非法占有的直接故意；二是对使用暴力的直接故意。如果行为人只是抢回自己被他人非法占有的财物，而不具有非法占有他人财物的目的，即使造成伤害，也不构成抢劫罪，但有可能构成伤害罪。

（4）犯罪主体为一般主体。根据《刑法》规定，已满 14 周岁，具有辨认控制能力的自然人即可成为本罪的犯罪主体。

抢劫罪是侵犯财产罪中危害最大、性质最严重的犯罪。《刑法》规定限制行为能力人（14~16 周岁）对抢劫罪负刑事责任，说明了刑法对抢劫罪的严厉态度。抢劫罪的最低法定刑是 3 年有期徒刑并处罚金，最高法定刑是死刑并处罚金。在实践中，如果行为人使用轻微的威胁手段进行抢劫，如强索、强吃少量食品，数额极其有限，情节显著轻微而危害不大的，应属一般违法行为，不宜定为抢劫罪。

（二）抢夺罪

抢夺罪，是指以非法占有为目的，趁人不备，公开夺取数额较大公私财物的行为。抢夺罪的主要特征是：

（1）本罪的客体是仅限于公私财产，而且应是数额较大。根据《刑法》规定，抢夺的财物必须是数额较大的，才构成抢夺罪，数额不大、情节显著轻微的，不以犯罪论处。

（2）本罪的客观方面，表现为趁人不备，公开夺取数额较大的公私财物的行为。一般是趁财物所有者或保管者不备的情况下抢夺财物，行为发生的时间短暂，被害人会立即意识到财物的损失，这是抢夺罪的重要特点。

（3）本罪的主观方面是直接故意，并具有非法占有公私财物的目的。

（4）本罪的主体为一般主体，即年满 16 周岁具有完全行为能力的自然人。

根据《刑法》规定，抢夺公私财物，数额较大的，处 3 年以下有期徒刑、拘役或者管制，并处或者单处罚金；数额巨大或者有其他严重情节的，处 3 年以上 10 年以下有期徒刑，并处罚金；数额特别巨大或者有其他特别严重情节的，处 10 年以上有期徒刑或者无期徒刑，并处罚金或者没收财产。携带凶器抢夺的，按照抢劫罪处罚。

（三）抢劫罪与抢夺罪的主要区别

（1）侵犯的客体不同。抢劫罪侵犯的是复杂客体，即公私财产所有权和公民人身权，而抢夺罪侵犯的仅是财产所有权。

（2）客观方面的表现不同。在实施犯罪过程中，抢劫罪是对被害人采用暴力、胁迫或其他强制方法，而抢夺罪始终不使用这些方法。尽管抢夺财物也使用一定暴力，但它只作用于被抢夺的财物，不是作用于被害人人身，故不直接侵犯被害人的人身权利。如果行为人在抢夺财物的过程中，因用力过猛，无意中造成被害人受伤的，因不属于故意使用暴力，仍应定为抢夺罪，造成伤害作为抢夺罪的情节从重处罚。

（3）对构成犯罪的财物数额的要求不同。构成抢夺罪必须“数额较大”，构成抢劫罪无此要求。抢夺罪重在保护公民的财产权利，抢劫罪重在保护公民的人身权利。

（4）处罚不同。刑法对抢劫罪的处罚重于对抢夺罪的处罚。抢劫罪的最低法定刑是 3 年有期徒刑并处罚金，最高法定刑是死刑并处罚金；抢夺罪的最低法定刑是 3 年以下有期徒刑、拘役或者管制，并处或者单处罚金，最高法定刑是无期徒刑并处罚金或者没收财产。

近几年，抢劫、抢夺案件在高校时有发生，影响十分恶劣，已引起公安机关和学校保卫部门的高度重视。

二、高校抢劫、抢夺案件的一般特点及发案原因

（一）高校抢劫、抢夺案件的一般特点

（1）从攻击的目标来看，一是外出取款归来的人；二是佩戴金项链、金戒指等贵重饰品的人；三是正在拿着手机通话或拨打电话号码的人；四是衣服上没有更多的口袋，用小皮包专放钱包和手机等贵重物品的人；五是兼具上述 4 种情况且单独行走的人（特别是女性）。

（2）从作案的地点来看，一是容易发生在比较偏僻、阴暗、人少的地带；二是容易发生在远离宿舍区的小山上、树林中、无灯光的人行道上，正在兴建的建筑物内或者谈恋爱便于滞留的地方；三是容易发生在作案人实施作案后便于逃跑的多岔路口或立交桥底下。

（3）从作案的时间来看，一是容易发生在天快黑的时候；二是容易发生在深夜和清晨人少的时候；三是容易发生在午休的时间；四是容易发生在春暖花开适宜谈情说爱的季节；五是容易发生在开学时（学生身上携带的钱物多）、过年过节前。

（二）高校抢劫、抢夺案件的发案原因

不法分子之所以敢于屡次在高校及其周边公然抢劫、抢夺大学生财物，除了目前高校周边治安环境复杂，无业、外来人员增多等社会因素外，还因为大学生一是身单力薄，尤其是女生独处时，反抗能力有限；二是当今大学生一般都随身携带了手机、MP4 等贵重物品，不法分子作案后“获利”较大；三是不少大学生喜欢“晚归”，或常常在校园偏僻处逗留，不法分子作案后学生报案不及时，便于逃离现场等。

三、大学生有效避免抢劫、抢夺的一般策略

针对高校抢劫、抢夺案件发生的一般特点，大学生应做好相应的防范，避免遭到抢劫、抢夺，或尽量减少损失。即使不幸遭到抢劫、抢夺，也要正确应对，确保自己的人身安全。

第一，慎选取款点。

不要在路边设置的自动取款机里取数额较大的现金，尤其是夜间的时候，因为这样做容易被不法分子跟踪、抢夺或拦路抢劫。

第二，避免露“富”。

单独外出不要带过多现金，不要外露或向人炫耀随身携带的贵重物品和现金。

第三，结伴外出。

如携带数额较大的现金或贵重物品时，要约上同学、朋友结伴而行。

第四，贴身装带。

现金或贵重物品尽量放在贴身的口袋里，不要置于手提包或挎包内。

第五，谨防“飞车党”。

在人行道上行走时，尽量不要靠近机动车道，以免飞车夺包；骑自行车时一定要提高警惕，现金和贵重物品要贴身携带，不要把装有财、物的包挂在车头。

第六，少走偏僻路段。

单独一人外出时，不要图近选择偏僻而又多岔路口的路线，因为那些地方坏人作案时方便隐蔽，作案后又便于逃跑。

第七，勿轻易赴约。

不要轻易受骗至偏远地方，以免遭受抢劫。

第八，勿在偏僻的地方逗留。

高校校园面积一般较大，绿化带较多，作案人装扮成学生混进校园在天黑前伺机作案的情况时有发生，同学们要避免孤身处于校园的偏僻之所。

第九，警惕被跟踪。

注意观察身边的情况，发现有人跟踪盯梢或有不三不四的可疑人尾随时，应随机应变，向旁边的行人求助或尽量朝人多的地方行走。

第十，避免“晚归”。

大学生或因自习而晚归，或因在外娱乐而晚归，或因恋爱、约会而晚归。很多案例证明，晚归的大学生常常成为不法分子伺机抢劫、抢夺的对象。

四、遭遇抢劫、抢夺时的应对方法

（一）遭遇抢劫时的应对方法

遇到抢劫时，要沉着应对，克服畏惧、恐慌情绪，要冷静分析自己所处的环境，对比双方的力量，针对不同的情况及时采取不同的对策。

（1）有制服犯罪分子的可能性时，应大胆采取反击措施。因为抢劫犯的目的是为了获取钱财，必然要对受害人实施搜身搜包，与你进行直接、正面接触，加上这时罪犯求财心切，又想尽量缩短作案时间，往往只顾搜查，而忽视或不能顾及你的防范。这时对你来说，则是不可多得的机会，应不失时机地制服罪犯。反击的要领：充分利用一切可利用的手段，如倒地后抓土抓沙朝歹徒脸上撒去，用身边可利用的一切器材如木棍、水瓶、石头击打对方；以最大的力量攻击歹徒要害部位如眼睛、太阳穴、鼻、裆部等；击打时应做到“稳、准、狠”，不反击则已，一反击便达到使对方暂时无力攻击的目的。

(2) 确无能力或无办法时，应“舍财不舍命”，切不可打无把握之仗，拿自己的生命去作赌注。按犯罪分子的要求交出部分财物，要保持镇定，与犯罪分子“套近乎”，表示自己并无反抗的意图，使犯罪分子放松警惕，看准时机反抗或逃跑。但当遇到极凶残的歹徒时，必须“破财挡灾”，千万不能硬碰硬。

(3) 有可能的话，可大声呼救、高声呵斥或故意与犯罪分子说话，从心理上战胜犯罪分子。犯罪分子虽凶残，但心理上也有脆弱的一面，我们可利用这一点进行“语言反抗”，在心理上战胜对手。

(4) 要紧记犯罪分子的特征和其他情况。尽可能准确地记下犯罪分子的身高、年龄、体态、衣着、疤痕等特征及逃跑方向。

(5) 在最短的时间内向公安机关、学校保卫部门报案。报案时应迅速准确地说清案发地点、犯罪分子的特征及有关情况，为公安保卫部门提供线索，以便公安保卫部门能马上组织力量追捕犯罪分子。

(6) 犯罪分子逃跑时，应大声呼叫，并奋力追赶犯罪分子，但要注意与犯罪分子保持一定的距离。同时充分发动周围的师生、群众进行堵截、追捕，迫使犯罪分子放弃所抢的物品。

(二) 发生抢夺时的应对方法

(1) 保持镇定。只有保持镇定，才能做出正确的反应，切忌手忙脚乱。

(2) 大声呼叫，并追赶犯罪分子，迫使犯罪分子放弃所抢物品。若无能力制服犯罪分子，可保持距离紧追不舍并大声呼叫，及时向周围的师生、群众请求帮助。

(3) 若追赶不及，要注意犯罪分子的特征，如身高、年龄、体态、发型、衣着、口音等。被飞车夺包的要记住车牌号码、车子的颜色、车型以及犯罪分子逃跑的线路、方向等。

（4）及时报案。受害人必须及时向公安机关、学校保卫部门报案，提供尽可能详细的线索，以便及时侦破案件。

（三）选择对策时的几点原则

总的来说，无论遭受抢劫还是抢夺都具有突然性，所以要保持精神上的镇定和心理上的平静，下面谈谈选择对策的几点原则：

1. 确保自身安全的原则

实施抢劫的犯罪嫌疑人心狠手辣，多数是带着凶器作案或两人以上共同作案，他们在作案前都有充分的准备和周密的计划，如怎样配合、抢劫目标叫喊和反抗时怎么办，等等。因此，同学们万一遭受抢劫或抢夺，不要盲目地做出反应，要以确保自身安全为原则。

2. 设法求助和逃脱的原则

一是往人多的地方、灯光强的地方和宿舍区奔跑；二是借助有利地形，利用身边的石头、砖头等足以自卫的武器与作案人僵持，采用语言反抗的方法，理直气壮地对作案人进行说服教育，使作案人短时间无法接近，以引来援助者和给作案人造成心理上的压力；三是当自己已处于作案人控制之下时，可按作案人的需求交出部分财物，表明自己已交出“全部”财物且无反抗意图，从而麻痹对方，使其放松警惕，自己寻找机会逃脱。

3. 间接反抗的原则

遭受抢劫的情况多数是敌强我弱，直接反抗不但无效反而会吃亏，所以可采取间接反抗的方法，即趁其不注意时在作案人身上有意留下暗记，如在其衣服的某个部位上擦点血迹或放上可识别的物件；在作案人得逞逃跑时，要特别注意其逃跑方向，努力为公安机关侦查破案打下基础。

4. 及时报案的原则

作案人得手后，有可能在学校附近的商店、餐厅挥霍，也有可能相隔一两天后得意忘形地继续在校园内寻找下一个抢劫的地点和目标。高校一般都有较为严密的防范机制，被害人如果能准确描述作案人特征，将有利于有关部门及时组织力量布控，抓获作案人。在校外被抢者，要及时到就近公安派出所报案。

五、防敲诈勒索

除了抢劫和抢夺，大学生也可能会碰到敲诈勒索的问题。

（一）敲诈勒索的含义

敲诈勒索是指以非法占有为目的，对他人实行威胁，索取数额较大的公私财物的行为。其基本构成是：行为人以非法占有为目的对他人实行威胁——使被害人产生恐惧心理并基于恐惧心理被动做出交付财产的决定——行为人取得财产。

其主要形式有：

（1）预谋性的敲诈勒索。其中包括：利用被害人的某些过错或隐私进行敲诈勒索；制造假象进行敲诈勒索等。

（2）突发性的敲诈勒索。

（二）预防和应对敲诈勒索的一般策略

为了有效地预防及应对自己被敲诈勒索，应注意以下几点：

（1）不贪不义之财，不做违法乱纪之事，不授人以柄。俗话说："身正不怕影子斜。"自己行为端正，这在很大程度上消除了预谋性的敲诈勒索产生的条件。

（2）注意隐私保密。对于不相识的人，不可随意倾诉自己的真实情况，更不能留下自己的姓名、地址。

（3）一旦遇上敲诈勒索，切不可"私了"。当你面对犯罪分子的要挟和恐吓时，要保持清醒和冷静，应严词斥责，大胆反抗，同时向公安机关和学校保卫部门报案，切不可"私了"。大量的事实证明，"私了"只会使犯罪分子得寸进尺。不要相信犯罪分子还有什么信用可言。即使你有过一点过错，也不要怕犯罪分子的要挟和恐吓。要知道，犯罪分子就是利用这些小问题进行敲诈勒索的，你越害怕暴露，犯罪分子就越嚣张。另外，对于你的隐私，公安机关、学校保卫部门是有义务和责任为你保密的。

（4）积极配合公安保卫部门工作。报案后，要大胆、详尽地回答侦查人员的问题，不能因顾及面子而隐瞒情况。同时要与公安机关、学校保卫部门保持密切联系，对于犯罪分子提出的新要求、出现的新情况，应及时向公安机关、学校保卫部门报告，切不可单独行事。只有这样，才能坚决地打击违法犯罪行为，才能更好地保护你的合法权益。

第九章 心理健康安全

托尔曼在就任美国心理学会主席时，提出了“心理人”（Psychological Man）这一概念，他从心理学本身所包含的意义和价值出发，呼吁世人重视自己的内心世界和精神生活，注重生活的品质，注重生活中的心理感受和意义。

健康幸福的生活是人们的共同追求。我们需要创造一种关注生理自我、培养健全人格、适应社会生活、保持良好情绪、发展协调的人际关系以及赋予生命价值与意义的健康、和谐、快乐的生活方式。

当前，由于各种原因，大学生心理问题日益凸显，有的学生因此付出惨痛的代价，尽管大学生并非心理障碍和心理疾病的高发人群，但大学生的心理健康状况也不容乐观。引导学生注意心理健康安全，预防心理疾病，解除心理障碍，提高心理健康水平，学会心理调适方法，以最佳状态对待人生和世界，在遇到困难、挫折或处在人生难以逾越的低谷时，能够很好地疏导自己，化险为夷，度过生命中的困难时期，乐观向上地生活，健康地成长，成为一个有益于社会的人，十分必要。

第一节 心理健康标准

科技的发展与经济的腾飞，在带来社会精神文明的进步与物质财富的丰富的同时，也带来了社会竞争的加剧与人们压力的增大，人们在遭受越来越多越来越大的各种社会与心理的紧张刺激时，内心的安宁受到影响，焦虑感、抑郁感普遍加大，身心健康受到威胁甚至损伤。健康，越来越受到人们的重视，成为了一个时代的话题。

一、健康与心理健康

（一）健康

1. 健康新概念

1948 年世界卫生组织（WHO）成立时，其宪章开宗明义地指出："健康，不仅仅是要求没有疾病（disease）或者虚弱（infirmity）状态，而且是指一种躯体、精神和社会适应完整良好的状态（WHO defines health as a state of complete physical，mental，social wellbeing and social ethics.）。"① 按照 WHO 对健康的定义，真正能够达到健康水准的人恐怕为数不多。再者，身体有病无病，随着社会和科学技术的不断发展，对其认识也在发展和变化。但由此我们可以看出，衡量一个人是否健康，必须从生理、心理、社会与行为等方面全面考察，不仅仅看其是否存在器质性或功能性异常，还要考察其是否有主观不适感与社会公认的不健康行为。

Halbert Dunn 在世界卫生组织提出的健康三分法的基础上，增加了智力方面（理性思维过程）与精神方面（心灵的或精神的），使健康具有 5 个方面的内容，即衡量健康必须从躯体、社会、情绪、智力与精神方面考察。这被称为"健康五分法"。②

近年来还有一个常见的关于健康的概念是亚健康。亚健康是世界卫生组织于 20 世纪 80 年代提出的，指的是"人体除了健康状态和疾病状态以外，存在着的介于两者之间的第三状态，即潜病状态"。③ 主要特点是生理、心理活力降低，适应能力呈现不同程度减退现象，但作理化检查时未发现异常或处于临床状态，没有出现功能性或器质性病变。

2. 健康的标准

世界卫生组织 1948 年在宪章中提出了健康的 10 条标准：

---

① Bernard L. Bloom. *Health Psychology: A Psychosocial Perspective. Englewood Cliffs, N. J. Prentice Hall*, 1988.

② 郑希付主编：《健康心理学》，华东师范大学出版社 2003 年版，第 3 页。

③ 于智敏：《走出亚健康》，人民卫生出版社 2003 年版，第 10 页。

(1) 精力充沛，能从容不迫地应对日常生活和承受工作的压力，而不感到过分紧张。

(2) 处事乐观，态度积极，乐于承担责任，不论事情大小都不挑剔。

(3) 善于休息，睡眠良好。

(4) 应变能力强，能适应环境的各种变化。

(5) 能够抵抗一般性感冒和传染病。

(6) 体重适中，身材匀称，站立时头、肩、臂位置协调。

(7) 反应敏锐，眼睛明亮，眼睑不发炎。

(8) 牙齿清洁，无空洞，无痛感，不出血，齿龈颜色正常。

(9) 头发有光泽，无头屑。

(10) 肌肉、皮肤富有弹性，走路轻松有力。

从这 10 条标准可以看出，健康包括身体健康与心理健康，是身体健康与心理健康的和谐统一。这是对健康较为全面、科学、准确的定义。

3. 健康水平

健康水平一般用分级表示，而且不同的研究者有不同的表达模式。格林伯格（Greenberg，1944 年）提出了健康五级分类模式，即健康水平可分为死亡、疾病、一般意义的生理健康、情绪和精神水平的提高、最佳健康水平：完美。由此可见死亡是健康的彻底终结，健康的低级状态是生理疾病与生理健康问题，其次是心理健康层面问题，健康的高级水平是身心健康的完美结合。

格林伯格用“健康—疾病连续体”来表示健康水平的五级分类。如图 9-1 所示。

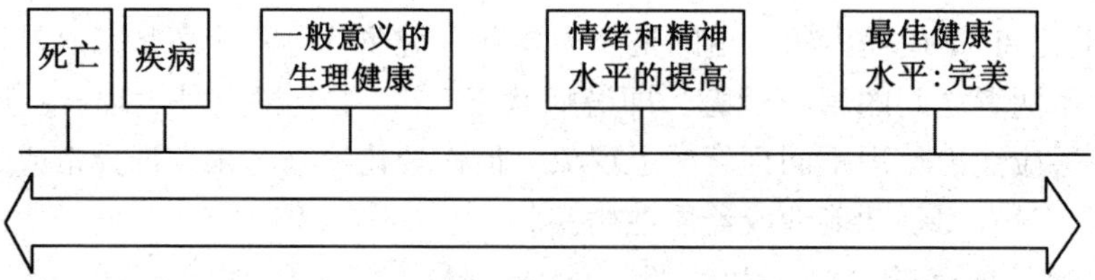

图 9-1 格林伯格健康水平示意图

(二) 心理健康

1. 心理健康的概念

心理健康是相对于生理健康而言的，是健康的重要组成部分，是由科技、文化和社会发展所决定的一种从多元的视角来认识健康的结果。

1946 年第三届国际心理卫生大会为心理健康下了这样的定义："所谓心理健康，是指在身体、智能以及情感上与他人的心理健康不相矛盾的范围内，将个人心境发展成最佳状态。"① 这告诉我们，心理健康是指个体对环境的高效而满意的适应，在这种状态下，人的生命具有活力，人的潜能得到开发，人的价值能够实现。

世界心理卫生联合会也曾明确提出了心理健康的 4 个标志：

其一，身体、智力、情绪十分调和。

其二，适应环境、人际关系中彼此能谦让。

其三，有幸福感。

其四，在工作和职业中能充分发挥自己的能力，过有效率的生活。

2. 心理健康的等级

心理学家将人的心理健康水平大致分为 3 个等级：

一是一般常态心理者。这部分人表现为心情经常处于愉快的状态，适应能力强，善于自我调节，能较好地完成同龄人发展水平能够做到的。

二是轻度失调心理者。这部分人在遇到学习、生活中的烦恼时，容易产生抑郁、焦虑等情绪状态，自我调节能力弱，人际交往中略感困难。他们通过专业人员的帮助，可维持心理健康。

三是严重病态心理者。这部分人表现为严重的适应失调，已影响正常的生活和学习，若不及时进行心理咨询和治疗，就会加重病情，以至难以维持正常的学习和工作。

3. 心理健康与生理健康的交互关系

心理健康和生理健康不是彼此孤立，而是互相联系、交互作用的。人体是一个整体，身心功能紧密相关，互为因果，这是现代全面健康概念的出发点。躯体健康是心理健康的基础和前提，心理健康是躯体健康的保证和动力。一个人只有处于全面健康状态，才能维持身心平衡的协调稳定，消除各种精神压力，更好地适应现代社会生活。

心理健康影响生理健康。中医将心理因素归纳为七情，即喜、怒、忧、思、悲、恐、惊，认为只要其中任何一种表现过度，就会造成身体的不适。

《素问·疏五过论》云："暴乐暴苦，始乐后苦，皆伤精气，精气竭绝，

---

① 李百珍：《青少年心理健康教育与心理咨询》，科学普及出版社 2003 年版，第 17 页。

形体毁沮。暴怒伤阴，暴喜伤阳，厥气上行，满脉去形……忧恐喜怒，五脏空虚，血气离守。”现代医学研究发现，任何心情的变化都可以传递到身体的每一个细胞，或加强或削弱机体的防御能力。轻松、愉快的心情可以增强免疫力，甚至还能延长绝症患者的寿命；相反，抑郁、紧张的心情则会降低机体的免疫力。长时间的焦虑、紧张、恐惧、愤怒、敌意、抑郁易导致血压升高，罹患躯体疾病。

同样，生理健康也影响人们的心理健康。人如果长期疾病缠身或身患不治之症，可能导致其心情恶变，郁郁寡欢，自卑焦虑，致使个体罹患心理疾病。

因此，现代医学认为，在一切对人不利的影响中，最使人短命死亡的，是不好的情绪和恶劣的心境。

二、大学生心理健康的标准

（一）大学生心理健康的标准

对于大学生心理健康的标准，我国许多心理学工作者都进行了研究。所提出的心理健康标准可谓同中存异，异中有同。

王登峰、张伯源在其主编的《大学生心理卫生与咨询》一书中提出了大学生心理健康的 8 条标准：

1. 了解自我，悦纳自我

能够体验到自己存在的价值，既能了解自己又能接受自己，有自知之明，即对自己的能力、性格和优缺点都能做出恰当的、客观的评价；对自己不会提出苛刻的、非分的期望与要求；生活目标和理想切合实际，因而对自己总是满意的；同时，努力发掘自身的潜能，即使对自己无法弥补的缺陷，也能安然处之。

2. 接受他人，善与人处

乐于与人交往，能接受自我也能接纳他人，能认可别人存在的重要性和作用；能为他人和集体理解与接受，人际关系协调和谐；在生活的集体中无孤独之感；在与人相处时，积极的态度总是多于消极的态度，在社会生活中有较强的适应能力和较充足的安全感。

3. 正视现实，接受现实

能够能动地适应现实，进一步改造现实，而不是逃避现实；对周围事物和环境能做出客观的认识和评价，并能与现实环境保持良好的接触；既有高于现实的理想，又不沉湎于幻想与奢望；对自己的力量有充分的信心，对生活、学习和工作中的各种困难和挑战能妥善处理与面对。

4. 接受生活，乐于工作

能珍惜和热爱生活，积极投身于生活，并在生活中尽情享受人生的乐趣。还在工作中尽可能地发挥自己的个性和聪明才智，并从工作中获得满足和激励；同时也能把工作中所积累的各种有用的信息、知识和技能储存起来，便于随时提取使用。

5. 能协调和控制情绪，心境良好

愉快、乐观、开朗、满意等积极情绪总是占优势；能适度地表达和控制自己的情绪，喜不狂，胜不骄，败不馁，谦而不卑，自尊自重，在社会交往中既不妄自尊大，也不退缩畏惧，对于无法得到的东西不过于贪求；对于自己能得到的一切感到满意。

6. 人格完整和谐

人格作为人的整体的精神面貌能够完整、协调、和谐地表现出来；思考问题的方式是适中与合理的，待人接物常常采取恰当灵活的态度，对外界刺激不会有偏颇的情绪和行为反应；能够与社会的步调合拍，也能和集体融为一体。

7. 智力正常，智商在 80 以上

智力正常是人正常生活最基本的心理条件，是心理健康的重要标准。智力是人的观察力、记忆力、想象力、思考力和操作能力的综合。

8. 心理行为符合年龄特征

具有与同年龄多数人相符合的行为特征。如果心理行为经常严重偏离自己的年龄特征，一般都是心理不健康的表现。

（二）正确理解与运用大学生心理健康标准

正确理解与运用大学生心理健康标准，应注意如下几点：

1. 心理健康与否是相对的

人的心理是精神现象，判断一个人的心理是“正常”还是“异常”，并没有明确的和绝对的界限，只是程度的差异。人的心理及行为由良好的健康状态到严重的疾病状态之间有一个广阔的过渡带，是一个由“正常”逐渐向“异常”、由量变到质变，并且相互依存和转化的连续谱。如图 9-2 所示。

2. 心理健康与否是可变的

由上面分析可知，心理健康水平虽然分为不同等级，但心理健康状况是动态的。人们的心理健康状况随着环境的变化、认知的调整、经验的积累，是不断改变的。判断人们的心理状况是否健康，主要指近一段时间，既不代表过去，也不代表未来，但与过去、将来有一定联系。

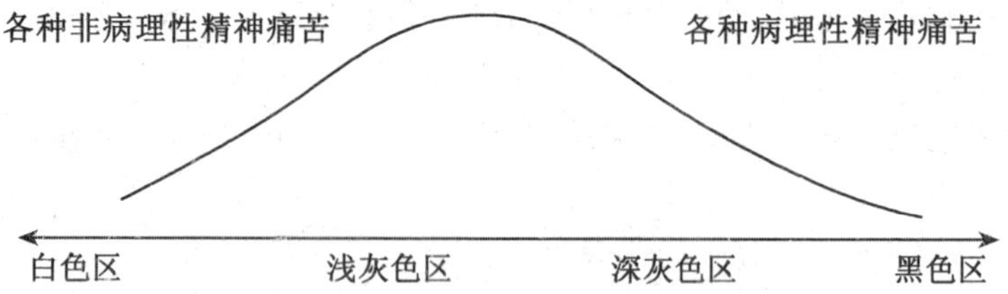

注：白色区——健康人格　浅灰色区——有心理冲突者
深灰色区——人格异常者　黑色区——人格变态者

图 9-2　心理问题的程度与范围

3. 心理健康标准是理想的

生活在现实社会中的每一个人都在一定程度上存在心理问题，即人的心理问题是普遍存在的，只是程度不同而已。心理健康的标准是一种理想尺度，不仅为人们提供了一个衡量心理是否健康的标准，同时也为人们指明了发掘心理潜能，提高心理健康水平的努力方向。

三、心理健康的价值和意义

（一）只有心理健康才能更好地承担社会职责

当今世界，科学技术飞速发展，国际竞争日趋激烈，而各国的竞争主要体现为人才质量的竞争，人才资源将是未来社会最重要的资源。中华民族实现伟大复兴，就必须有同现代化要求相适应的数以亿计的高素质的创新人才。大学生要迎接未来的挑战，成为建设中国特色社会主义的有用之材，必须具有良好的科学文化素质、思想道德素质、身体素质和心理素质。

现代科学技术日益以综合方式整体推进，要求通过多学科的融合来解决各种问题。21 世纪人才的关键素质不仅要具有体现科学和技术结合的基础知识和实践能力，还必须发展合作与沟通能力、承受压力与挫折的能力以及情绪管理能力。

正是在这个意义上，我们说，大学生只有具有良好的心理素质，才能更好地承担国家与民族赋予的历史使命。

（二）只有心理健康才能更好地发展自己

塑造良好的个性心理品质，提高社会适应能力、挫折承受能力和情绪调节能力，是大学生完成学业、顺利适应与主动发展的需要。

古希腊哲学家赫拉克利特指出："如果没有健康，智慧就难以表现，文化无从施展，力量不能战斗，财富变成废物，知识也无法利用。"对大学生来说，只有具有稳定的情绪、广泛的兴趣、充分的自信、高度的自律、刻苦的精神、坚忍的毅力等良好的个性心理品质，才能更好地跋涉书山，完成学业。

大学生面临一系列人生发展重大课题，要在认识自我、规划人生、管理情绪、应对挫折、科学思维、恋爱交友、开发潜能、优化个性品质、培养社会责任感等方面取得经验，全面、健康而均衡地发展。大学生只有拥有健康的心理，以积极的方式探索自我、融入人群、化解压力、获得成长，才能不断使身心素质得到充分发展和全面提升。

（三）只有心理健康才能更好地幸福生活

我们追求幸福生活，而幸福的生活在于体验。我们常说主观幸福感，对幸福的感觉是一种心理能力，是人对世界、对人类和对自己所持的一种态度。

有人研究发现，影响大学生主观幸福感的因素中，健康的影响十分显著。① 阿拉伯有句谚语："有了健康就有了希望，有了希望就有了一切。"健康是影响人生幸福的第一财富。

按照心理学的界定，主观幸福感是评价者个人对其生活质量的整体评估，是衡量个人生活质量的重要综合性心理指标，它包括认知和情感两个基本组成成分。

影响个人生活满意度的主观因素包括个体的人格特质、价值观念、归因方式、对待事物的态度和取向等与认知有关的因素。自我接受、助人、亲和性等有关的内在价值目标，是自然需要和生长需要的表达，比美貌、名誉、金钱等外在目标，对主观幸福感意义更大。利导思维提升幸福感，弊导思维降低幸福感。乐观者"知足常乐"，悲观者则相反。对积极情感反应的心理倾向性强者，常因积极事件的发生会带来更加强烈的幸福感。

"你向世界微笑，世界也向你微笑!"个人内部心理建构决定生活事件如何被感知。让自己的内心充满自信、满足、博爱，我们就创造了幸福。

---

① 何瑛：《重庆大学生主观幸福感状况及其影响因素》，《重庆师专学报》2000年第2期。

第二节 大学生常见心理疾病的特点

大学阶段是一个人身心成长发育的关键时期。大学生作为有较高智力、较高文化水平与较强自尊心的群体，酬夙愿而步入殿堂，比一般青年有更高的抱负与追求，面临更多的机遇与选择，应该是意气风发，“少年不识愁滋味”的。而事实上，“郁闷”成了大学生的口头禅，他们中的一些人深感焦虑、抑郁，出现心理障碍，甚至爆发心理危机。这，究竟为什么？

一、大学生心理疾病产生的原因

（一）生物学因素

心理障碍的生物学因素，包括遗传、体质、解剖结构、生理、生化及躯体损伤等方面。① 素质—应激理论认为，人的某种基因或基因组合可以造成一种素质，具有这种素质的人对某些心理障碍有体质上的易罹患性，他们在遭遇某种难以应对的应激时，其遗传素质使他们倾向于做出剧烈而持久的反应，产生心理疾病。

1. 遗传因素

个体的躯体、气质、智力、神经过程的活动特点受遗传的影响，因而，医学模式认为，遗传因素在精神疾病中起重要作用。Gottesman & Shields（1966）曾就精神病中的双生子进行了研究：Ⅰ，同病住院；Ⅱ，亦住院，但所患非精神病；Ⅲ，虽心理异常但未住院；Ⅳ，正常，研究结果如表 9-1。结果发现，

表 9-1 精神分裂症与双生子类别的关系

等级	同卵		异卵	
	人数	%	人数	%
Ⅰ	10	42	3	9
Ⅱ	3	12	3	9
Ⅲ	6	25	9	27
Ⅳ	5	21	18	55
总计	24	100	33	100

① 梁宝勇、王栋：《医学心理学》，吉林科学技术出版社 1998 年版，第 214~215 页。

同卵双生中，若一人患有精神分裂症，另一人患有同类疾病的可能性远大于异卵双生者。这说明遗传影响心理疾病。北京医科大学精神卫生研究所和上海精神卫生中心近年的遗传流行病学研究表明：重性精神疾患（如精神分裂症、躁郁症等）与遗传的关系十分密切，而轻性精神问题（如神经症等）的关联度较小。①

2. 生理因素

大学生的心理问题有重要的生理基础。青春期被心理学家称为“狂飙期”，大学生生理发育已基本完成，脑皮层发育基本达到成人程度，且机体内分泌旺盛，能量堆积，其情绪整体上呈激活特征，但其脑皮层对所储存的信息的整合能力远未达到完备状态，冲动性强而控制性弱，因而其情绪体验强烈，情绪波动大，这使他们常常对问题疑惑不解，焦虑不安，冲突困惑，引发心理疾病。

3. 病理因素

心理障碍也与生理病理有关。脑震荡、脑损伤等脑区生化异常，可导致意识障碍、遗忘症、语言障碍、人格改变等。PET 扫描发现，强迫症患者在几个脑区显示了较强的代谢水平，精神分裂症可能是脑中某些突触上多巴胺过多引起的。肾上腺素分泌过多会引起躁狂症，分泌过少则可能导致抑郁症。

（二）心理因素

心理动力学认为，异常行为源于人格的各部分或各方面之间的“动力”斗争或冲突。行为部分地取决于个体毫无觉察的心理冲突。心理问题的产生或异常行为的出现有其心理基础。个人的认知方式、人格特征、情绪状态等，是导致心理障碍的心理因素。

1. 认知方式

认知心理学认为，人们对事物所持有的不合理信念，是导致心理障碍的原因。不合理信念是指人们对事物所持的不现实的、非理性的、不合逻辑的信条。同样的挫折，对不同的人的心理影响不一样，原因就在于当事人对事件的认识、评价不同及由此产生的应对方式不同。

Ellis（1979）的 ABC 理论很好地解释了心理失调的原因和机制：诱发事件 A（activating events）只是引发情绪和行为后果 C（consequences）的间接原

---

① 王货胜、毛富强：《大学生心理健康的影响因素分析》，《西北医学教育》2000 年第 2 期。

因，而引起 C 的直接原因则是个体对诱发事件 A 的认知和评价而产生的信念 B（beliefs）。他引用古代斯多噶派哲学家爱比泰德的话说，就是："人的烦恼不是起于事，而是起于他对事的看法。"①

2. 人格特征

"斯人有斯疾。"人格特征与心理障碍有密切的关系，人格特点与心理障碍的类型有着特异性的联系。

有人用分层随机整群抽样的方法，对心理障碍学生进行测试，结果发现，"SCL-90 测试的总均分及各因子分均与神经质分呈正相关，敌对、偏执、精神病性因子分与精神质分呈正相关，总均分及强迫、人际关系敏感、恐怖因子分与内外向分呈负相关。"②

医学心理学研究表明，A 型性格的人，争强好胜，追求成就，总想超过别人，做事性急，行动较快，常有时间紧迫感，容易紧张，爱生气，常有敌意情绪倾向。神经症患者中，50%的人是 A 型性格，其中焦虑症患者中，A 型人占到了 60%~70%。

3. 情绪状态

稳定而积极的情绪状态，使人愉快、安宁，波动而消极的情绪状态，常使人压抑、焦虑、失控。大学生的情绪变化很快，不够稳定，而且他们很敏感，情绪控制比较差，这容易引发连锁反应，使其情绪进一步低落，甚至影响到对自己的认识和评价，丧失自信。在这样的恶性循环中，他们容易出现心理障碍。

（三）社会文化因素

社会文化因素是影响心理健康的外在原因。当前，由于人们的生活方式、价值观念发生了较大变化，人们的心理活动更加复杂，承受外来压力越来越大，心理健康受社会文化因素的影响也越来越大。

1. 社会系统压力

而今，东西方文化进行着激烈的碰撞与冲突，市场经济中的激烈竞争带来了高速度、快节奏的生活方式。大学生深受经济成分和经济利益多样化、社会生活方式多样化、社会组织形式多样化、就业岗位和就业方式多样化的影响，

---

① 江光荣：《心理咨询的理论与实务》，高等教育出版社 2005 年版，第 252 页。

② 黄万琪、吴汉荣、周敦金：《心理障碍大学生人格特征与心理症状的相关分析》，《中国临床康复》2004 年第 8 卷第 33 期。

背负着社会对他们提出的比一般社会成员更高的期望所形成的极大的压力。这些压力长期得不到有效释放，就会在冲突、混乱、压抑、紧张中形成心理疾病。

2. 学校教育缺失

我国中小学教育一直围绕着高考的指挥棒运转，对学生的学习成绩过分看重，而对他们心理和精神方面的需要却过于忽视，致使学生在青少年阶段遗留下很多成长的任务未完成，如对自我的了解和认识、人际交往能力等都没有完成。进入大学后，他们突然独立面对各种问题，束手无策，遂引发各种各样的心理问题甚至心理疾病。而直到目前为止，由于条件的限制，学生中的许多心理问题，不能得到及时有效的解决，致使学生的心理问题蔓延与加重。

3. 家庭环境影响

家庭是儿童社会化的最初环境，父母是儿童社会化的最初媒介，问题孩子出自问题家庭，问题学生背后站着问题家长。家庭关系、家庭结构、父母人格特征、文化素质、社会地位、经济状况、养育方式，对子女的人格发展、心理行为的形成，有重要影响作用。虐待家庭、离异家庭、单亲家庭、失和家庭、问题家庭（家庭成员中有吸毒、赌博、犯罪、艾滋病等问题）、特困家庭等，容易对学生的人格特征等心理健康状况形成不良影响。如父母的态度对孩子人格的影响可见表 9-2：①

表 9-2　**父母的态度对孩子人格的影响**

父母的态度	孩子的人格
支配的	消极的、缺乏民主的、依赖的、顺从的
干涉的	癔症、神经质、被动的、幼稚的
娇宠的	任性、放肆、幼稚、神经质、温和
拒绝的	自我显示、冷漠的、粗暴的
不关心的	攻击的、情绪不稳的、冷酷的、自立的
专横的	反抗的、情绪不稳的、依赖的、顺从的
民主的	合作的、独立的、坦率的、社交的等

① 樊富珉、刘丹：《尽显你人格的风采》，高等教育出版社 2004 年版，第 95 页。

有关调查显示，当前我国家长对子女的成长缺乏科学的态度，对孩子的发展存在过高的期望和要求，因而往往产生过度溺爱或过度干涉的教养方式，影响了孩子的心理健康和人格发展。

二、大学生心理疾病的特点

（一）多重危机

青春期的发展问题是大学生心理障碍出现的基本前提，大学生心理障碍打上了青春期问题的烙印。

青春期是由儿童过渡至成人的重要阶段，被看成是第二个发展期，第二个个体化分离期，一个生理、心理皆变化快速的时期，一个动荡不安、问题集中爆发的时期，有人甚至认为青春期是正常的精神病时期。处于青春期的大学生，面临许多变化与危机，变得不稳定，充满了变异性，易出现心理障碍。

随着身体上的发育，他们有能力将在婴幼儿期就存在的性幻想变成现实，由此带来焦虑和恐惧感。他们希望独立，但在经济上、情感上仍然依赖家庭。他们需要发展更大的自我控制力，自我认同，自尊以及家庭以外的客体关系，但过去的生活经验或家庭等环境因素的制约，阻碍着他们的顺利完成。

P. Blos 与 Anna Freud 认为，青春期由于本我的增强，超我的影响力减弱，原本达到平衡状态的自我变得岌岌可危——容易有焦虑、冲突与退化的产生。俄狄浦斯以及前俄狄浦斯的冲突都将会在这个时期重现，紊乱不仅仅是一个表面的现象，它也涉及内在的心理过程。为了缓解成长所带来的焦虑，压抑自身的冲动，青少年会动用各种防御方式，使得他们的外在表现非常复杂，甚至接近于精神病状态。

大学生心理障碍集中反映了他们存在自信与自卑的矛盾、独立与依赖的矛盾、理想与现实的矛盾、心理锁闭与渴望理解的矛盾、性生理成熟与性道德约束的矛盾、情绪情感两极化的矛盾。①

（二）多种诱因

大学生心理障碍的出现有多种诱因。有关研究显示，当代大学生心理障碍主要源于大学生存在下列心理应激因素：一是适应性问题，包括对环境的不适应、生活上的不适应、学习上的不适应；二是人际交往问题，为在人群中的接触不良而苦恼；三是恋爱及性意识困扰问题；四是情绪问题，包括抑郁、焦虑

---

① 黄训美：《大学生心理保健》，人民出版社 2001 年版，第 178~180 页。

等情绪失衡；五是学业问题，包括学习目标不明确、学习动力不足、学习成绩不理想、学习动机功利化；六是就业和发展问题。这些大学生成长过程中面临的心理应激，一旦不能妥善处理，就可能成为心理障碍的诱发因素。

（三）多类症状

从症状表现来看，大学生心理障碍主要表现为：精神病性障碍，包括精神分裂症、妄想症等；心境障碍，包括抑郁症、躁狂抑郁症等；神经症，包括强迫症、焦虑症、恐惧症、疑病症、神经衰弱症等；人格障碍，包括偏执型人格障碍、强迫型人格障碍、依赖型人格障碍、焦虑型人格障碍、反社会型人格障碍、表演型人格障碍等；心理因素相关生理障碍，包括进食障碍、非器质性睡眠障碍等。

随着互联网的普及、发展，大学生网络心理障碍开始出现。

（四）多层分布

有关调查显示，大学生心理障碍有如下分布特点：

从年级来看，大学生一、二年级学生的心理问题相对比三、四年级学生的心理问题多，近年来研究生心理障碍的数量及比例有所增加。从性别来看，女生的心理障碍与男生的心理障碍没有显著差异；从生源来看，来自农村的特别是边远农村的经济困难家庭的学生的心理障碍相对比来自城市的学生的心理障碍多；从校况来看，重点大学的学生的心理障碍相对比一般大学的学生的心理障碍多；从专业来看，学习压力大的专业的学生的心理障碍相对比学习压力轻的专业的学生的心理障碍多。

三、大学生心理疾病的预防与治疗

（一）开展心理健康教育，营造良好心理健康氛围

高等学校面向全体学生实施发展性心理健康教育，大力宣传和普及心理学基础知识和心理健康知识，营造良好的心理健康环境，是预防大学生心理问题产生的重要途径。

1. 教育内容系统化

学校心理健康教育的内容，是心理健康教育目标的具体化，应涉及学生健康成长成才的各个方面，诸如个性健全教育、积极适应教育、情绪稳定教育、意志优化教育、高效学习教育、压力管理教育、人际和谐教育、婚恋技巧教育、生涯规划教育等，要根据学生的不同层次、不同年级、不同性别的需求，

统筹安排，系统设置，贯穿于学生在校学习的全过程。

2. 教育途径立体化

开展心理健康教育，构筑课内与课外、教育与指导、咨询与自助相结合的立体化、网络化体系，可在如下几个方面下工夫：

扩大系统资源。学校心理健康教育不仅要善于运用校内资源，还应善于利用各种社会资源，可将家庭教育纳入工作系统之中。

拓宽教育渠道。心理健康教育要积极拓宽教育渠道，使其进入教学课堂、步入宣传阵地、融入校园文化、渗入社会实践、引入网络技术。

形成整体合力。高校要积极推行融合型的心理健康教育，致力于将心理健康教育工作渗透到学校育人的观念之中，渗透到各学科的教学之中，渗透到学校教育的各个过程、各个环节之中，积极营造关爱学生心理成长的校园生态环境。

3. 教育手段科学化

心理健康教育要防止简单的课程化倾向，注意教育活动的整合性、潜隐性、合目的性，充分利用现代科学手段，通过知识传授、测试实验、行为训练、讨论反思、领悟内化、习以成性等途径，达到知情意行的改变和心理品质的提升。

（二）提供心理咨询服务，帮助大学生及时解除困扰

为帮助大学生解除心理困扰，高校一般都为大学生提供了心理咨询服务。心理咨询不同于一般的开导、劝慰与帮助，是一种具有很强的专业性的职业帮助行为。对于大学生来说，充分利用心理咨询资源，及时解除心理困扰，是预防心理疾病产生的极好途径。

1. 什么是心理咨询

“咨询”一词源于拉丁语“cinsuitatio”，心理咨询是指在一定的设置下，受过专业训练的心理咨询师运用心理学的原理和方法，致力于与求询者建立一个具有治疗功能的关系，协助求询者认识自己，接纳自己，欣赏自己，克服成长中的心理困扰，完善自己的人格，发掘自己的潜能，提高心理健康水平，促进人生发展。

大学生处于成长与发展的重要时期，在“被困住的时候”，需要得到指导、帮助、支持或治疗，约会心理咨询师很有必要。

2. 心理咨询的作用

心理咨询具有教育功能、发展功能、保健功能、治疗功能，是大学生健康

成长的好帮手。

心理咨询能帮助大学生树立正确的健康观念，以积极的心态面对生活中的心理困扰；能帮助大学生正确认识自我和周围世界，使大学生有完善的认知能力，了解别人，认识自己和社会，更好地发掘自己的心理潜能，提高职业选择的成功率，迈向丰富的人生；能帮助大学生管理好自己的情绪，使大学生拥有稳定和良好的感知觉，避免和矫治各种情绪障碍；能帮助大学生培养健全的人格，克服不良心态，改善人际关系；能帮助大学生摆脱因丧失或失败造成的痛苦，让大学生学会应付生活及学习中种种挫折的方法；能帮助大学生把握爱与被爱的艺术，顺利地度过人生发展阶段的种种危机，等等。

总之，心理咨询能使寻求心理帮助的大学生，由痛哭流涕到开怀畅笑，由低着脑袋到挺着腰杆，使大学生生活得比原来更轻松、更愉快、更自信。

（三）学会心理自我调适，实现心理健康自我维护

面对纷繁复杂的社会压力，大学生要学会心理上的自助，成为自己的心理医生，保持自信、乐观、坦诚、豁达、坚忍的心理品质。

1. 建立积极的自我概念，增加自我强度

拥有一个积极的自我概念是心理健康的人的核心特质。自我概念积极的人，在人群中感到安全自信，能以“真实的我”的面目出现，能够既接纳自己的长处与发展潜力，又接纳自己的缺陷与不完美，欣赏“我就是我这个样子”。

2. 培养正确的压力观，以积极心态对待一切

压力情境不可避免，压力对人既是威胁，又是挑战。压力是催促大学生发掘潜能的动力，是大学生增长人生经验的机遇。任何压力与困难的破坏力和持续时间总是有限的，一旦压力过去，大学生就淬火成钢。即便遭受挫折与失败，大学生仍可坦然面对，因为大学生虽然无力改变风向，但却可以调整风帆，把握好了今天，大学生就可以赢得明天。

3. 善于掌控自己的情绪，适当地发泄情绪

人在压力情境中会有各种消极的、冲突的、痛苦的情绪反应。大学生应承认自己的情绪，并以适当方式表达自己的情绪。例如，向亲人、朋友倾诉或写信、记日记；从事正当的消遣娱乐、旅游、体育运动；欣赏音乐；把思维集中在一棵树、一朵花上；专注于阅读、游戏；看喜欢的电影、电视片等。

4. 立即采取行动，分步化解压力

日本学者长谷川在《行动转变性格》一书中强调，只有切实可行的日常

生活实践，才能帮助人摆脱重重心理困扰。改变不良情绪，必须立即行动，从行动中获得力量。对于那些面临多项任务、因工作压力感到紧张不安的人，最好的办法是断然将某些不太紧要的事情暂时放下，立即完成一件紧要而又不太困难的工作，以部分地缓解压力，为有秩序地完成其他任务准备条件。

第三节 心理调适

大学生处于人生的多事之秋，面对快速多变的社会生活与危机多重的发展任务，常感到挫败、困惑、迷茫，产生心理冲突，出现心理上的不适。

善于把握人生变动的节奏，避开生活的激流险滩，追求人生的幸福与成功，超越痛苦与挫折，无所畏惧应对压力，运用智慧解除困扰，积极适应与主动发展，顺利完成大学阶段的成长任务，是每一位大学生都无法回避的人生课题。

一、学习压力的心理调适

（一）大学生学习中的心理困扰

学生的天职是学习，大学生是因为学习成绩优秀才得以一路过关斩将闯入大学殿堂，应该是最爱学习也最善于学习的人。然而，“某大学调查表明：……在学习积极性方面，自认为‘学习积极主动’的占23%，‘能完成学业但学习比较被动’的占45%，‘对学业采取应付态度’的占23%，‘不能完成学业、学习放任’的占9%”。①

学习本是因需要、兴趣而引发的愉快活动，但也可能由于文化、教育的不当而使学习者在学习中苦闷压抑，出现影响学习的心理问题。

1. “高原”反应

一般人登山登到海拔5000米时就由于缺氧而出现高原反应，大学生在学习上也有人出现“高原现象”：从幼儿园一直攀登到大学，到大学后身心疲惫，空虚无聊，不思进取，放纵沉沦，无目标、无兴趣、无动力、无意志，正如一学生用打油诗所描述的那样：“刚进大学很想发奋，不到一年就开始混；拿起书本头就发昏，也许自己越来越笨。”

2. “边缘”状态

---

① 张大均、邓卓明：《大学生心理健康教育——诊断·训练·适应·发展（二年级）》，西南师范大学出版社2004年版，第28页。

有的学生一心只想学习，成天不是在教室就是在图书馆或自修室，埋头于书籍资料之中，甚至连吃饭上厕所都怕花了时间。然而，他们却不能进入学习状态，只是瞪着书本发愣，2~3 小时不能看完一页书。他们处于长期站在学习门槛上、心中老想着学习却不能登堂入室沉潜于知识之中的“边缘态”。①

3. “晕场”现象

有的学生一走进教室看到别人埋头学习，听到别人的翻书声、写字声就神情紧张，烦躁不安，心跳加快，每到考试就睡不着觉、吃不下饭，走进考场就血压上升，手脚发凉，思维呆滞，头脑出现空白，甚至在考场晕倒。这是学习中的焦虑现象。

（二）大学生学习中的心理调适

培养大学生健康的学习心理，应从以下几方面入手：

1. 激发学习动机

目标对动机起引导、激发和维持作用，大学生应根据社会、家庭、个人的实际情况确立自己的学习目标，并在制定目标时遵循三原则：一是求近不求远，完成某项学习是眼前的需要而非未来的计划；二是具体明确而非笼统模糊，做到有的放矢；三是分析个体的实际情况，使目标对个体具有适度的挑战性。

2. 提高学习效率

学习疲劳是大脑的一种保护性抑制，长期处于“边缘态”的过度疲劳，不仅学习效率低下，而且还影响身心健康。克服“边缘态”的学习障碍，一是要讲究科学用脑，使大脑左右两半球交替使用，将逻辑思维活动与形象思维活动交替进行。二是要劳逸结合，将脑力劳动与体力劳动、休闲娱乐结合起来交替进行，保证充足的睡眠。三是顺应生物节律，随着机体生物机能充沛旺盛与逐渐萎顿疲乏的节律变化，合理安排作息时间，以期事半功倍。

3. 克服过度焦虑

克服学习中的过度焦虑，一是要正确认识和评价自己的能力，调整自己学习的抱负水平和期望目标，使之切合自身和客观现实。二是要增强自信和毅力，不怕困难与失败，勇于迎接学习中的挑战，保持适度的自信心，克服虚荣心理。三是要努力学习，做到心中有数，有备无患。四是加强心理调节，善于

---

① 辛斌、吴惠：《大学生学习“边缘态”初探》，《湖南文理学院学报（社会科学版）》2005 年第 2 期。

释放压力，保持情绪的愉快和稳定。

4. 掌握学习技巧

人们在信息时代的学习，面临三个挑战：无限的书籍对有限的阅读时间的挑战，呈几何级数膨胀的信息对接受能力的挑战，大量新知识对理解能力的挑战。大学生要掌握更多的新知识，一是要善于在知识的海洋中搜寻对你有用的知识，知道哪些书要“精读”，哪些书只“粗读”，哪些书可“不读”。二是要掌握信息浓缩技术，在学习中能快速提取有用知识。三是要善于运用互联网、图书馆、工具书、老师、同学等各种资源。四是要善于对知识进行筛选、加工、整合，将知识融会贯通。为此，大学生在学习中，既要善于运用认知策略，在学习中做到合理复述，适当“过度学习”，也要善于运用感知来学习，充分调动视觉、听觉、触觉、味觉、嗅觉参与学习活动。

二、人际交往的心理调适

（一）大学生人际交往中的不良心理

人是社会性的动物，交往关联的需要是人的基本需要之一。朱迪·C. 皮尔逊的研究表明，由于社会趋于大规模化，个人产生了无足轻重或失控感，没有社交，人的生存的需要、尊重的需要、爱与归属的需要、获得社会经验的需要、自我认识自我实现的需要，便得不到满足，就无法生存。大学生建立和谐的人际关系是维护心理健康完成社会化的重要任务之一。

然而，大学生在交往中常常出现接触不良、交往不适的现象，严重影响心理健康。

1. 不敢交往

由于羞怯、自卑等心理作用，部分大学生在人际交往中特别紧张、焦虑，不敢看人，面红心跳，手心冒汗，说话结巴，语无伦次，词不达意，或路见熟人宁可绕道而行也不敢与其相遇，或不敢在公众场所表达自己的观点，甚至出现社交恐惧症。

2. 不愿交往

有的学生在交往中缺乏安全感与自信心，怕别人瞧不起自己，敏感多疑，有很强的自我保护意识，有的甚至反向形成，自高自大，拒人于千里之外。他们蜷缩于一角，回避退让，自我封闭，独来独往。这类同学实质上不是不愿与人交往，而是担心自己在交往中受到伤害。

3. 不善交往

有的学生没有掌握交往的知识与技巧，不注意沟通的方式，不懂得交往的原则，交往中显得过“直”、太“呆”，说话缺乏艺术，不善于体谅对方的感受，开玩笑不注意场合与分寸。有的人不懂得尊重他人的个性或习俗，容易在交往中伤害对方的自尊。

4. 不懂交往

有的学生对人际交往有理想化的期待，不能较好地完成从儿童交往模式向成人交往模式的转化，以纯洁的友谊、理想化的人际模式来要求现实生活中的交往，于是带来失落后的愤懑，产生回归心理，或从与过去的朋友频频交往中获得慰藉，或沉湎于对过去友谊的追忆。有的同学在交往受阻后消极等待，平时不主动与人联系，只是有求于人时才希望别人鼎力相助。

（二）大学生人际交往中的心理调适

建构和谐的人际关系涉及诸多方面的因素，其中最重要的是掌握交往的原则和艺术，了解交往中的心理效应，并在交往实践中调适心态，排除交往障碍。

1. 遵循交往原则

在交往中，大学生应遵循以下原则：

互利原则。即双方在交往中都有所施，都有所受，做到互利、互惠。社会心理学研究表明，希望被人关心、注意，是每个人不可缺少的需要。大学生希望得到他人的关心和注意，就必须同时考虑对他人的关心和注意。这样，交往就成为互利行为。

平等原则。心理学研究表明，人都有友爱和受人尊重的需要，特别是青年人，交友和受尊重的希望都非常强烈。交往必须平等，平等才能深交，这是人际交往的一个重要原则。

相容原则。心理相容原则是指交往中双方相互理解、尊重，容忍对方的不同性格、兴趣和生活方式。相容的心理素质不是一朝一夕就能养成的，必须从每一件事情中培养，要善于将心比心，大事清楚，小事糊涂，严于律己，宽以待人，培养自己的共事能力。

诚信原则。《论语·学而》有云：“与朋友交而不信乎？”墨子说：“志不强者智不达，言不信者行不果。”还有“一诺千金”、“一言既出，驷马难追”等，都是说的“信”的重要。

2. 用活心理效应

心理效应是某种人物或事物的行为或作用，引起其他人物或事物产生相应变化的因果反应或连锁反应。人际交往中正确地认识、了解、掌握并利用心理效应，对大学生有效交往非常重要。交往中，大学生要利用首因效应给人以良好的第一印象，利用近因效应不断给别人加深好印象，利用刻板印象防止先入为主，利用定势效应避免偏见或成见，利用投射效应防止以己度人，利用晕轮效应避免以偏概全。

3. 掌握交往艺术

注意交往礼节。不同的民族有不同的礼节，不同的人也有不同的礼节心理。一般来说交往对象不同，交往礼节也要随之变化。而有些交往礼节则是相同或相似的。

注意交往态度。交谈要注意以下几点：第一，尊重、真诚、平等、坦率，不管对谁，应不卑不亢，一视同仁；第二，开玩笑讲究对象、场所与分寸，尤其不拿他人生理缺陷开玩笑；第三，乐于倾听，用“心”理解别人；第四，善于观察对方表情，掌握好谈话节奏和时间。

注意交往情感。交往中目光要注意正眼看人，切忌斜视、凝视和飘移不定；保持微笑，不宜冷漠；温文尔雅，忌粗俗难耐，跷二郎腿，旁若无人，大声喧哗等。

注意交往语言。语言的运用应根据不同的交往目的和不同情况而异。在与知心者交谈时，语音、语调、语速宜恰当，语言忌命令式，宜用直言式。提出批评，宜委婉、含蓄。同时要学会赞美，善于说“谢谢”。

4. 训练交往能力

调适人际交往中的心理困扰，建立和谐的人际关系，可参与提高人际交往能力的心理学技术训练。通过敏感性训练、角色扮演训练等，改善自我意识水平、共事能力和社交技能；通过表达训练、利他行为实践训练，学会由衷地赞美与肯定别人、真诚地关心与帮助别人。

三、恋爱中的心理调适

（一）大学生恋爱中的心理困境

恋爱是大学生人生发展的重要课题，分享一个人的自我和一个人的所有，是走向婚姻、建立家庭的重要过程，是重要客体关系从父母向外转移的成长的里程碑，是学习建立亲密关系的需要，是提升自我认识、升华人格的需要。相识、相悦、相知、相恋，恋爱这看似很“自然”的事，却深深困扰着部分大学生。

1. 单恋之苦

单恋是一方的倾慕情感苦于不被对方知晓或接受而造成的难以摆脱的一厢

情愿式的痴情爱恋，俗称单相思。其另一种形式是偶然间对方朝自己看一眼或露一笑，就以为对方有意于己，于是想入非非，自作多情。“落花有意，流水无情”，单恋是一种深沉而无望的爱恋，具有痴迷而深刻的悲哀，严重者相思成病，甚至绝望厌世。

2. 多恋之险

多角恋是一个人同时与两个或两个以上的异性建立了爱情关系。以性爱为基础的爱情具有排他性与冲动性，“多角恋”潜伏着极大的危险性，而有的学生或因择偶标准不明，或因恋爱动机不纯，或因虚荣作祟，或因不善拒绝，不能在恋爱期间履行忠实的义务，不仅自己身心疲惫，还可能带来十分危险的后果。

3. 畏恋之悲

有的学生或因期待完美之爱、精神之恋，认为身边同学的恋爱是小儿游戏互相玩弄，现实生活中的恋爱太可怕；或因认为自己是最无价值、最乏魅力的人，因而不敢坦然与异性交往，不敢爱也不敢接受爱，用回避与异性接触的办法保护自己的尊严，极力掩盖内心深处的悲伤与落寞。

4. 失恋之痛

失恋是大学生最严重的挫折之一，当一方对对方已无爱意挥手别去时，另一方却于耿耿长夜守着爱的残山剩水痴痴怀念往昔的温柔。失恋者捂着胸中“永远的痛”，擦拭着斑斑血迹点点泪痕，忍受着难堪、羞辱、忧郁、失落、孤独、虚无、绝望等一系列负性心理感受，有的甚至因此断送了前程或付出了生命。

（二）大学生恋爱中的心理调适

莫里哀说：“爱情是一位伟大的导师，教我们重新做人。”大学生应该如何培养健全人格，调适恋爱中的心理困扰，走出爱的心理误区，赢得健康的爱情呢？

1. 学会理解爱

斯腾伯格（Robert. J. Sternberg）提出了“爱情三因论”，认为人类的爱有三个向度，包括激情（生理层面）、亲密（心理层面）和承诺（社会层面）。亲密代表两个人的坦诚、愉悦；承诺代表维系两人关系应许的承诺；激情是情不自禁的欲望，是原生的力量。亲密、承诺和激情的组合，可以派生出不同类型的爱，唯有三因素合一的爱，才是人们追求的完美爱情的理想境界。真正的爱情具备激情的真、亲密的善、承诺的美，是真善美和知情欲兼具的情感，如

图 9-3 所示。

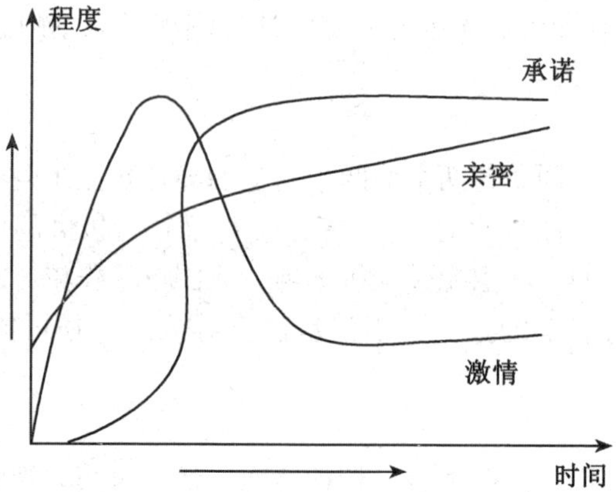

图 9-3 爱情三因论

大学生明白“爱情的三因论”就不会盲目地爱，轻易抛弃爱，也不会陷入多角恋的游戏。

2. 学会选择爱

选择爱包括表达爱、接受爱与拒绝爱。对于倾慕的对象，应主动、真诚地以合适的方式向对方表达爱，不因“爱你在心口难开”而忍受单恋的痛苦。表达了，不管对方是否接受，至少你表达了自己的情感，明白了对方的态度。对于别人传递过来的爱，如果对方也是自己的意中人，就应大胆地接受爱，不能一味地等待别人更好的“表现”，或认为自己不配而逃避；如果对方非自己的意中人，那么，宜及时以恰当的方式予以拒绝。

3. 学会发展爱

爱使我们获得成长。一旦我们双方坠入爱河，我们就应学会使自己具备包括付出的能力、理解的能力、宽容的能力和适度控制的能力等爱的能力。不要指望对方会为我们分担一切，很多东西我们仍然需要独自面对；付出比索取对爱情更有益，也使自己更快乐；宽容对爱情有出乎意料的效果，用要求、指责、恳求都达不到目的，宽容也许可以奏效；我们应当具有适当的控制力，不让炽热的烈火瞬间燃尽自己。

4. 学会放弃爱

当心爱的人在你苦苦挽留之后还是“毅然离去”，或你苦苦的追求得不到对方正面回应时，你唯一可以做的就是学会放弃，做到失恋不失态，失恋不失德，失恋不失志，失恋不失命，或从作茧自缚的“单相思”中摆脱出来。

可用以下方法调适心态：一是酸葡萄机制法，吃不到的葡萄是酸的，可尽量多想对方的缺点，并认为对方根本不值得自己爱。二是疏泄法，适时适度释放心中的苦闷。三是自我暗示法，自己只是失去或放弃一朵鲜花，却拥有整个花园。四是转移法，把注意力转移到感兴趣的事情上去。五是升华法，把因失恋而产生的挫折感、压抑感升华为奋斗的动力。

四、就业过程中的心理调适

（一）大学生就业中的心理困惑

择业期是人生发展的关键期，也是人生的重大决策期，一方面因决定的目标价值大、决定时间短、目标选择的可变性大及价值失落感，大学生在做选择时内心冲突也大，存在着心理学家勒温（K. Lewin）所说的多种趋避冲突。大学生就业心理困惑，主要有以下几种情态：

1. 焦虑与急躁

部分学生或因可供选择的单位过多、太好，究竟去哪个单位委决不下，或因既希望自主就业又怕承担风险，渴望竞争又缺乏勇气，或因自命不凡，就业期望值过高，别人都已“名花有主”，而自己尚在“闺中愁嫁”，焦虑急躁，烦恼不安。

2. 自卑与怯懦

部分学生缺乏自信，怯于竞争，不敢为自己确定优势目标，不敢向理想的单位求职，不能向用人单位充分展示自我，或在面试时害怕失败而临阵脱逃，或虽然勉强上阵却因紧张焦虑而一败涂地。

3. 依赖与盲从

部分学生寄希望于父母的门路，等待家长将自己的工作“摆平”，或认为自己已交给学校，学校会为自己的工作负责，因而存在明显的依赖心理。部分学生盲目追求热门单位、热门职业，不从职业发展与个人前途需要去考虑，总想找一份超过别人的十全十美的工作。

4. 悲观与低就

部分学生心理承受能力和自我调节能力较差，几次求职失败，就自惭形秽，怨天尤人，认为自己无能，不可能有好单位要自己，于是随便找一个单位，草草签约，“将自己贱卖了”。

（二）大学生就业中的心理调适

斯温（Swain，1984）提出了生涯规划模式，如图 9-4 所示，认为想要达到每一阶段的任务与目标，必须同时做好三个方面的事情："个人特质的澄清与了解"、"教育与职业资料的提供"、"个人与环境关系的协调"。① 根据这一模式，大学生做好就业过程中的心理调适，要注意以下几点：

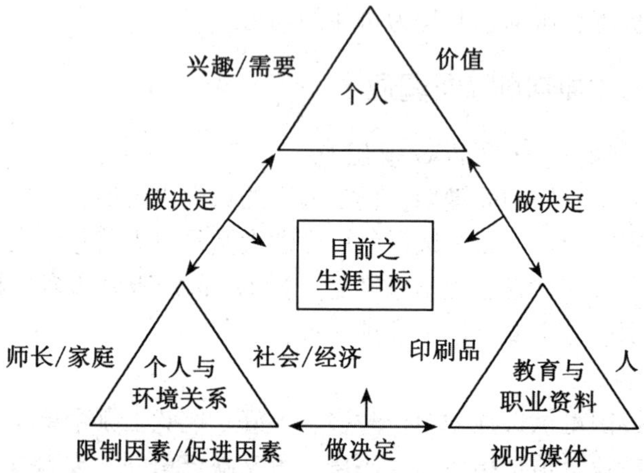

图 9-4 Swain 的生涯计划模式

1. 正确认识自我

了解自己是成功择业的重要基础。我们只有了解自己的性格特征、个人需要、职业兴趣、能力倾向、价值观念等，才能在择业中合理定位，扬长避短，科学地进行人职匹配，协调好个人职业需要与个人兴趣、能力与价值等因素之间的关系。

2. 全面了解环境

成功择业还要知道环境允许我干什么，因而要了解社会宏观环境，认清就业形势，以及相关行业的发展前景，评估环境因素对求职就业的影响，搜集职业资讯，了解职业对择业者的要求，理解求职单位的工作环境、行业地位、文化特色、学习机会、个人提升空间、单位对个人的要求，把握环境因素的优势。

3. 合理选择职业

① 沈之菲：《生涯心理辅导》，上海教育出版社 2000 年版，第 144~145 页。

求职者应培养积极乐观的人生态度，坦诚面对现实，拓宽思路，转变观念，树立先就业、后择业、再创业的观念，将自己的性格特点、工作才能、志向、需要及潜能与时代发展、社会需要有机地结合起来，在现有条件下，选择职业岗位与主观条件的最佳匹配。

4. 善用求职策略

求职中要做好知识准备、能力准备、经验准备、行动准备，自我欣赏与自我接纳，敢于竞争，不怕失败。失败时，及时调整自己，提高耐挫能力，保持内心的安宁。在与求职单位招聘人员打交道时，用好人际交往中的一般艺术，善于利用首因效应、近因效应、登门槛技术、剥笋技术等。

第十章 社交安全

每一个生活在社会大环境之中的人，都离不开社会交往活动。随着时代的发展和社会的进步，大学生与社会的联系越来越多，人际交往的形式日趋增多，人际交往的内容也日益广泛。在现实生活中，不少大学生由于缺乏必要的社交安全知识，不能很好地把握自己，所以在社交活动中付出了沉痛的代价。他们当中有的上当受骗，有的违法犯罪，有的甚至自寻绝路。这些都给个人、家庭、学校乃至社会造成了极大的危害。因此，大学生学习和掌握必要的社交安全知识，正确处理好社交活动中的各种问题，有效预防伤害，规避风险，具有十分重要的意义。

第一节 人际交往的原则和方法

社会交往是人们在社会活动中相互之间发生的各种联系和产生各种作用的过程。人际交往是社会交往活动的主要形式，是指个人与个人、个人与团体以及团体之间的相互作用、相互影响的方式和过程。它是人类为满足自身生活需要，在其所进行的劳动与创造中产生的。大学生进行健康的人际交往，既有利于自身经受锻炼、提高素质和全面发展，又有利于走上社会、了解社会、认识社会并服务社会。

一、影响人际交往的主要因素

人们在共同的社会生活中交流信息、增进了解、传递情感。由于多方面的原因，每个人参与人际交往活动的出发点不同、方法不同，因而，人际交往的质量和效果也就不同。有的人左右逢源，灵活善变，人缘广结；而有的人则孤掌难鸣，到处受制，举步维艰，人缘不佳。究其原因主要是受文化、社会和心理因素的影响。就心理因素而言，着重体现在以下几个方面：

（一）认知因素

人们在社会生活中，会产生对自我、他人以及种种社会关系的认识。在广泛的人际交往中，如果不能正确地掌握认知偏差，那么正常的人际交往就会受到影响。认知偏差主要是对自我认知的偏差和对他人认知的偏差。对自我认知的偏差，体现在两个方面，一方面是自我评价过高，孤芳自赏；另一方面是自我评价过低，妄自菲薄。事实证明，这两种不正确的认识都会影响人际交往。一般来说，人们大多不满意自己的财富，却很容易欣赏自己的聪明。孤芳自赏者正是过高评价自己，过分相信自己的聪明而导致恃才傲物。具有自傲心理的人，常常对不如己者不屑一顾，恶语相向，以己之长量人之短，对别人的所作所为和喜好漠然置之，不屑与之交流。因而，人们对你只能避而远之，使你倍感孤单。同样，看不到自身的价值，妄自菲薄，认为自己这也不好，那也不行，与领导交往唯唯诺诺，与同事交往，怕别人笑话，与朋友相聚，总觉得低人一等，这种心理自卑、神情黯淡的人，想以自己的行为来博取人们的同情，往往会事与愿违，适得其反。

对他人的认知偏差：一是以貌取人，通常表现为第一印象。两个素不相识的人首次见面形成的印象为第一印象。这种印象主要来自对方外表，这在人们相识中起决定性作用。二是以成见待人，通常表现为晕轮效应和定势效应。三是从众心理。它是根据多数人的看法来确定自己的观点或态度的一种现象。这种人缺乏主见，人云亦云，为人处世随波逐流，没有自己的观点，不管别人的看法正确与否，一味随声附和，其结果导致认识失真，影响与他人的交往。因此，在人际交往中既要客观地认识自己，又要正确地认识别人。

（二）情绪因素

情绪是人的情感的外在表现，是影响人际交往的重要因素之一。在人际交往中，人的情绪状态直接关系到交际质量。如果人在取得某些成绩或被他人羡慕的情况下，沾沾自喜，得意之色溢于言表，逢人必讲，唯恐别人不知，言语中洋洋得意，表情上眉飞色舞，甚至教导别人应该如何等，这样往往会引起别人的反感。与人交往中得意忘形的人不会受欢迎，因为没有人愿意与高傲狂妄的人合作共事。同样，失意忘形留给别人的印象也不好。生活中难免会遇到种种困难和挫折，一个人若愁肠满腹，化形于色，那么人们认为你过于脆弱，缺乏自制，只会给予你怜悯或同情，而不会把你作为知己，为你分担忧愁。若遇到不公正对待，怒形于色，迁怒于人，人们只会认为你浅薄而缺乏内涵，那么，你连怜悯或同情都得不到，只能得到别人的轻蔑。

情绪表达应该把握分寸，注意场合。如果不管对象，不分场合，不顾轻重，恣意纵情，情感反应过分强烈，就会给人留下轻浮、狂妄或动机不纯等不良印象，人们对你顿生轻薄之感而不愿与你接近；反之，一个人若对喜、怒、哀、乐或对能引起情感共鸣的事无动于衷，反应冷淡，人们就会觉得你冷漠无情，因而也不愿意同你交往。

（三）态度因素

态度是人们对一定对象的综合性的心理反应倾向，它是认知、情感、动机共同作用的全部心理过程的具体体现。态度在人际交往中形成，并对人际交往产生影响。在交往中，态度给交往一方造成心理压力，因为态度总是指向并倾向于某个对象。如果态度和蔼、真诚、坦荡，会使人有安全感并亲而近之；反之，态度圆滑、缺乏诚意、狂妄自傲，会使人有危机感并疏而远之。有的人在别人面前自以为是，对别人轻蔑相向，即便没有求于人也表现出一副考验别人的架势；有的人则缺乏诚意，评价别人一味吹捧、奉承，或者当面一套，背后一套，使人产生虚伪之感；有的人只喜欢听好话，不愿意听意见或批评，此类交往态度影响甚大。哲学家斯宾诺沙说：“世界上没有两片完全相同的叶子。”人与人之间由于家庭、环境、教育等因素的影响而存在种种差异，这是正常的社会现象。在人际交往中，如果对文化、身份、地位低的人持轻视、看不起的态度，这将会引起彼此间的隔阂与对立。事实上，一个看不起别人的人，也一定会被人看不起，甚至遭唾弃。“水至清则无鱼，人至察则无友”，一个文化、身份、地位较高的人，由于自己各方面自律严，有时就易推己及人，认为别人也应该像自己一样，于是看不惯别人的所作所为，不善于包容别人，以致人际关系形成僵局。还有的人在交往中持有猜疑的心理和态度，对一切人都怀有戒备心理，不肯讲真话，戴着一副假面具与人交往。在这种心理的驱动下，不仅交往态度不诚恳，而且使自己变得愈加虚伪。

每个人都有自己的生活方式和行为习惯，不能因为自己的好恶而强加于人，我们应该预留一点心灵的空间，容纳别人，相信别人，善待别人，你得到的不仅是朋友，还有精神上的愉悦，因为你对别人表示了理解。

（四）个性因素

个性，心理学中又称之为人格，是指在一定的社会历史条件下的具体个人所具有的意识倾向性，以及经常出现的较稳重的心理特征的总和。它包括一个人的兴趣、爱好、思想、信念、世界观、价值观、性格、气质、能力等。每个人的价值心理不同，其为人处世态度和行为特点的表现方式就不一样；每个人的个性品质不同，其人际关系的质量也不一样。一个热情、诚实、高尚、正直、友好的人，人们易于接受他而与之交往；相反，一个冷酷、虚伪、自私、奸诈、卑劣的人，人们就会回避他而与之疏远。由此可见，个性品质将会直接影响正常的人际交往。但是，人们在性情、志趣等方面存在个性差异并不等于他们没有共同之处。例如，有着共同爱好的两个人，性格特点相左，但交往中如果以共同的爱好为基点，彼此产生心理上的共鸣，把彼此相左的性格特点放在交际的次要位置，求同存异，那么交往双方也会感到其乐融融，甚至会随着彼此的相融而成为知己。如果双方丢弃彼此的共同点，在个性品质上相互指责或计较，这不仅使双方关系僵化，甚至会反目成仇。你看不惯别人，对别人不感兴趣，别人也看不惯你，对你也不感兴趣。奥地利心理学家阿尔夫·阿德勒说，导致双方情感疏远就易产生隔阂。有了隔阂自然格格不入，于是你会愈感孤立，当然也得不到别人的关心和帮助，成为一个无关紧要的孤家寡人了。因此，我们要注重加强知识培养，提高综合能力，不断完善富有魅力的交际人格。

二、人际交往的基本原则

在我们的社会活动中，人与人之间的交往应当遵循的基本原则主要有以下几方面：

（一）平等正义的原则

在我们社会主义国家里，人与人之间的关系是平等的关系，人们之间只有社会分工和职责范围的不同，而没有高低贵贱之分。不论是职位高低、能力大小，还是职业差异、经济状况不同，人人都享有平等的政治、法律权利和人格的尊严，都应得到同等的对待。因此，人与人之间交往要平等相待、一视同仁、相互尊重、不卑不亢。同时，要尊重别人的爱好、习俗，只有尊重别人，别人才尊重自己。

在大学里，有教师、学生、行政管理人员和服务人员。尽管岗位职责和目标任务不同，但各类人员都应是平等的。就学生而言，各类学生都来自不同的地区，甚至国度，相互之间存在着区域、家庭、习俗、社会关系和经济条件等差异，但这些客观差异不应当表现为人际交往中的不平等。同时，教师是大学里辛勤育人的园丁，无论是课堂教学，还是日常管理，学生们都应该养成尊师重教的良好习惯。师生之间由于在年龄、阅历、地位和性格等方面存在差异，所以，双方看待问题、处事方式也难免不同。因此，大学生要自觉接受老师的教育和指导，对老师有不同意见应选择合适的方法和场合坦诚交流，尊重老师的人格和劳动。同样，老师要坚持育人为本的原则，既要关心帮助学生，又要讲究方式方法，注意维护学生的合法诉求和自尊心。

（二）诚信友爱的原则

诚信友爱是中华民族的传统美德，也是人际交往的基础和连续发展的保证。人与人之间只有以诚相待，才能相互理解、相互接纳、相互信任，才能团结友爱、互助互进，这也是现代社会事业成功的客观要求。当前，在市场经济新形势下，社会竞争日趋激烈，每个人在前进的道路上都会遇到各种困难和问题，都将经受各种锻炼和考验，因此，仅靠个人微薄的力量很难达到成功和幸福境界，必须要建立良好的人际关系。这就要求我们在人际交往中真诚待人，实事求是，胸怀坦荡，言行一致，相互信任，相互尊重，谦虚谨慎，文明礼貌。

生活是一面镜子，你对它笑，它就对你笑，你对它哭，它就对你哭。我们每个人都应该以科学的精神、豁达的态度去直面人生，笑对生活，与人为善，建立良好的人际关系。应该记住：心中没有阳光的人，就难以发现阳光的灿烂，心中没有花香的人，也难以发现花朵的明媚。

（三）互助互惠的原则

互相关心，互助互惠，是人际交往的客观需求，也是人类进步、社会和谐的特征。作为新时期的大学生，不仅需要具备良好的科学文化素质，还应具有优秀的思想道德品质。大学生数年寒窗，远离家乡和亲人，在日常学习和生活中，难免会遇到各种问题和困难，需要得到老师和同学的关心和帮助，使自己走出困境，顺利完成学业。即使是将来走上工作岗位，也需要与同事建立良好的关系，互相配合、互相支持、通力合作、携手并进。真正的爱心就是表现在别人需要时，奉献自己的力量。要想得到别人得不到的东西，就需付出别人不愿付出的东西。一个不愿意帮助别人的人，很难要求别人自愿地帮助他。需要指出的是，互助互惠应该是人间真情的流露，是传统美德的体现，而绝不是类同市场交易的互相利用的表现。否则，就失去了它的本义价值和高尚光华。

（四）不卑不亢的原则

在人际交往中，首先需要准确定位，正确认识自己，谦虚谨慎，严于律己，宽以待人，这样才能比较好地处理和协调人际关系。一个人如果对自己认识清楚，他在与别人的交往中的行为就能体现自己的观点，也就能使别人正确认识自己，双方容易接近和交往。与此同时，在相互认识中，还应该客观地评价他人，无论是对同学，还是对老师，都要客观公正地进行分析，看待别人要做到一分为二，实事求是，既要看到别人的长处和优点，也要看到别人的短处和缺点。如果我们只看到自己的优点和长处，别人的缺点和短处，便会过高地估计自己而瞧不起别人，就会脱离实际，孤芳自赏，从而使自己陷入“自傲型”孤独；反之，如果只看到自己的缺点和短处，别人的长处和优点，就会妄自菲薄，缺乏自信，从而使自己陷入“自卑型”孤独。这两种孤独，筑起一道人际交往的屏障，既影响人际关系的建立，又不利于自己的健康成长。

因此，在人际交往中，保持良好的心态，既要自重自爱，又要不卑不亢。根据交往对象，选择适当的交际方式，既不能贪图私利，丧失人格，也不能放松警惕，受骗上当。特别是当自己在交际中个人财产和人身安全受到损失或者威胁时，应该及时向老师和学校保卫部门报告，在校外应及时报警，以免发生意外事件。

三、人际交往的主要方法

人际交往的基本理念是“以人为本”、“以人为镜”，即以人文的精神关怀人、理解人、尊重人；以谦虚的态度去学习和研究交往，促进自身的成熟与发展。人际交往实质上是人类的一种生存方式、思维方法与人生态度，它是保证人自身、人与自然、人与社会和谐发展，进而实现人的全面发展和整个社会可持续发展的重要手段。

大学生文化层次较高，思想活跃，兴趣广泛，生理和心理日趋成熟，因此，大学生的人际交往与其他社会交往具有不同的特点。一是平等意识强。大学生随着自我意识的发展，独立和自尊的意识日益增强，于是产生了“成人感”，对交往中的平等性要求越来越高。他们既希望对他人平等相待，又希望他人对自己一视同仁。所以，大学生更多地选择与同辈交往，经常回避居高临下的教训，渴望平等相待。那些傲慢无礼、不尊重他人、操纵欲、支配欲、嫉妒心和报复心强的人常常不受欢迎。二是感情色彩浓。大学生普遍希望通过交往获得友谊。他们对友谊的珍惜与渴求以及年轻人情感丰富的心理特点，促使其在人际交往中十分注重感情的交往，渴求情投意合和心灵深处的共鸣。他们选择朋友的标准主要是真诚、聪明的性格。容易形成朋友圈的主要有三类，即地缘圈、业缘圈、趣缘圈。地缘圈是指以地域相同而结成的朋友关系，同乡会就是一种表现方式；业缘圈是指以学习专业为纽带而结成的朋友关系，是集互补性、合作性和竞争性于一体的维系时间较长的一种人际关系；趣缘圈是以兴趣爱好相同而形成的人际关系。但是，大学生情感不是很稳定，有时变化无常，表现为时而欢欣鼓舞，时而焦虑悲观，甚至容易用感情代替理智。三是富有理想化。大学生的人际交往带有浓厚的理想色彩，注重思想，纯洁真诚。无论是朋友，还是师长，都希望不掺任何杂质，以理想标准要求对方，一旦发现对方某些不好的品质就深感失望。与其他人群相比，大学生人际交往的挫折感较强，以致出现渴望交往和自我封闭的双重性。因此，大学生在人际交往中要注意了解和掌握以下方法和策略：

（一）准确定位，真诚相处

这是大学生性格特点决定的人际交往的基础条件。只有准确定位，以诚相待，忘记过去，面向未来，准确客观地善待周围的人和事，保持一种平和而理智的心态，谦虚待人，才能使交往双方建立一种平等的关系和信任感。日常交往中要注意避免刻意追求平等，强者不愿被迎合，弱者不愿被鄙视。对朋友的不足和缺陷能诚恳批评，对不同的观点能直陈己见，既不当面奉承人，也不在背后诽谤人，要做到表里如一，肝胆相照，促进彼此间的了解、信任、倾诉。

（二）心灵呼唤，宽容大度

生活中由于种种原因而导致不能完全理解别人，但当你站在别人的位置考虑问题时，从而获得许多从未有过的理解，便会觉得心理上的距离缩短了。每个人都会保留自己的意见，按照自己的意识行事，但我们只能用自己的思想去影响别人，而不能强制改变别人。如果时时处处尊重和理解别人的选择，不过高要求别人，保持宽广的心胸，那么彼此之间就能达到心灵的相容。人际交往中不可避免地产生误解和矛盾，这就要求大学生在交往中要谦让大度，气量大，心地坦然，冷静思考，认真分析问题的根源，找到症结所在，对症下药，消除误解，化解矛盾。凡事多为他人着想，不计较对方的态度和言辞，对别人的缺点给予宽容，并勇于承担自己的行为责任，严于律己，宽以待人，这样彼此容易沟通、交往，能够赢得更多的朋友。

（三）密切关系，相互协助

心理学研究表明，人与人之间空间距离上的接近是促进人际吸引的重要因素，因为人与人之间空间位置距离越小，联系密度就越高，越有助于相互了解，沟通感情，密切关系。即使两个人之间的关系偶尔比较紧张，通过交往，也能使其关系得到逐步改善。相反，如果两人之间关系很好，但长时间不交往，其关系也可能逐渐淡薄。人们一般都有这样的体验，当自己遇到困难需要帮助的时候，此时如果有人来帮助自己，那么我们肯定对人家感激不尽，以后见面显得格外亲近，从此建立了友谊。以后如果对方有困难的时候，你一定会主动帮助。这不仅是物质方面的帮助，而且是情感和精神方面的支持。大学生生活在相同的环境中，无论是学习、生活，还是现实、未来，相互交往、合作都不可避免。因此，彼此之间应建立起纯洁的友谊，在校园里相互帮助、共同提高；走向社会友好竞争，携手并进。

（四）提高素质，加强修养

作为新时期的大学生既要具有丰富的科学文化知识，又要具备良好的品质修养。

首先，提高个人的心理素质。人与人交往，是思想、能力与知识及心理的整体作用，哪一方面欠缺都影响人际关系的质量。有的学生在人际交往中存在恐惧、自卑、冷漠、封闭、猜疑、自傲、嫉妒等不良心理，这些都有碍建立良好的人际关系，应该加强自我训练和调适，以积极的态度进行人际交往。

其次，学会了解和沟通。良好的人际关系有赖于彼此间的思想沟通，大学生要善于与人交流，选择双方感兴趣的话题。沟通时语言表达要准确、清楚、简练、生动，要学会有效聆听，做到耐心、虚心、会心，把握交流的技巧。同时，还要学会赞扬和批评，适时的赞扬可以释放人身上的能量，调动人的积极性，增进彼此的吸引力。批评是负性刺激，通常只有用意善良、符合事实、用法得当、环境适宜时，才会产生效果，才能促进对方的进步，否则将会挫伤对方的积极性与自尊心。

再次，增强人际魅力。人际魅力是人际交往过程中形成的，个体对他人给予的积极的和正面评价的倾向。良好的人际魅力决定着交往发展的方向，也是和谐人际关系的基础，它来自于较好的个性特征、外在素质和语言艺术。大学生应该培养良好的个性特征，学会悦纳自己。一个人只有首先学会悦纳自己，才能在人际交往中始终置于正确的位置。俗话说，自爱才有他爱，自尊而后有他尊。在人际交往中，自信的人总是不卑不亢、谈吐从容，但绝非孤芳自赏、盲目清高，而是正确认识自己，善于听从别人的劝告和帮助。大学生应该提高外在素质，建立良好的第一印象。追求美、欣赏美、塑造美是人的天性，美的外貌、风度能使他人感到轻松愉快，并在人的心理上建立良好的第一印象。注重扬长避短，展示自己独特的气质和风度，力求外在美和内在美的协调一致，做到外秀内慧。因此，随着时间的推移和交往的加深，外在美的作用会逐渐减弱，而内在美的影响将逐步增长，由外及内，由表及里，从相貌转为道德、才能。这将决定人际关系的发展方向。大学生还应该注重语言艺术，增强幽默感和感召力。语言是一种符号，它可以传递人的感情与思想。正确地使用适宜的语言，可以促进交往关系的和谐，而使用不当的语言则会将交往带入僵局，甚至会挫伤对方的感情。因此，只有在人际交往中准确使用语言，适当应用善意的幽默感，给人以轻松和超脱、欢笑和愉悦，增强感召力与亲和力，才能促使人际关系更加融洽，更加自然。

第二节 大学生主要社交活动种类及其特点

伴随着改革开放的滚滚浪潮，更多便捷的社会公共服务体系进入校园，大学社会化和人才培养模式的开放化，使得大学生与社会的联系变得越来越密切，大学生参加各种社会活动的机会也越来越多。在不同的社交活动中，如何保证自身的安全、活动的合法，显得尤为重要。

一、社团活动

（一）社团的概念

社团，即社会团体，它是指人们为谋求某种社会利益或完成某种社会目标，通过特定的社会联系和心理沟通所结成的一定规模的社会共同体。社团一般分为社会性团体和非社会性团体两种。

所谓社会性团体，一般是指跨单位或跨地区所组成的团体组织；非社会性团体，是指在本单位内部组成的团体组织。学校的社团活动，主要是由学校的教职工和学生自愿组织的群众性团体，如一些协会、研究会、联谊会、学会、俱乐部等。这些群众性团体的成员都是本校的师生，活动范围也局限在校园内，属于非社会性团体。成立和参加校园内的非社会性团体，对于丰富学生生活、活跃校园文化、提高学生素质、弘扬时代主旋律、促进校园精神文明建设，均具有积极的推动作用。特别是一些草根型社团、学术性社团的建立，对发挥知识分子的作用有着积极的意义。同时，通过社团组织活动，也可以提高当代大学生自我管理、自我服务、自我教育的能力。

但是，一些大学生由于不懂得相关的法律规定，擅自组织社团活动，违反了法律，受到了处罚；或者被一些别有用心的人利用，成为西方思想文化、价值观进行渗透的重点对象。这主要表现为：法制观念淡薄，未申请登记批准便非法组织社团跨地区进行活动；已经提交申请报告，还未批准成立即在校内开展社团活动；已获批准成立的学生社团，其活动内容背离社团宗旨及相关规定；打着学校学生社团的旗号进行非法活动。这些行为都是禁止的，对于想组织社团活动或者参加社团活动的大学生，尤其需要了解相关规定。

（二）成立社团的相关规定

为了保障公民结社自由，保障社团的合法权益，就必须对社团进行管理。

成立社会性团体，《社会团体登记管理条例》有明确的规定。社会团体的登记管理机关是民政部或县以上地方各级民政部门；业务活动受有关业务主管部门的指导。如要申请成立社会团体，应当经过有关业务主管部门审查同意后，到登记管理机关申请登记，并提交：负责人签署的登记申请书；有关业务主管部门的审查文件；社会团体的章程；办事机构地址或者联络地址；负责人的姓名、年龄、住址、职业及简历；成员数量。经过核准登记的社会团体，发给社会团体登记证书，这就具有合法性，否则，就是非法组织。

成立校内非社会性团体，也有相关规定。《中华人民共和国高等教育法》规定：高等学校学生可以在校内组织学生团体。学生团体应在法律、法规的范围内活动，服从学校的领导和管理。《普通高等学校学生管理规定》明确指出：学生成立社团，必须提出包括社团宗旨、章程、活动内容、形式和负责人的书面申请，报学校批准。学校鼓励和提倡学生社团开展科技、文化、艺术、体育等活动。学生社团必须服从学校的领导和管理。学生社团在宪法、法律和校纪校规范围内活动，不得从事与本社团宗旨无关的活动。

全国各个高校的实际情况虽各不相同，但基本依照国家有关法律制定了相应的社团管理条例，其目的就是为了更好地保障高校内部社团的合法运行。校内非社会性团体必须遵循各自学校的规定，方能开展各项活动。一般而言，成立校内非社会性团体均需提交包含以下内容的申请：社团名称、宗旨、活动内容及范围、社团章程、组织机构、负责人及成员情况、经费来源以及其他需要说明的事项等。

（三）大学生参与校内非社会性社团活动的基本原则

如果大学生要参加一个社团，首先需要了解这个社团的背景。例如，是否经过学校批准成立，社团的性质是否与自己的兴趣爱好相一致，自己的学习负担情况等。另外还需要警惕有人利用学校合法社团从事非法活动。

（1）加强法制观念，严格遵守法律法规。大学生在组织、加入某个社团之前，应先了解本校对社团管理的有关规定，并按照规定到学校有关职能部门办理相关事项。提交申请后，经过学校有关职能部门审批同意后，才能着手成立社团组织，这样组织的社团才是校园内的合法组织。

（2）校园社团组织必须在法律法规和校纪校规规定的范围内开展活动，必须服从学校的统一领导和管理。不能从事与本社团宗旨无关的活动，不能影响同学的正常学习和生活秩序。

（3）由于学生社团人员流动性比较大，一般学校会固定一个时间对社团进行重新注册。作为社团的负责人。必须在规定的时间内到有关部门注册。若社团主要负责人等重要信息变更，也应及时办理有关变更手续。

（4）社团组织活动，应按规定提前上报社团业务主管部门或登记管理部门，说明活动的目的、内容、形式、人数、时间、地点以及主办单位、负责人、经费来源等。经学校批准后方可举行。如果邀请校外单位或人员来校参加活动，也必须事先报请学校同意。

（5）社团编印刊物，必须经学校批准并接受学校管理。每期刊物都应报登记管理部门备案，主动接受指导老师和主管部门的监督、审查，并且只能在校内散发、张贴。在校内张贴刊物、海报、通知等，应按照学校制定的张贴物管理办法张贴在学校指定或许可的地点。校内刊物不能到社会散发和张贴，否则就成了非法刊物。

（6）在组织活动的过程中，社团的组织者要加强管理，防止别有用心的人利用学校合法社团从事非法活动和破坏校园的稳定。一旦发现问题，应当立即停止活动，并向学校保卫部门报告。

二、求职择业

（一）大学生求职择业现状概述

20世纪90年代后期，全国高校开始扩招，社会对高校毕业生的需求在数量和专业上都发生了很大的变化，大学生就业政策也随之发生了根本性的转变，并逐步由计划经济时代的“包分配”转变为“供需见面、双向选择、自主择业”。这一改革有效地推动了我国人才市场的形成，打破了人才垄断局面，为广大毕业生创造了更多的就业机会和更大的选择空间。与此同时，大学生们正面临前所未有的就业压力，一些新矛盾、新问题也接踵而至。在求职择业过程中，大学生由于涉世不深、思想单纯，在求职时急于求成，不可避免地遇到了一些安全问题，人身财产受到侵害。

特别是一些行骗手段，屡见不鲜，值得我们深思警醒，例如，有的非法职介阴魂不散，改头换面以“公司直招”或“求职顾问”的面目出现，非法收取各类费用，倒卖大学生个人信息资料。有的公司招聘职位名不符实，用“经理助理”、“市场总监”等一些光彩照人的虚假名头掩盖实际岗位性质。有的用人单位虚张声势，为了提升企业知名度或者出于其他目的，大肆宣传，反复面试，实际早已内定招聘对象，这样的招聘纯属炒作，白白浪费了大学生的时间、金钱和精力。有的单位开空头支票诓骗人才，许诺不实薪水、职位，将优秀大学生招入麾下，等工作后才发现现实与承诺相去甚远。有的单位以招聘为名，骗取大学生的劳动成果，在笔试或者试用期间，将无法解决的问题以应聘试题的形式，让大学生来解决，等解决问题后并不实施招聘。有的企业借招聘会宣传企业形象，在校园内大肆刊登企业广告，最后并没有实现招聘计划。更有一些不法分子，以招聘的名义，对女大学生实施猥亵、骚扰、性侵害等人身伤害，造成受害大学生损失惨重、教训深刻。凡此种种，都需要大学生在求职择业过程中引起足够的警惕，不能为一些假象所蒙蔽。

（二）大学生求职择业中应注意的问题

1. 积极调整心态，乐观面对将来

经过数年的在校学习，终将走上就业岗位。求职择业的过程实为一次重要的选择过程，与此同时，又面临着与校园分手，与同学再见的伤感离别，在这个关键时期，压力、迷惘可能会导致心理失去平衡。争嘴吵架、酗酒闹事、打架斗殴、负气出走等平时比较少见的事情开始多发，还有少部分人怨天尤人、报复社会。这样的行为举止都是心态失衡的表现，需要适时调整，积极寻找自己的最佳位置。首先要客观评价自己，对自己和自身的能力做出正确的认识，从实际出发，不要盲目攀比；其次要规范自身的行为，责人要公允，意见要客观，同时要通过正当的渠道和途径反映问题。

2. 树立正确择业观，消除择业心理偏差

三百六十行，行行出状元。不能只考虑眼前利益，忽视专业发展方向；不能互相攀比，强求平衡；不能孤芳自赏，听不进劝告；不能贪图虚荣，非高薪不去。大学生这些急切、单纯的心理，正是行骗者屡屡得手的根源。因此，要认清形势和发展趋势，踏实耐心地应聘择业。

3. 依靠组织，选准渠道，参加正规招聘会

大学生要尽可能地通过学校就业指导部门组织的人才招聘会、毕业生供需见面会、双向选择会、人才交流市场以及其他由学校或政府相关部门组织的各种活动选择自己满意的工作，这是主渠道，不要轻率盲目地“自找门路”。参加这些活动的用人单位，都是经过学校或相关政府职能部门审查的，避免了资质不够、虚设招聘岗位等可能，是大学生进行求职择业的首要选择。

4. 遇到疑问，及时求助，切忌轻信，多方释疑

大学生对有疑问的聘用岗位或单位应积极寻求帮助，对单位状况、岗位性质、发展前景等信息充分了解。不仅可以通过学校就业指导机构或者政府职能部门等可靠单位进行咨询，也可以通过亲友、同学、老师进行了解，有条件的还可以亲自到实地进行考察。这样既可以对单位、岗位有比较全面的认识，防止上当受骗，还可以在同用人单位签订合同的时候处于相对主动的地位，防止日后发生一些民事纠纷。

5. 签字交钱多留心眼，证件证书妥善保管，个人信息注意保密

有的行骗者为骗取求职者的信任，通过合法的渠道取得招聘资格，用面试或试用作诱饵，避开人才市场现场的各种警示，利用双休日将大学生骗到其他地方，然后收取考试费、服装费、培训费、保证金等，最后卷款逃走。大学生不要因为害怕失去工作机会而轻易掏钱，当用人单位提出收费要求的时候，一定要索取正规发票，并妥善保管。此外，一些表格、问卷等要仔细看清，不能随便签字，以免落入圈套，陷入不必要的麻烦和纠纷。各种证件和证书也要妥善保管，不能随便将原件和复印件交给他人，更不能将手续交给不相识的人代办。要将个人信息合理适度地公开，不要随便分发自己的求职简历，不要随意留下自己的个人信息和通信方式（包括家庭通信方式）。不要接受不法分子诸如关闭手机、不接电话等要求。总之，大学生在求职择业的过程中要提高自我保护的意识和能力，如果遇到意外情况，应当及时向学校保卫部门和公安机关

进行汇报，并注意保留证据，积极提供有关线索，以便有关部门开展调查。只有这样，才能使被骗损失减少到最低程度。

（三）警惕求职中的传销陷阱

传销主要是通过“拉人头、收取入门费、团队计酬”的手段而获取暴利。它具有理念的邪教性，组织机构的严密性，群体的复制性，活动的隐蔽性，利用互联网络等特点。传销和变相传销活动不仅严重扰乱社会正常的经济秩序，而且还严重危害社会稳定。近年来，传销开始逐步向校园渗透，致使一些大学生在实习或求职过程中上当受骗。他们当中有的陷入传销泥潭不能自拔，有的被传销组织控制无法脱身，有的自身生命安全受到威胁。

大学生为何屡屡被非法传销俘获？这是由大学生自身的特点和非法传销的欺骗性所决定的。特别是在求职择业阶段的大学生，接触面不广，少数人往往急功近利，叛逆心理强，对生活的期望值高，很容易被那些宣称能暴富的传销组织蒙骗。特别是一些大学生，一旦被骗后，无法索回交出的钱财，但又想挽回损失，于是越陷越深，不能自拔。一旦进入传销链条，个人的证件、现金、通信工具等均被扣押，传销组织有计划地进行“洗脑”，让他们在潜移默化中深信那些天花乱坠的说法，并步入传销环链，反过来欺骗其他同学。

因此，在求职过程中，首先要对应聘公司有个详细的了解，特别是一些公司的地点在居民住宅区内的，公司地点与有关部门登记的地点不一致的，要多加小心，仔细核查。此外，慎重对待报纸、网络等刊登的招聘信息，不轻信一些夸张的招聘说辞。对一些同学或网友介绍的招聘信息也要认真审查。

（四）勤工助学

勤工助学，主要是指完全利用课外时间自愿参加一些与专业学习相结合的科技、文化服务和培养劳动观念以及自立精神的劳务活动，其目的与高校人才培养的目标相一致。学生通过适度勤工助学活动，可以得到全面的锻炼，提高自己的动手能力、社交能力、实践能力和解决问题的能力，并可培养学生的劳动观念和自立自强精神，同时，通过自己的劳动所得可改善学习条件和生活条件。但随之带来的一些安全问题不容忽视。大学生是弱势群体，在勤工助学的过程中因不平等协议、经不住高薪诱惑等而上当受骗，不仅自己的权益受到侵害，而且极有可能引发意外事故。为此，大学生在勤工助学中应掌握以下基本原则：

1. 遵守国家法律法规和校纪校规，依靠诚实劳动获得合法收入

《中华人民共和国高等教育法》规定了高等院校应对学生的社会服务和勤工助学活动给予鼓励和支持，并进行引导和管理。同时，大学生在勤工助学的过程中，要熟悉并严格遵守相关规定。凡是违法违纪的事坚决不做；凡是不符合学生身份的事坚决不做；凡是有损于自己和同学的事坚决不做；凡是违背伦理道德的事坚决不做。同时，还要学会依法保护自己的正当权益。

2. 严格区分勤工助学与经商

经商是一项职业，必须按照国家有关管理法规办理经营手续；同时，经商是一个复杂的商品流通过程，需要耗费大量的精力。如果把经商当成勤工助学，就有违初衷了。

3. 量力而行，避免风险

勤工助学的内容非常丰富，项目和区域十分广泛，我们选择活动的时候，要考虑到自己的时间、精力、体力和能力等因素，要坚持有利于为社会和学校提供有益的服务，有利于发挥自己的才能，有利于培养锻炼和健康成长，依靠自己的诚实劳动取得合法的报酬，切不可为图高薪、虚荣，而选择不适当的岗位，甚至误入歧途，那将会一失足成千古恨。

4. 有组织地参加勤工助学活动是最好的选择

随着高校政策的逐步深化，各高校都为学生开展勤工助学提供了很多机会，拿出一部分岗位让学生参与竞争，同时还有组织地安排同学到社会上去开展勤工助学活动，既为学生提供了勤工助学的条件和机会，又可以避免和减少学生上当受骗的几率。因此，大学生在选择勤工助学岗位时，应该先内后外，由近及远，循序渐进，这样，不仅有利于自己的成长锻炼，而且确保自己始终沿着健康的轨道发展。

三、涉外活动

改革开放以来，我国对外交往日益频繁，涉外活动发生了明显的变化，涉外活动的范围不断扩大，渠道日益增多；涉外活动的领域也在不断扩展，参与涉外活动的人员也越来越多。在此基础上，高等院校国际交流也呈现出蓬勃生机，国际间的文化、教育、科技和学术交流不断增加，既有国际合作办学，教师互访、任教、进修、学术交流，也有学生到国外留学、参观、交流、比赛等。大学生与国外人员交往接触的机会愈来愈多。这些都有力地促进了我国的现代化建设和对外文化科技交流的发展，但同时也为境外敌对势力的窃密、渗透、策反、颠覆、分裂和破坏活动提供了许多可以利用的渠道和机会。高校是意识形态领域的前沿和窗口，各种思潮在学校激荡。“外事无小事”，涉外活动中很小的纷争若不及时妥善处理，就有可能引发政治事件，造成国际影响。

因此，为了达到广交朋友、友好合作、博采众长的目的，在涉外活动中，我们在尊重外国友人的风俗习惯，注意礼节、礼貌的同时，更要自尊、自爱、自强，自觉维护国家安全和民族尊严。

（一）校园涉外活动中应注意的问题

1. 尊重外国人的风俗习惯

不同的国家、民族形成了不同的风俗习惯。风俗习惯是不同民族生活中不可缺少的一部分。为了使涉外活动顺利进行，我们要注意了解和掌握不同国家、不同民族的风俗习惯，尊重它们的风俗民情。

2. 涉外活动中的礼节、礼貌

礼节、礼貌是人际交往中不可缺少的行为准则和行为规范。讲礼节、讲礼貌是互相尊重的表示，是增进友谊的媒介和联络感情的催化剂。我国是一个文明古国，素有“礼仪之邦”之称，因此，我们在涉外活动中特别要注意礼节、礼貌。要按照约定俗成的习惯称呼对方；要按照风俗习惯并遵守禁忌来行见面礼；谈话的表情要大方得体，谈话的内容要符合共同的旨趣。

3. 强化民族意识，做到自尊、自爱、自强

自尊、自爱、自强是爱国主义精神的具体体现。对于个体来说，自尊、自爱就是必须尊重自己、爱护自己，表现为人到了一定的年龄阶段产生的强烈的被理解、被接受与被尊重的心理需要。自强就是为了实现自己的追求和理想，敢于面对一切挫折和失败，始终充满必胜的勇气和信心，用行动来证明自己是强者。反映到对祖国的感情上，就是要热爱我们的祖国。中华民族自尊、自爱与自强的人格魅力的凝聚，就形成了我们强烈的民族意识、民族之魂——爱国主义精神。

在涉外活动中尊重外国人的风俗习惯，注意礼节、礼貌，这是我们改革开放、对外交流的需要。但尊重外国人的风俗习惯不等于卑躬屈膝、摇尾乞怜，不能以牺牲自己的人格、国格为代价。我们应该不卑不亢、有理有节，时刻视国家的利益和荣誉至高无上，做到自尊、自爱、自强。

4. 毋忘国家安全

在对外交往中，既要与国际友人保持关系、发展友谊，又不能给居心叵测者以可乘之机。毋庸讳言，有些大学生在对外交往中，往往由于对外事纪律不了解，因而做了出格的事情，甚至导致了严重的后果。因此，广大同学应严格遵守国家、学校关于外事活动的法律法规和相关规章制度。例如，未经外事部

门允许，不准私自进入外国领事馆、公寓及外国人住宅等；不准拦截外国人及其车辆；不能向外国人散布不满言论。要提高警惕，不要随意同外国人谈论我国内部情况，泄露党和国家的秘密。不准与外国人勾结进行走私活动。总之，我们要忠于祖国，站稳立场，坚持原则，时刻提防敌对势力的渗透活动。

（二）涉外保密常识

保密工作关系到国家的安全和利益，历来是国家一项十分重要的工作。境外情报间谍机关利用我国对外开放后一些方便条件，采取公开的或隐蔽的、合法的或者非法的手段，加紧搜集我国国家秘密。特别是当前，信息传递技术的发展突飞猛进，间谍与反间谍、窃密与反窃密的斗争比以前任何时候都更加尖锐、更加复杂。如果放松警惕不加预防，很可能就在不经意间泄露了国家机密，损害了国家利益。

比较常见的失密途径有：在报纸、杂志、广播上发表论文或消息时泄密；在接待外国人参观、考察中泄密；在出国讲学与进修、考察、表演时泄密；私人通信造成泄密；违反保密规定泄密；丢失、传抄秘密文件泄密；私自将秘密资料邮寄或带到国外泄密；将秘密文件和资料以废品出卖造成泄密，等等。

高校是国家科研工作的一个重要基地，有很多科研项目属于国家机密，同时，大学生的保密意识不够强，因此，高校已成为境外机构窃取我国秘密的一个重要目标。近年来，高校时有泄密案件发生。形形色色的泄密给我们的教训极其深刻。因此，大学生应该严格保守国家秘密，要自觉做到：

（1）自觉克服“无密可保”、“有密难保”、“与己无关”的麻痹思想，抵御境外人员的攻击、诽谤和图谋不轨，保持崇高的革命气节，不为权势、金钱、美色所动摇，不被威胁讹诈吓倒。敢于同泄密、窃密行为做斗争。一旦发现，要立即报告有关部门。

（2）增强保密意识。与外国人接触和交往要注意内外有别，在以礼相待的同时要提高警惕，严防对方套取情报。向境外投寄论文、稿件和其他资料时，不得涉及国家秘密。遇有境外机构和人员来电、来信、来访了解情况、索取信息资料时，应及时向学校有关部门报告，不得擅自回复，更不得在回复中涉及国家秘密。不得擅自带境外人员去控制开放和非开放地区。出入境外驻华机构、公司、企业和境外人员住处，或陪同境外人员参观、考察、游览、参加宴会等，不得携带属于国家秘密的资料或者其他物品。出国（境）时不得擅自携带国家秘密文件、资料和其他物品。出国（境）在外期间应保持高度警惕，增强保密意识，不在不利于保密的场合谈论我国秘密事项。利用境外通信设备进行通信联系和在国际互联网上，不得涉及国家秘密。

（3）树立高尚的道德品质。在涉外交往活动中，要做到言行谨慎，举止端正，自尊自爱，不被虚荣心驱使，不接受也不索要非分之财，不利用职权和工作关系、朋友关系营私牟利，不涉猎外籍人员提供的反动、黄色等内容的书籍、音像物品。在涉外交往中既要保持和发展友谊，又要防止被别有用心的人利用，既要维护国家安全和利益，又要保护自己的人格和尊严。

第三节　社交活动中的安全防范

由于大学生长期生活在环境相对简单的校园里，还没有正式步入社会，缺乏社会阅历和必要的社交安全知识，在接触社会的尝试中，不能很好地把握自己，或者轻信别人，或者争强好胜，容易遭受不法侵害或造成意外事件。有的同学因为在价值观念上与其他同学存在分歧，就不能与之友好相处；有的同学由于不能够分辨真伪，轻信他人，导致上当受骗，付出沉重的代价；甚至有人因在社交上出了问题而走上违法犯罪的道路，给个人、家庭、社会造成很大的损失和危害。为此，大学生应积极主动地学习和掌握社交安全知识，增强社交安全的鉴别力，合理适度地与人交往，做好社交活动中的安全防范工作，为自己的大学生活增添活力，也为成功走向社会打下基础。

一、正确处理人际交往中的矛盾纠纷

（一）大学生人际交往中矛盾纠纷的原因、种类、形式

1. 大学生人际交往中矛盾纠纷的原因

高校的学生往往来自于不同的地区，由于地区经济、文化发展客观上存在一定的差异，而经济文化的差异也必然带来思想观念以及生活方式的差异，同时由于个人所处的家庭环境、心智模式不尽相同，认识问题和处理问题的方法不同，所以结果也完全不一样，加上大学生个性较强，相互之间接触又密切，不可避免地会产生矛盾。矛盾纠纷处理结果的好与坏直接影响到人际交往，影响到诸多的安全问题。

2. 大学生人际交往中矛盾纠纷的种类

在高校这个小社会中，大学生既是主体也是特殊群体，同学们长期学习生活在一起，难免发生各种矛盾和纠纷，这些矛盾和纠纷涉及学习生活的各个领域。大学生中常见的纠纷有以下几类：按纠纷的主体身份，可分为同学之间纠纷、师生之间纠纷、亲朋之间纠纷、邻里之间纠纷；按引起纠纷的直接原因和

纠纷的具体内容，可分为恋爱纠纷、管理纠纷、财产纠纷、活动纠纷；按参与纠纷的人数或规模，可分为个人纠纷、群体纠纷、个人与群体纠纷、群体与群体纠纷；按纠纷发生的场所，可分为校内纠纷、校内与校外纠纷、内部纠纷与外部纠纷；按纠纷的性质，可分为轻微刑事纠纷、治安纠纷、民事纠纷、行政纠纷、经济纠纷。

3. 大学生人际交往中矛盾纠纷的类型

大学生中发生纠纷的形式很多，主要有两种：一是争吵斗嘴，互相攻击、谩骂；二是争吵升级，打架斗殴。两种形式紧密联系，以争吵开始，以打架甚至造成伤害而告终。还有一些其他形式，如写恐吓信，背后造谣、污蔑等。

大学生在学习生活中，各种纠纷会经常发生，而且大多是因为一些非原则性的小事所引起。其主要原因是缺乏必要的理智、诚信、修养和准确的定位。只要双方冷静、理智地对待纠纷，就会化干戈为玉帛。大学生应该具有较高的政治思想觉悟、道德修养和文化修养，要学会艺术地解决矛盾和问题，放宽胸怀，着眼未来，把主要精力和更多的时间放在学习、工作上。

（二）大学生人际交往中发生矛盾纠纷的危害

（1）损害了大学生的美好形象。当代大学生生活在继往开来的伟大时代。世界新技术的发展，中华民族的振兴，不但为大学生成才提供了广阔的前景，也在他们身上增添了新的历史重担。因此，大学生应当是政治方向坚定，思想品德高尚，富有创造精神的一代新人。只有这样，才无愧于“时代精英”的美称。但是，正如一块手表，是以它的行动来定价值的。那种争争吵吵，打打闹闹，纠纷四起，内战不休的状况，不仅损害了自己的人格，而且玷污了“大学生”这一光荣称号。尽管闹纠纷只是少数几个人，而受到损害的却是整个大学生的形象。我们切不可等闲视之，掉以轻心。

（2）妨碍内部团结，破坏大学生成才的优良环境。同学之间，师生之间，朋友之间真诚相处，和睦团结十分可贵，它不仅可以使你感受到集体的温暖，在和谐的环境中培养自己的优良品德，而且可以从他人身上得到帮助，受到启发，以增长自己的学识和处世、处事能力。时常引发纠纷，只会伤害感情，削弱友谊，破坏团结，瓦解集体。在这种环境中，养成互不信任，怀疑猜忌，尔虞我诈，逞强好斗的不良习惯，影响自己成才。

（3）酿成刑事、治安案件，葬送自己的前程。就纠纷发生的直接原因而言，多数是微不足道的小事，但是一旦成为纠纷，有的则难以收拾。例如，恋爱纠纷可以使人丧生，同学纠纷可以使人镣铐加身，家庭纠纷也可以酿成血案，纠纷是刑事、治安案件的温床，纠纷是破坏安定团结的蛀虫。我们应当引以为戒，牢牢记住他人给我们留下的血的教训。

（三）如何预防人际交往中的矛盾纠纷

（1）冷静克制，切莫莽撞。无论争执由哪一方面引起，都要持冷静态度，绝不可情绪激动，这就要求我们讲大度，虚怀若谷。只有“大着肚皮容物”，才能“立定脚跟做人”。对于那些可能发生摩擦的小事，要宽容，一笑了之。

（2）诚实谦虚。在与同学以及其他人相处中，诚实、谦虚是加强团结、增进友谊的基础，也是消除纠纷的灵丹妙药。任何人都应该有自尊心、自信心、独立性，不然就是奴才，但自尊不是轻人，自信不是自满，自立不是孤立。有了诚实、谦虚的精神，在发生纠纷的时候，就能认真听取他人的意见，进行认真的自我批评，宽容他人的过失，处理好相互间的争执。要知道在与他人的交往中，特别在发生争执的时候，诚实、谦虚并不是什么懦弱、妥协，恰恰相反，它是你强大和品德高尚的表现。

（3）注意语言美。实践证明，大学生中的纠纷多数由口角引起，而口角的发生都是恶语伤人的必然结果。俗话说，“病从口入，祸从口出”，深刻揭示了语言与纠纷的辩证关系。语言美是社会主义精神文明的重要内容。当你的自行车碰撞了别人，当你跳舞时踩踏了别人，你说一句“对不起”、“很抱歉”、“请原谅”，或者别人撞了你、踩了你，向你道歉时，你回敬一句“别客气”、“没关系”，紧张气氛就会烟消云散。要做到语言美，一是要说话和气，心平气和地与人说话，以理服人，不强词夺理，不恶语伤人；二是说话要文雅，谈吐雅致，不说粗话、脏话；三是说话要谦虚，尊重对方，不说大话，不盛气凌人。我们应注意克制自己，不用言语去伤害别人，但是当别人用言语来伤害自己的时候也应该受得起。如果能够做到这一点，就能“猝然临之而不惊，无故加之而不怒”。一切纠纷，都会化为乌有。

（四）如何正确处理人际交往中的矛盾纠纷

人际交往中往往会产生误解和矛盾。这就要求大学生在交往中不要斤斤计较，而要谦让大度、克制忍让，不计较对方的态度、不计较对方的言辞，并勇于承担自己的行为责任，做到“宰相肚里能撑船”，只要我们胸怀宽广，心中能容纳他人，别人也能理解你。宽容、克制并不是软弱、怯懦的表现。相反，它是有肚量的表现，是建立良好人际关系的润滑剂。那么如何才能正确处理人际交往中的矛盾纠纷呢？

（1）换位思考，学会宽容。设身处地地为他人着想，把自己放在他人的位置上思考，真切地感受别人的痛苦和困惑。在这个世界上各种各样性格、爱好的人都有，不能只用一种标准去要求他人，还要学会宽容。“人非圣贤，孰能无过”。善于原谅他人的人，就是宽以待人、心地坦然、谦虚自重的人。

（2）善于表达，学会沟通。通过双方交流，了解和确认对方真实的想法和愿望，防止产生误会。这在一开始会比较难，但是一旦这么做了并坚持下来就会避免许多新的问题出现。

（3）协商改变，求同存异。每个人都有缺点，人无完人。自己希望别人改变，别人同样也会这样要求你。这个时候大家就需要协商，在一种和谐融洽的或者适合改变的气氛下互相提出意见和建议，对方接受改变当然最好，如果最终或多次协商不成则不可强求，尽到人际交往的义务即可。

（4）增加沟通途径。在遇到矛盾纠纷时，不是所有的矛盾通过双方的言语交谈就能够化解的，可以适当换种方式和对方沟通，比方说通过纸条，短信，以及让别人参与调解等，这样才能更有效地化解矛盾纠纷。

二、预防交友不当

交友是人类的心灵需要，大学生有着强烈的交友欲望。多交朋友无可厚非，但有些同学不知道“近朱者赤，近墨者黑”这句古语，本着“四海之内皆兄弟”的想法，对所有的人员不加筛选，将“义气”二字作为交友的唯一标尺，凭一时的意气相投，轻率结交朋友，这样很容易使自己陷入困难境地。

交友的过程中，首先要慎重择友。朋友从相识到相知需要一个逐渐了解的过程，萍水相逢就一见如故、无话不谈，是非常不明智的做法。大学生需要掌握一定的交友技巧，保持一定的警惕，冷静地分析对方的身份、背景以及交友动机，不要为假象所迷惑，让对方左右你的思想，尤其是不要轻信初次见面就自我吹嘘、夸夸其谈和热情过度的人，轻率地投入感情、金钱，以免上当受骗，落入他人设下的陷阱。其次要提倡积极文明的交友方式。交一个好朋友令人终生受益；反之，则有可能让你得不偿失，甚至引你步入歧途。因此，交友也要“择其善者而从之”，选择那些遵纪守法、品德端正的人作为深入交往的对象，而与那些人格低下、品行不端者保持距离。同时，要对朋友负责，对于其不良思想或行为，要勇于纠正，不可听之任之，更不能沆瀣一气。

（一）大学生择友的标准

（1）具有正确的世界观、人生观、价值观。首先，朋友要有正确地对待人生、对待周围事物的态度，要有正确的价值取向。然后，本着“志同道合”的理念，追求共同的理想与信念，有共同的志向、共同的奋斗目标，虽然对某一问题各人看法不一，但是可以就一件事情展开广泛的争论，最终可以求同存异。

（2）具有较好的法律意识和道德品质。择友不能有违反法律、法规及相关规定的行为，不能触犯法律这条高压线，如果对方有这样的行为，应该立即予以制止，如果对方不听劝告，自己应该有个清醒的认识，不能光讲“哥们儿”义气把法律、道德抛到脑后，这样很容易走上违法犯罪的道路。

（3）具有良好的个人素养和知识结构。“三人行，必有我师，择其善者而从之，其不善者而改之。”交友也同样如此，在大学校园里应该交那些能够帮助自己成长的同学、师长，从他们身上能够吸取到成长的经验，好的东西我们多从他们身上学习，不好的东西我们可以自勉，同时还要多结交那些利于自己知识结构调整的人。

（二）大学生交友的具体注意事项

大学生怎样才能避免交友不当呢？那就要建立自己的积极防卫心理，时刻保持清醒的头脑。所谓“积极防卫心理”，并不是要求人们把自己封闭起来拒绝与人交往，而是要在人际交往中做到：

（1）对于熟人或朋友介绍的人，要学会“听、观、辨”，即听其言，观其所，辨其行，做到热情而不失控，真诚而不轻信，使自己处于进退自如的主动地位。

（2）对于“初相识”，要谨慎，在不了解对方的时候，不要轻易露出自身的底细。防止“言多语失”，也不轻食用对方赠与的食物、饮料。

（3）对于那些不相识的上门客，态度要热情，处置要小心，避免单独行事，必要时在集体环境中接待。

（4）交友要择其善而从之。真正的朋友关系首先是志同道合的，应该建立在高尚的道德情操基础之上，是真诚的情感交流。力戒交结低级下流之辈，挥金如土之流，吃喝嫖赌之徒，游手好闲之人。

只有这样，才能使我们在思想上筑起一道不破的防线。如果发现对方有不良动机和企图时，就应该注意与之保持距离，或者立即“刹车”，以防落入陷阱。

（三）预防交往陷阱

害人之心不可有，防人之心不可无。大学生在每天的生活工作中都要接触很多人，有善意的，但也偶有恶意的，如果说缺乏防备心理，极有可能被人利用，从而走上违法犯罪的道路。大学阶段就学生心智模式而言，无法准确判断交往活动是否有陷阱，其实避免交往陷阱的方法就是要多长几个心眼，多想、多问、多思考，不懂的时候可以向老师咨询，切勿私自做主，对别人盲目崇拜。

1. 远离“好朋友无话不说”的交往误区

大学生渴望友谊，更渴望拥有一个无话不说的知心朋友。有人期盼，在生活的某一个瞬间，身边最好的朋友就像一个翻版的自己，使自己有一种心灵互动的感觉。但是也有人说，没有距离就没有朋友，最亲近的关系总是最脆弱的。现实生活中经常会遇到这样的事情，就是有时候，你认为你的好朋友对你已经了如指掌，那么，他（她）的所有事情就不该对你有所隐瞒，但是情况并非如此，这时你会哀怨；或者你替他（她）做了那么多事，他（她）却不太领情……对此，你会既委屈又愤懑；对方如此薄情寡义，自己真是交友不慎。产生这种情况的原因在于没有很好地把握交友的空间距离。实际上，每个人都需要一个属于自己的独立自由的空间，心理学家霍尔认为，在人际交往中，双方所保持的空间距离是人际关系的表现。所以，在交友中，期望好朋友“无话不说”的想法既失于天真，又会造成双方关系的冷淡和疏远。朋友之间互相关心是毋庸置疑的，但每个人都有自己喜欢的独特的生活方式，如果任何事情都不分你我，包括将那些“天知地知，你知我知”需要独守的个人隐私都端出来的话，是不是也会使友情“变味”，陷入一种尴尬的境地呢？许多人都有这样的经验和体会，交往越深的人际关系就越容易发生摩擦和矛盾，反倒不如初次交往时那么平和顺畅了。

要想长久保持友谊的新鲜度，首先要做到不刨根问底。无论多么亲密的人际关系，也应彼此保留一块心理空间。同学们总以为亲密的好朋友之间不应当有什么隐私可言，其实越是亲密的人际关系越要尊重对方的隐私。这种尊重表现在不随便打听、追问好朋友的内心秘密上。当好朋友主动向你倾诉的时候，也不要对事情刨根问底。如果掌握得不好，就会让对方感觉你好像是在窥探隐私，说不定你会因此而失去一位很好的朋友。

其次，还要做到不倾诉到底。即使是再好的朋友，也不要随便向他吐露自己的隐私。虽然不存在打听别人隐私的问题，却存在向对方靠得太近的问题，容易失去应有的人际距离。就算是对最好的朋友，也要适当地保留一些你个人的秘密，不要幻想公开你自己的私人生活就能够证明你对朋友的诚意，也不要奢求朋友会对你的私人问题都有兴趣或有所帮助，该自己面对的就要自己来勇敢面对。

2. 必要的防人之心是社会交往的正当尺度

把握好尺度。医用酒精的浓度为70%时，杀菌效果最好，而100%的纯酒精，由于太浓，会使病菌形成一层保护膜，杀菌效果反而不好。真理过一分则成为谬误，初衷也许很好，但是过分了就没有好的结果。世间凡事应当有度，要把握好事物微妙的分寸尺度，否则就会使事情变糟。大学生如果想获得成熟的社会交往关系，就需要把握好社会交往的尺度。

另一方面，在人际交往过程中，还要注意以下几点：第一，自尊但要尊重别人。自尊是可贵的，但在社会交往中不能只尊重自己而不尊重别人，应当把自尊和尊重别人统一起来。自尊的同时也要注意到别人的自尊，尤其是一些自尊心比你更强的朋友。只有以尊重别人为前提，别人才能尊重你，才能维护你的自尊。第二，依赖但不轻信。信任对方是依赖对方的前提条件，但依赖要有一定的限度，切忌盲从轻信，否则会上当受骗。第三，表现自己但不贬低别人。社交中可以适当地表现自己，但若清高自负、贬低别人，就会使社交没有意义。用矫饰的表情，夸张的动作表现自己，会使别人对自己产生反感。第四，坦诚但不粗率。与人交往需要坦率诚恳，但坦率不等于简单草率，信口开河。第五，谦虚但不虚伪。社交中必须保持谦虚的美德，但谦虚应该以坦诚为基础，绝不可陷入虚假的泥潭。第六，谨慎但不拘谨。谨慎行事是获得社交成功的一个重要条件，但谨慎并不等于拘谨。怯懦和忸怩都不利于社交。第七，活泼但不轻浮。谈吐幽默风趣、举止落落大方是交往的良好基础。但活泼不是轻浮，不能在社交场合随意展现轻浮、庸俗的行动，要根据不同的场合采取不同的态度。第八，严于律己，宽以待人。对自己要高标准、严要求，对别人要宽宏大量，不斤斤计较别人很小的过错。

三、预防社交性侵害

性侵害是指在性方面造成的对受害人的伤害。由于两性的社会地位和角色不同，相对而言性侵害的对象常以女性为多。社交性侵害是指涉及社交活动的性侵害行为。在大学生活中不可避免地会与异性产生交往，有些别有用心的人会利用大学生的单纯、好奇、盲目崇拜的心理获取女性大学生的信任，以解决工作、谈朋友等为借口，与女性大学生发生性关系，使女性大学生不仅生理上遭受很大的伤害，而且，给其心理上、精神上带来严重的创伤，影响了正常的学习、生活秩序，同时，极易引发婚外恋、强奸、杀人等社会问题。目前，社交性侵害作为一个社会问题，已经越来越多地引起相关部门的重视。

（一）性侵害的形式

1. 性骚扰

性骚扰是指一方通过语言的或形体的有关性内容的侵犯或暗示，从而给另一方造成心理上的反感、压抑和恐慌。这种形式的性侵害是常见的也是多发的一种形式。性骚扰表现形式一般认为有言语、动作、利用媒介三种方式。言语方式，以下流语言挑逗异性，向其讲述个人的性经历、黄色笑话等；动作方式，故意触摸、碰撞、亲吻异性脸部、乳房、腿部、臀部、阴部等性敏感部位或者侵害者暴露私处，表演猥亵行为等；利用媒介，给被侵害者发黄色短消息，在被侵害者生活工作的地方布置黄色广告等。

我国《宪法》第 38 条规定：中华人民共和国公民的人格尊严不受侵犯，禁止用任何方法对公民进行侮辱、诽谤。《民法通则》第 101 条和第 120 条规定：公民享有名誉权，公民的人格尊严受法律保护，禁止用侮辱、诽谤等方式损害公民的名誉；公民有权要求停止侵害，恢复名誉，消除影响，赔礼道歉，并可以要求赔偿损失。《妇女权益保障法》第 39 条规定：妇女的名誉权和人格尊严受法律保护，禁止用侮辱、诽谤、宣扬隐私等方式损害妇女的名誉和人格。《刑法》也规定有猥亵、侮辱妇女罪及侮辱、诽谤罪。《治安管理处罚条例》规定“侮辱妇女或者进行其他流氓活动”的行为是扰乱公共秩序行为。

2. 强奸

我国《刑法》第 236 条对强奸罪作了规定，它是指以暴力、胁迫或者其他手段，违背妇女意志，强行与其发生性关系的行为；或以奸淫为目的，用暴力、威胁、欺骗、利诱及其他手段与不满 14 周岁的幼女发生性交的犯罪行为。它是一种严重侵犯人身权利的犯罪，不仅侵害了妇女的身心健康，而且往往造成伤害或杀人等严重后果。暴力手段是指犯罪分子直接对受害妇女采用殴打、捆绑、卡脖子、按倒等危害人身安全或者人身自由，使妇女不能抗拒的手段。胁迫手段是指犯罪分子对被害妇女威胁、恫吓，达到精神上强制的手段，如扬言行凶报复、揭发隐私、加害亲属等，利用迷信进行恐吓、欺骗，利用教养关系、从属关系、职权以及孤立无援的环境条件，进行挟制、迫害等，迫使妇女忍辱屈从，不敢抗拒。其他手段是指犯罪分子用暴力、胁迫以外的手段，使被害妇女无法抗拒。这是一种严重侵犯人身权利的犯罪。

3. 猥亵

指以刺激或满足性欲为目的，用性交以外的方法实施的淫秽行为。诸如接触异性性器官和性敏感部位等。严重的猥亵行为构成猥亵罪。我国《刑法》

第 237 条规定：以暴力、胁迫或者其他方法强制猥亵妇女或侮辱妇女的，处 5 年以下有期徒刑或者拘役。

4. 骗婚

一些不法分子采用欺骗的手段，骗取女大学生的感情，谎称与其结婚，并与其同居，最后提出分手。而我们的女大学生比较单纯，轻易地相信别人的花言巧语，上当受骗，钱色两空。

5. 引诱、强迫卖淫嫖娼

卖淫嫖娼是指以金钱、财物等为媒介，在两性（在个别情况下也可能是同性）之间发生的不正当的性行为。我国《刑法》规定：强迫卖淫罪，是指以暴力、胁迫或者其他手段，迫使他人卖淫或嫖娼等非法性的行为，并从中获取利益。引诱卖淫嫖娼是指加害者为了达到某种目的，以金钱、物质诱惑等手段，诱使他人进行卖淫或嫖娼等非法性活动的行为。这种犯罪行为往往是先将女大学生骗走，然后带至某地强迫其卖淫。

（二）性侵害的对象、场所和时间

在日常生活中，性侵害的对象主要以女性为主。这是由性别本身所决定的。由于女性体力较弱，防卫和反击性侵害的能力不强，加之大多数女性胆小怯懦，因而女性易成为男性性侵害者满足其非法性需求的对象。此外，少数女性存有不良之心，贪图享乐，好逸恶劳，行为不检点，交友不慎或智力上有缺陷，没有健全的性意识、正确的判别是非能力和性防卫能力，因而易遭受性侵害。在特殊情况下，性侵害的对象有时也可能是男性，加害者可能为女性，也可能是同性。下面几种类型的女生易受攻击：长相漂亮，打扮入时者；文静懦弱，胆小怕事者；作风轻浮，有性过错者；身处险境，孤立无助者；体质较弱，无力自卫者；怀有隐私，易被要挟者；不加选择，乱交朋友者；贪图钱财，追求享受者；意志薄弱，难拒性诱惑者；精神空虚，无视法纪者。

对于大学生来说，易发生性侵害的场所一般以校园内居多，如教室、走廊、宿舍、校园内偏僻幽静处，以及出租房屋内，还有一部分发生在公共娱乐活动场所和公共交通工具上。学校扩大对外开放后，社交场合增多，易被侵害地域延伸扩大，情况也更为复杂。女生在热闹拥挤、僻静独处、陌生人群、异性交往 4 个方面尤应提高警惕、注意防范。

春季和夏季，一般是高校治安问题的高发期，流氓、强奸等性骚扰、性犯罪较突出。尤其是夏季为这类违法犯罪提供了较为有利的气候条件和客观环境。例如，夏季炎热，女生夜生活时间延长，外出机会增加；夏季不似冬季寒冷，容易找到作案场所；夏季校园绿树成荫，罪犯作案后容易隐蔽逃脱。此外，夏季气候炎热，女生衣着单薄，身体裸露部分较多，曲线毕露，对异性吸引刺激增多也是一个重要的因素。一般中午和夜间易发事端，女生在这些时间尤其不要独行独处。同时学校也应加强巡逻和治安管理。

（三）性侵害的有效预防

（1）端正态度，培养健康的交往意识。正确的交往态度是社交活动能够正常开展的基础，良好的交往态度对社交活动是一个促进，如果在社交活动中心存邪念，幻想走捷径，这样的交往不但不会长久，而且很有可能带来很多的安全问题。交往中要距离适当，能够准确地调整好自己的心态，做到健康交往。

（2）冷静判断，控制交往的外部环境。正常的交往应该是在公共场合，但是有些思想不健康的人会想方设法带人去树林、僻静小巷、在建工地甚至是自己的住所等，对于这种情况，大学生应该冷静地判断，尽量选择公共场所和人多的地方，这样自己的人身安全才能够得到保障。

（3）态度明朗，谢绝超常的礼品馈赠。女大学生应该自爱自重，消除贪图小便宜的思想。在正常的社交活动中，存在着互相赠送礼品的行为，但是明显超出常规的礼品馈赠应该婉言谢绝。既不要得罪对方，讲话的方式、口气让对方容易接受，又要态度明朗，坚持自己的原则，切不可碍于面子，这极易授人以柄，使自己处境为难。

（4）行为端正，拒绝过分的举止动作。在交往过程中，有些异性会经常性地“动手动脚”，甚至出现越轨行为。若自己态度暧昧，模棱两可，甚至是自己的行为不端正，对方很容易增加幻想，继续越轨。这时候应该对过分举动明确表明自己的反对态度，态度坚决，不留商量的余地，断掉对方的幻想。

（5）依靠组织和老师解决问题。如果遭遇对方反复纠缠，一时难以摆脱，应该及时向辅导员老师、院系、保卫处报告，切不可“私了”，要依靠组织的力量来解决问题。

（四）加强自我保护

自我保护是指采取正确的方式来保护自己不成为性侵害的对象，并且知道当我们不幸成为受害者时应该怎么办。

(1) 积极选择反抗的策略。策略和方法因人而异。当受到性侵害时应怎么办？任何专家都不能给出满意的答案。一种方法对这个受害者适用，但对另一个受害者就不一定适用。一般来讲，对于性侵害的反抗分为被动的反抗和主动的反抗。被动的反抗是很重要的，其目的是脱离险境。当女大学生遇到性侵害时，要冷静沉着，不畏不慌，以什么样的心理状态面对袭击者是至关重要的。面对威胁的情形，人的心理和生理自然会做出震惊、恐惧的反应。要恰当地调节，挖掘自身在危急时候的潜在力量，努力使头脑清醒，心明眼亮，充满力量地积极寻找办法对付侵害者。一旦决心对侵害者进行反抗，就要把握时机，出奇制胜，使得反抗奏效。

(2) 适时运用反击武器。灵活运用现有的物件，实际上，任何东西都可以作为临时的武器。随身携带的，路边丢弃的，都可以随手取来，暂时防身。此外，指甲、拳头、高跟鞋等自身的东西也可以抵挡。在反抗的过程中，抓住要害部位直接进行击打。只要击打要害部位，不论是前面还是后面，都有可能起作用，而不必局限于攻击面部。

(3) 勇敢面对既成的事实。首先分清原因，正确对待。如果你是一个无辜的受害者，受惩罚的应是犯罪分子，你不应为此而烦恼，更不应为此产生轻生的念头；如果你是受骗上当，则应吸取教训，并积极检举揭发侵害你的不法之徒，使之受到法律的制裁；如果是由于自己行为轻率、作风轻浮，或经受不住诱惑，从而失足被性侵害，则应进行深刻的自我反省，走上正途而不必抱憾终身。其次振作精神，坚定生活信念。遭受性侵害已成事实后，受害者心理上会受到强烈的损害。其主要表现为：外向型性格的人感到痛苦、畏惧、愤怒、焦虑、紧张，内向型性格的人则沉沦、忧郁、极度压抑、克制自己的情绪，出现诸如头痛失眠、心惊肉跳、害怕黑暗等紧张感觉。面对复杂多变的社会，受侵害者不要长期沉浸在被侵害的阴影中，切不可自暴自弃。要解除精神枷锁，勇敢面对现实，振作精神，自强自立。

(4) 以法律武器打击罪犯。性犯罪是一种严重侵害他人人身权利，破坏社会治安秩序，对社会造成严重危害的行为。实施性犯罪的主体必须受到法律制裁。因此，性侵害事件发生后，受害者应注意如下问题：首先，奋起抗争，及时报案。性侵害案件发生后，事主能否及时报案，对于侦破案件，打击性犯罪，维护妇女人身权利，保护社会安定有序有着积极的意义。因此，发生性侵害案件后，受害人应该立即报案。报案时要讲清发案的时间、地点、罪犯的年龄、口音、体型体貌特征等。其次，保留证据，协助调查。公安、保卫部门在侦破性侵害案件中，需要受害人的积极配合和支持，尤其需要受害人提供案犯的具体情况。所以，女同学在受到性侵害时，一方面要冷静沉着，与犯罪嫌疑人周旋搏斗，同时要注意观察和牢记罪犯的特征，想方设法在案犯身上留下印记或痕迹。女性为了保护自身，不仅要有良好的心理素质，还要有一定的自卫能力，并学会利用社会控制力量保护自己。

第十一章 网络安全

计算机及其网络堪称20世纪人类最伟大的发明，它们的出现使人类进入了信息时代，其对社会政治、经济文化和人们生活之影响是显而易见的。互联网的发展，为全人类构建了一个快捷、便利的虚拟世界。网络是把双刃剑，在给人们带来各种便利的同时，各种问题也层出不穷。

第一节 计算机信息与网络安全

目前随着电脑网络的普遍运用，中国的网络违法犯罪案件逐年猛增。网络犯罪不仅破坏了网络本身，更严重的是，网络作为一个重要的信息传播途径，一旦瘫痪或者被犯罪分子掌握，将会直接影响到一个国家的政治、经济、文化等各个方面的正常秩序。

一、计算机网络犯罪与违法

计算机网络犯罪就是指以计算机内在资源为犯罪对象或以计算机为犯罪工具而形成的危害计算机系统安全，侵害计算机权利人的利益以及其他危害社会的行为。计算机犯罪的具体行为包括：计算机病毒的制造与传播；计算机非法访问；计算机情报盗窃；计算机经济盗窃；计算机破坏；计算机欺诈；制作出版传播非法作品；计算机软件侵权；计算机泄密；计算机系统损毁等。

（一）计算机网络犯罪的表现形式

目前，计算机网络犯罪主要表现为三大类：

一是危害互联网运行安全的行为，包括侵入特定计算机信息系统、故意制作、传播计算机病毒等破坏性程序、擅自中断计算机网络通信服务等。如上海某大学22岁数学专业研究生杨某非法侵入系统并破译了500多个用户的账号和密码，造成网络公司经济损失1.6万元。

二是利用互联网破坏市场经济秩序或社会管理秩序的行为。如利用网络制作、复制、传播色情淫秽物品的案件突出。

三是利用互联网危害人身权利及合法财产权利的行为。如某年某月，北京市抓获某高校计算机系学生卢某，他利用侵入手段在网上盗窃、贩卖上网账号非法牟利，累计使他人损失共40余万元。

（二）计算机网络犯罪的特点

计算机网络犯罪是新动向、新趋势，要认真研究和防范。计算机网络犯罪与传统犯罪在犯罪特征与顽固性上有所不同。计算机网络犯罪具有以下特点：

（1）作案手段智能化。大多数的网络犯罪，都是行为人经过狡诈而周密的安排，运用计算机专业知识所从事的智力犯罪行为。进行这种犯罪行为时，犯罪分子只需向计算机输入指令，篡改软件程序。网络犯罪作案时间短且对计算机硬件和信息载体不会造成任何损害，作案不留痕迹，一般人很难觉察到计算机内部软件上发生的变化。

（2）趋向共同作案，即计算机专家负责“技术”，外围成员负责转化为经济收益。

（3）成本低，传播迅速，传播范围广。犯罪分子只要有一台能上互联网的电脑，就可以实施犯罪，敲几下键盘就能把虚假信息发布给众多的人。

（4）犯罪行为具有极强的隐蔽性。从时间上看，网上犯罪不分白天黑夜，24小时均能作案；从空间上看，网上犯罪嫌疑人可以在家里、办公室、网吧等任何有联网计算机的地方实施犯罪，而且可以从头到尾不接触被害人，而将他人的钱财转入自己的账户。

（5）侦查取证困难，破案难度大。网络发展形成了一个虚拟的电脑空间，既消除了国境线，也打破了社会和空间界限，使得双向性、多向性交流传播成为可能。在这个虚拟空间里对所有事物的描述都仅仅是一堆冷冰冰的密码数据，因此，谁掌握了密码就等于获得了对财产等权利的控制权，就可以在任何地方登录网站。另外，在受理的这类案件中，侦查工作和犯罪证据的采集相当困难。

（6）犯罪后果严重，社会危害性大。随着计算机信息技术的不断发展，现在从国防、电力到银行和电话系统都是数字化、网络化，一旦这些部门遭到侵入和破坏，后果不堪设想。

（三）计算机网络犯罪的原因

计算机网络犯罪，从宏观角度来看，是一种社会现象，从微观角度而言是一种个体行为。网络犯罪的产生、发展和变化，除取决于犯罪人主观方面的各种因素外，还受制于社会客观存在的各种消极因素，网络犯罪是主观原因和客观原因相互作用、相互结合的结果。

1. 网络犯罪的客观原因

（1）网络自身的特点带来的负面效应。网络技术是一把双刃剑，它在开拓互联网运行空间的同时，也给犯罪提供了技术支持。网络犯罪与传统犯罪最大的不同是：网络犯罪必须借助于互联网，运用高科技电子技术，才能达到犯罪目的。也正是这个网络犯罪与传统犯罪不同的特点，加之网上活动的隐蔽性，使得犯罪主体的活动具有很强的独立性与隐蔽性，不易被察觉，极易使犯罪主体产生侥幸心理，也给侦查犯罪带来了很大的困难。

（2）网络安全方面的缺陷明显，网络监控不力。一方面，网络自身存在的漏洞和缺陷，为网络犯罪提供了可乘之机，如背后侵入、暗门侵入以及制造逻辑炸弹、定时炸弹等破坏性程序，使网络失灵和崩溃，是网络犯罪常用的方法。另一方面，我国网络的使用者，普遍存在着安全意识淡薄、思想麻痹、重使用轻安全的现象，导致安全管理、技术培训严重落后于应用水平，安全技术装备的投入极少，很多系统缺少安全管理员，缺乏安全管理的技术规范，没有定期的安全测试与检查，没有安全监控等，成为一种“开放系统”，这是我国目前绝大多数网络犯罪得逞的温床。

（3）网络立法不健全。世界各国都已经开始网络立法工作，加强对网络犯罪的打击力度。我国网络立法工作尚处于起步阶段，国务院于 1996 年 2 月颁布的《计算机信息网络国际联网管理暂行规定》，是目前有关计算机网络管理方面效力最高的法规，其他法规主要有《中国公用计算机互联网国际联网管理办法》、《中国公众多媒体通信管理办法》、《中国互联网域名注册暂行管理办法》、《计算机信息网络国际联网安全保护管理办法》等。《刑法》和其他有关法律文本，也有打击计算机犯罪、保护信息安全的条款。但是，网络立法工作相对于网络犯罪情况，显得较为滞后，不能有效地阻止网络犯罪现象的发生。

2. 网络犯罪的主观原因

（1）网络严重冲击着人们正确的世界观、人生观、价值观的形成。网络在给人们带来积极影响的同时，也不可避免地造成一些负面效应。一些年轻人盲目崇拜网络技术，重理工而轻人文，重技术而轻德行，沉溺于网络世界而忽视其他素质的培养，表现为价值导向主体自我极端化、多元化，价值目标模糊化，实现价值的方式虚拟化，无规则而漠视权威。同时，来自不同国家和地区，代表不同政治态度、宗教信仰、文化思想、道德行为、价值观念和生活方式的信息影响着上网的学生，他们在感受世界先进文化的同时，不健康、不客观、不科学的信息也容易对缺乏分辨力的人群产生误导，导致部分年轻人的世界观、人生观、价值观偏离社会所要求的方向，进而出现行为异常，其极端表现就是网络犯罪行为的发生。

（2）网络使人们道德弱化现象严重，一部分人的道德意识和道德行为失控。网络在给人们展示和提供一个高度开放的自由空间的同时，也对传统的伦理道德准则提出了挑战。有人认为，“自由是网络的灵魂”，“自由是网民们神圣不可剥夺的权利”，“网络无边，规则无限”，任何人可以自由地、无拘无束地想干什么就干什么，而不必受到道德、法律的约束；认为在网络独特的“虚拟”环境中，通过匿名的方式进行网络行为，可以不接受他人监督而随心所欲地发布自己的思想和言论，可以置道德规范于不顾，可以恶意使用网络技术，等等。这种反对任何约束，主张个人极端自由的价值观，必定会造成对他人或社会的危害，因而常常导致犯罪。

（3）过度上网，网络游戏成瘾，危害学生身心健康，导致生理和心理方面异常。目前的网络心理障碍问题主要分为三类：网上沉溺（主要包括恋网与网恋）、人际交往受阻、感情冷漠。具体表现为：一是过度上网的学生往往形容憔悴、四肢乏力、呵欠连天、情绪低落、萎靡不振，并常常伴有莫名其妙的异常言行，患上“互联网成瘾综合征”；二是过度上网导致虚拟世界与现实生活脱节，痴迷上网，热衷网上聊天，沉溺于人机对话，疏远活生生的现实生活，长此以往，导致无法进行正常的人与人之间的沟通交流而患上社交恐惧症。三是沉迷于网络中的学生缺少现实生活中的人情味。他们在表现个人自我时，把社会自我抛得越来越远，甚至企图借助网络在现实社会凸显自我，将自我凌驾于社会之上，尤其是那些黑客和网络犯罪者，对自己的技术沾沾自喜，却很少对自己造成的损失感到羞愧。目前，因网络游戏成瘾而导致青少年犯罪的案件在我国呈上升趋势。网络游戏成瘾对青少年心理健康的影响是巨大的，我们必须予以重视。在网络游戏的虚拟世界里，青少年不需要面对现实中的挫折，不需要接受社会规范和其他人的监督，可以随心所欲地宣泄情感。长此以往，会使大学生淡化现实社会规范的要求，给暴力犯罪埋下隐患。

二、警惕计算机犯罪的不健康心理

进行计算机犯罪的“黑客”常常有以下几个方面的心理特征：

（一）自我表现心理

有些“黑客”进行犯罪行为，是为了满足自我的表现欲望，把非法侵入他人计算机系统当做对自己智力的挑战，一旦成功便备感快乐和兴奋，认为这是自我实现的最高体现。例如，他们利用别人网络安全防御系统的漏洞，闯入别人的计算机系统，留下“某某到此一游”的字样，然后再大摇大摆地潇洒离开。

（二）社会叛逆心理

“黑客”有很多是未成年人，他们对成年人有逆反心理，总想通过自己的行为以引起成年人的关注。例如，美国的国防计算机系统，曾被认为是安全性最好、谁也无法非法进入的系统，然而15岁的美国少年米尼克却成功地打入了“北美防空指挥中心”电脑系统，将美国所有指向前苏联及其盟友的核弹头的名称、数量和位置等绝密资料浏览无遗，并将他所看到的一切告诉其他小朋友。尤其令人瞠目结舌的是，当他截获美国联邦调查局对他调查的信息后，竟然轻而易举地闯进联邦调查局中央计算机系统，将负责调查他的特工人员的档案胡乱涂改。经他“倒打一耙”后，这些特工人员竟成了十恶不赦的大盗窃惯犯，弄得联邦调查局的官员哭笑不得。

（三）好奇心理

好奇是人的天性，校园网络是满足人们好奇心的理想空间。据某省对掌握计算机知识的学生调查显示，高达90%的学生对如何攻破防火墙，解开他人电脑密码等感兴趣，这就与“黑客”的心态非常相似。网络以其无法抵挡的魅力，面对无法了解的数据，好奇心激发他们破解密码或输入计算机病毒，也诱使他们去发现网络系统内部或外在的漏洞和错误，并使用各种手段在网络系统上到处搜寻、读取不可非法读取的文件和系统，以满足其好奇心。

(四) 发泄心理

有些“黑客”以“网络侠士”自居，他们不满某种错误的做法，出于维护正义而攻击其网站以示抗议。他们往往在国家利益受到损害时，拿起他们的武器进行强有力的反击。这些都是典型的侠客行为。可以说这些黑客都有正义感，他们只是用自己的方式和能力来表示抗议，虽然这种方式不可取，但却是他们唯一的选择。

最典型的是以美国为首的北约袭击我驻南联盟使馆后，一个黑客网站立即在网上动员广大黑客对美国和北约的网站发起攻击，一时间上千个美国官方站点被攻克关闭，其中美国的白宫主页被 3 次涂改，美国驻华使馆站点最高峰时在 20 分钟内聚集了 4000 多人的访问，克林顿和第一夫人的电子信箱多次受到邮件“炸弹”的袭击。

(五) 势利贪财心理

随着计算机网络技术的不断进步，作为网络消费最高形式的电子商务也蓬勃发展起来。低廉的网络消费成本、打破时空限制的营销模式，吸引了个别黑客，利益驱动膨胀了他们的私欲。在媒体上曾有过这样的报道，黑客侵入网络系统正是因为势利贪财，这种情形常发生在与金融、财务有关的计算机网络信息系统中。他们利用网络技术盗取别人的银行账号或者进行金融诈骗，从事经济犯罪活动。

(六) 报复怨恨心理

有些黑客非法侵入或干扰破坏他人的网站，原因是对被害者有怨恨，为了报复而实施计算机犯罪。也有一些黑客不是针对某个单位和个人实施，而是为其反社会的心理驱使。这种特定环境中的特定个人，往往是因为自己的非分需要超出了现行社会制度所能满足的限度，于是产生对抗社会的心理，从而敌视社会并报复社会。这类黑客多是对计算机信息系统进行破坏。

菲律宾国家调查局反电脑罪行部报告中指出，仅通过电子邮件传播几小时就可以肆虐全球电脑的蠕虫病毒“I love you”，是其所在国某电脑学院一名学生所为，究其动机是“找不到稳定的工作”。

以上几个方面的心理特征有一个共同特点，那就是抱有侥幸心理，他们总认为在计算机上作案是高科技性的，具有很强的隐蔽性，人们难以及时发现，发现了又难以找到作案人。在这种心理驱使下，一旦实现企图，便自以为得计，继续作案，愈演愈烈。

三、计算机病毒及其安全防范

依据《计算机信息系统安全保护条例》定义："计算机病毒，是指编制或者在计算机程序中插入的破坏计算机功能或者毁坏数据，影响计算机使用，并能自我复制的一组计算机指令或者程序代码。"随着计算机的广泛应用，计算机网络、数字技术及网络技术的发展，计算机病毒也在不断地发展，对人类社会的危害更是与日俱增。由于计算机病毒一旦破坏了没有副本的数据、文件后，就无法恢复，所以应该"以防为主，防治结合"，采取有效的防范措施，使系统不被感染，或者染毒后能尽量减少损失，做到防患于未然。

（一）计算机病毒的特点

1. 计算机病毒的基本特点

计算机病毒种类繁多，特征各异，但它们都具有以下基本特点：

（1）主动传染性。计算机病毒能够主动感染宿主计算机，并进一步感染其他计算机，因此，计算机病毒一旦被施放，被感染的计算机数量就会呈指数增长。

（2）潜伏性和可触发性。计算机病毒传染宿主计算机后，往往不立即进行破坏，而是潜伏一段时间，在潜伏期内计算机病毒继续秘密传染其他计算机程序或者计算机信息系统。潜伏性和主动传染性相互作用，计算机病毒潜伏得越好，其传染范围就越广泛；反之，传染的范围就十分有限。计算机病毒一般都有特定的触发条件，包括传染条件和破坏条件，潜伏性与可触发性紧密联系，如果潜伏得不好，不等潜伏期结束，计算机病毒就会被发现和清除，从而无法实现破坏作用。

（3）破坏性。当破坏条件满足时，计算机病毒对计算机信息系统进行破坏，或者破坏系统功能，或者破坏系统中的数据和应用程序，有的甚至破坏硬件设备。计算机病毒破坏作用的大小，取决于计算机病毒程序制作者的意图和目的。

2. 计算机病毒的新特点

在网络环境下，网络病毒除了计算机病毒的共性外，又衍生了以下新特点：

（1）感染速度快。由于计算机网络的发展和 Internet 的爆炸性增长，以及电子邮件、P2P 的大量使用，使得网络病毒的传播速度非常快。

（2）扩散面广。由于病毒在网络中扩散非常快，扩散范围大，不但能迅速传染局域网内所有的计算机，还能通过远程工作站将病毒在一瞬间传播到千里之外。

（3）传播的形式复杂多样。计算机病毒在网络上一般是通过“工作站——服务器——工作站”的途径进行传播的，传播的形式复杂多样。一旦一个网络病毒深入到一个公共的实用工具或实用软件中，便会很快传播扩散到整个网络上。在传播扩散的同时，伪装隐蔽自己，不易被发现。

（4）难以彻底清除。在网络环境下只要有一台工作站未能杀毒干净就可使整个网络重新被病毒感染，甚至刚刚完成清除工作的一台工作站就有可能被网络上另一台带毒工作站感染。因此，仅对工作站进行病毒杀除，并不能解决病毒对网络的危害。

（5）破坏性大。它不仅能攻击程序，而且能破坏网络上的主机分区，造成主机无法启动，使整个网络无法工作。

（二）感染计算机病毒的途径

（1）电子邮件：计算机病毒主要是以附件的形式进行传播，由于人们可以将任何类型的文件作为附件发送，随着计算机病毒编制技术的不断发展，通过这种方式传播计算机病毒更加容易，有的计算机病毒不需要用户打开附件就能迅速地感染你的计算机。而大部分的计算机病毒防治软件在这方面的功能又不是十分完善，使得电子邮件成为当今世界上传播计算机病毒最主要的媒介。

（2）BBS：它又叫电子公告板，深受网络用户的喜欢。在它的上面，人们可以自由发表自己的见解，同时也可以进行各种文件的交换。由于在它的上面没有严格的安全管理，甚至还有专门讨论计算机病毒的 BBS，这些都使它成为计算机病毒传播的场所。

（3）WWW 浏览方式：这种浏览方式被广大网络用户所接受，成为最普遍的浏览方式，但是，它同样是用计算机程序编制的，人们在使用它来得到最好的浏览效果的同时，也被很多计算机病毒的编制者利用，现在 WWW 浏览感染计算机病毒的现象也在不断增加。

（4）FTP 文件下载：FTP 的含义是文件传输协议，通过它你可以轻松地实现文件在网络上的上传和下载。然而在你进行这些操作的同时，也可能把计算机病毒带给自己或者带给别人。

（5）新闻组：通过这一服务，你可以轻松地和全世界的任何人交流某个问题，或者接收你喜欢的新闻邮件，这些邮件的附件就有可能使你的计算机感染计算机病毒。

(6) 点对点通信技术和无线通信技术：这两项技术虽然是新兴的技术，但是，随着人们在其中感受到科技给我们带来的好处的同时，它也必将被计算机病毒的编制者看中，通过这种方式传播的病毒也在不断地增加。

(三) 计算机病毒的防范措施

计算机病毒防范，是指通过建立合理的计算机病毒防范体系和制度，及时发现计算机病毒侵入，并采取有效的手段阻止计算机病毒的传播和破坏，恢复受影响的计算机系统和数据。

计算机病毒的出现本身就是人祸而非天灾，目前计算机病毒泛滥的一个重要原因就是计算机用户的防范意识薄弱，病毒产生后再去诊治，终归是亡羊补牢之举，使用户处于被动挨打的地位。防病胜于治病，对于计算机病毒，最有效的方法就是采取预防为主的策略。预防计算机病毒就是要监视、跟踪系统内的操作，提供对系统的保护，最大限度地避免各种计算机病毒的传染破坏。因此，防治病毒不能单从技术的角度去考虑，而要从法律、管理、制度、技术等方面同时进行。

1. 法律防范

法律是与犯罪行为作斗争的有力武器。《中华人民共和国计算机信息系统安全保护条例》、《计算机病毒防治管理办法》等法规的出台，标志着我国计算机病毒防治走上了法治化道路，国家法规明确了制作和蓄意传播计算机病毒，是一种危害社会公共安全的行为。

2. 管理、制度防范

计算机病毒防范制度是防范体系中每个主体都必须遵循的行为规程，没有制度，防范体系就不可能达到预期的效果。必须依照防范体系对防范制度的要求，结合实际情况，建立符合自身特点的防范制度。在管理上应建立合理、完善的规章制度和操作规程，如成立安全组织，配设安全员，形成公安计算机管理监察部门为龙头的计算机病毒防治网络，形成群防群治体制，有效地减少病毒传播。对计算机操作员进行职业道德和有关法律教育，进行安全培训，普及防治病毒常识，提高用户对计算机病毒的防范意识，遏制计算机病毒的产生和蔓延。

3. 技术防范

(1) 阅读电子邮件附件前要先进行扫描，并用常识来判断，坚决不打开来历不明的邮件的附件或你并未想接到邮件的附件。对看起来可疑的邮件附件不要随便打开。

（2）安装防病毒软件并保证更新最新的病毒代码，每天都有新的病毒出现，所以要及时更新，这样才能做到及时防杀病毒。另外，当你首次安装防病毒软件的时候，一定要花费一些时间对自己的计算机做彻底的病毒扫描，以确保它没有被病毒感染。

（3）不要从任何不可靠的网站下载任何软件，由于我们一般无法判断下载软件的网站是否安全，那么，在安装下载软件之前一定要对所安装的软件进行病毒扫描。

（4）要十分注意欺骗性的病毒，如果你收到你朋友发来的邮件，声称有一个新病毒，并让你通知别的人注意，这很有可能是欺骗性的病毒，你应该毫不犹豫地把这样的邮件扔进垃圾箱。

（5）禁止使用 Windows Scripting Host。这是一个可以运行各种文本文件的软件，但它打开的文本文件基本上是与编制病毒的程序有关系的，很多病毒程序在这种软件上不需要人为的因素就可以自行打开一个感染病毒的附件。

（6）检查并堵塞漏洞。运行 NetWare 提供的“SECURITY”实用程序，“SECURITY”能发现网络中的许多问题，找出网络系统中最薄弱的环节，检查并堵塞漏洞，诸如未指定用户令、口令不保存等问题。

（7）使用基于客户端的防火墙或过滤措施。如果你使用互联网，特别是使用宽带，并总是在线，那就非常有必要用个人防火墙来保护你的个人隐私，并防止别人访问你的网络。

网络技术的发展，已经成为我们工作、生活的一部分，我们越来越离不开计算机，而计算机病毒每年带给我们的损失又是巨大的，因此，我们要了解计算机病毒在网络上的传播途径，了解它基于网络的一些防治方法，有效地保护好我们的网络，使我们真正感受到计算机、计算机网络带给我们的快乐。

第二节 计算机网络安全

计算机网络中的安全问题与现实社会中的安全问题一样，是一个永恒的话题，也是一个很难解决的问题。随着计算机网络的普及和计算机网络应用的发展，人类社会对计算机网络的依赖程度日渐加深。计算机网络安全不仅对每个人有现实意义，而且对一个国家的政治、经济和国防安全也十分重要。由于计算机网络安全的问题没有得到很好的解决，某些企业、金融公司甚至政府部门蒙受过巨大损失。

事实上，计算机网络安全问题是现实社会中的各种安全问题在计算机网络这个虚拟社会中的反映。现实社会中存在的各类问题在计算机网络中也会存在。但有所不同的是，由于计算机网络的开放性、匿名性和计算机网络技术的复杂性，通过计算机网络进行攻击和破坏比在真实社会中容易得多。例如，在计算机网络中隐藏身份或冒名顶替比在现实社会中容易得多。

一、网络安全概述与现状

（一）网络安全的定义

随着 Internet 的迅猛发展和网络社会化的到来，网络已经无所不在地影响着社会的政治、经济、文化、军事、意识形态和社会生活的各个方面。同时在全球范围内，针对重要信息资源和网络基础设施的入侵行为及企图入侵行为的数量仍在持续不断地增加，网络攻击与入侵行为对国家安全、经济和社会生活造成了极大的威胁。因此，网络安全已成为当今世界各国共同关注的焦点。

网络安全包括 5 个特征：机密性、完整性、可用性、可控性和可审查性。机密性指确保信息不暴露给未授权的实体或进程。完整性则意味着只有得到授权的实体才能修改数据，并且能够判别出数据是否已被篡改。可用性表示得到授权的实体在需要时可以访问数据，即攻击者不能占用所有的资源而阻碍授权者的工作。可控性表示可以控制授权范围内的信息流向及行为方式。可审查性指对出现的网络安全问题提供调查的依据和手段。凡是涉及计算机网络上信息的机密性、完整性、可用性、可控性和可审查性的相关技术和理论都是计算机网络安全的研究领域。

（二）网络安全的目标

网络安全的最终目标就是通过各种技术与管理手段实现信息系统的机密性、完整性、可用性、可控性和可审查性。在多数情况下，网络安全更侧重强调网络信息的机密性、完整性和可用性。

（三）网络安全漏洞

1. 软件漏洞

软件漏洞是指在设计与编制软件时没有考虑对非正常输入进行处理或错误代码而造成的安全隐患。软件漏洞产生的主要原因是软件设计人员不可能将所有输入都考虑周全，因此，软件漏洞是任何软件存在的客观事实。软件产品在正式发布之前，一般都要相继发布若干个版本产品反复测试使用，目的就是为了减少软件漏洞。

缓冲区溢出、特殊字符组合和操作系统多任务竞争是最常见的软件漏洞，除非正常输入和错误代码造成的软件漏洞之外，通常将软件配置不当造成的安全隐患也归类到软件的漏洞范畴。不同软件、同一软件的不同版本或不同运行环境，其软件的漏洞各不相同，因此，脱离具体软件和环境讨论软件漏洞是毫无意义的。此外，软件漏洞还有实效性，随着软件的广泛应用，软件漏洞将不断暴露出来。软件商通常会发布补丁修改已发现的软件漏洞，或在新版本中给予纠正。更新版本软件在纠正旧版本软件的同时，有可能引入新的软件漏洞。随着软件使用时间的推移，已暴露的软件漏洞会不断消亡，新的软件漏洞会不断出现。

2. 网络协议漏洞

网络协议漏洞类似于软件漏洞，是指网络通信协议不完善而导致的安全隐患。截至目前，Internet 上广泛应用的 TCP/IP 协议族中几乎所有协议都存在各种安全隐患，这其中包括数据链路层的地址解析协议 ARP（address resolution protocol）、逆向地址解析协议 RARP（reverse address resolution protocol）；网络层的网际协议 IP（Internet protocol）、Internet 控制报文协议 ICMP（Internet control messages protocol）、Internet 组管理协议 IGMP（Internet group management protocol）；传输层的传输控制协议 TCP（transfer control protocol）、用户数据协议 UDP（user datagram protocol）；应用层的域名系统协议 DNS（reliable data protocol）、文件传输协议 FTP（file transfer protocol）、超文本传输协议 HTTP（hypertext transfer protocol）、简单邮件传输协议 SMTP（simple message transfer protocol）、远程登录协议 Telnet 等。截至 2004 年 9 月 1 日，专门从事安全漏洞名称标准化的公共漏洞披露机构 CVE（Common Vulnerability and Exposures）已经发布了 7616 个不同的安全漏洞，而且新的安全漏洞仍在不断被披露。

3. 安全管理漏洞

软件漏洞和网络协议漏洞是天生具有的，但由于安全管理疏漏产生的安全漏洞则完全是人为因素造成的。网络安全技术只是保证网络安全的基础，网络安全管理才是发挥网络安全技术的根本保证。因此，网络安全问题并不是一个纯技术问题，从网络安全管理角度看，网络安全首先应该是管理问题。事实上，国际标准化组织 ISO 将网络管理划分为故障、性能、配置、记账和安全管理 5 个领域，表明安全管理是网络管理的重要组成部分。

计算机网络包含各种网络设施、服务器、工作站和网络终端等设备，每个设备有可能安装不同的操作系统和应用软件，各自都具有不同的安全隐患。因此，计算机网络的安全隐患由大量的子系统安全隐患聚集而成，导致网络安全隐患数量庞大且十分复杂，由此提升了网络安全管理的技术难度与成本，容易造成更多的安全管理疏漏。

网络安全管理是在网络安全策略指导下为保护网络不受内外各种威胁而采取的一系列网络安全措施，网络安全策略则是根据网络安全目标和应用环境，为提供特定安全级别保护而必须遵守的规则。因此，网络安全策略与网络应用环境密切相关，不同的应用环境需要指定不同的安全策略。如果将信任区的安全策略应用到非信任区，必然会产生众多的安全管理漏洞。如果将非信任区的安全策略应用到信任区，又会造成不必要的资金浪费。由此可见，网络安全是相对的，是建立在信任基础之上的，绝对的网络安全是永远不存在的。信任区与非信任区，或者安全区与非安全区的边界是基于信任关系划定的，在安全区内应当相信系统管理人员和内部用户不会滥用特权，并且具有良好的职业道德。但是当信任管理发生变化时，安全管理必须及时调整，否则会大大降低整个网络的安全性。

二、网络安全的潜在威胁和保护技术

（一）网络安全威胁

网络安全威胁是指事件对信息资源的机密性、完整性、可用性、可控性、可审查性可能产生的危害。根据威胁产生的因素，网络安全威胁可以分为自然和人为两大类。因自然因素产生的网络安全威胁主要有硬件故障、软件故障、电源故障、电磁干扰、电磁辐射和各种不可抗拒的自然灾害，电磁辐射并不影响信息的完整性和可用性，但是破坏了机密性。物理故障和自然灾害主要破坏了信息的完整性和可用性。人为因素导致的网络安全威胁又可以根据是否有意分为意外损坏和蓄意攻击两类，意外损坏主要包括偶然删除文件、格式化硬盘、带电拔插等各种操作失误，操作失误主要影响了信息的完整性和可用性，对机密性影响不大。蓄意攻击则是有意利用软件漏洞、协议漏洞和管理漏洞，试图绕过网络安全策略破坏、篡改、窃听、假冒、泄露和非法访问信息资源的各种恶意行为，包括网络攻击、计算机病毒、特洛伊木马、网络窃听、邮件截获和滥用特权等多种类型。

根据网络安全威胁来自网络边界内部或外部，蓄意攻击还可以分为内部攻击和外部攻击，由于内部人员位于信任范围内，熟悉敏感数据的存放位置、存取方法、网络拓朴结构、安全漏洞及防御措施，而且多数机构的安全保护措施都是“防外不防内”，因此，绝大多数蓄意攻击来自内部而不是外部。因内部人员经常变动，内部人员界定比较困难，一般而言，软件开发人员、系统维护人员、授权用户、网络管理员、安全管理员、系统管理员等属于内部人员，当角色发生变动后，必须及时修改安全策略。

以窃取网络信息为目的的外部攻击一般称为被动攻击，其他外部攻击通称为主动攻击。被动攻击主要破坏信息的机密性，而主动攻击主要破坏信息的完整性和可用性。窃取网络信息有多种技术手段，利用电磁辐射、搭线监听、无线监听、网络窃听、邮件截获、特洛伊木马、计算机病毒等都可以实现被动攻击。尽管信息加密能够在一定程度上防止信息非法泄露，但利用网络流量分析技术仍然可以获得有价值的信息。例如某机构的网络流量突然迅速增加，表明该机构近期有可能发生重大事件。

主动攻击主要来自网络黑客、敌对势力、网络金融犯罪分子和商业竞争对手。随着黑客人数的不断增加，黑客不仅成立了自己的组织机构，还不定期召开黑客国际交流会议。目前，世界上至少有 20 万个黑客网站，免费提供各种漏洞利用软件，有些网站还提供了详细的黑客教程，给网络安全造成了极大的威胁。

(二) 网络安全保护技术

下面介绍几种常见的网络攻击及其对策：

1. 密码入侵及其对策

所谓密码入侵是指使用某些合法用户的账号和密码登录到目的主机，然后再实施攻击活动。这种方法的前提是必须先得到该主机上的某个合法用户的账号，然后再进行合法用户密码的破译。

攻击者攻击目标时常常把破译用户的密码作为攻击的开始。只要攻击者能猜测或者确定用户的密码，他就能获得机器或者网络的访问权，并能访问到用户能访问到的任何资源。如果这个用户有域管理员或者 root 用户权限，将是极其危险的。

防止密码入侵的方法很简单，只要使自己的密码不在英语字典里，且不可能被别人猜测出来就可以了。一个好的密码应当至少有 7 个字符长，不要用个人信息（如生日、名字等），密码中要有一些非字母（如数字、标点符号、控制字符等），还要好记一些，不能写在纸上或计算机中的文件中。选择密码的一个好方法是将两个不相关的词用一个数字或控制字符相连，并截断为 8 个字符。例如 te5+op41。

保持密码安全的要点如下:

不要将密码写下来。

不要将密码保存在电脑文件中。

不要选取显而易见的信息做密码。

不要让别人知道。

不要在不同系统中使用同一密码。

为防止眼疾手快的人窃取密码，在输入密码时应确认无人在身边。

定期改变密码，至少 6 个月改变一次。

最后这一点十分重要，永远不要对自己的密码过于自信，我们很容易在无意中泄露了密码。定期改变密码，会使自己遭受黑客攻击的风险降到一定的限度内。一旦发现自己的密码不能进入计算机系统，应立即检查并分析原因。

2. 黑客与特洛伊木马程序

(1) 对于“黑客”这一名称，相信有一点计算机知识的人都听说过。许多媒体也把黑客宣传得神乎其神，使得许多初学计算机者对黑客有着一种既崇拜又畏惧的心理，崇拜的是其高超的计算机水平，畏惧的是如果自己真的被黑客攻击后该怎么办。

黑客是英文 hacker 的音译，原意是指水平高超的程序员，而不是那些非法入侵他人计算机系统、破坏系统安全的人。他们通常具有软硬件的高级知识，并有能力通过创新方法剖析系统，检查系统的完整性和安全性。

计算机特洛伊木马不能称为病毒，因为它不具备病毒的基本特征，但对计算机的安全威胁最大。大多数计算机病毒只是毁坏计算机中的数据，而特洛伊木马却可以让其他人控制用户的计算机和其中保存的信息，用户本人却完全不知。严格地说，特洛伊木马是一种恶意程序，能够隐藏在看起来无害的程序内部。

特洛伊木马程序可以直接侵入用户的电脑并进行破坏，它常伪装成工具程序或者游戏等诱惑用户打开带有特洛伊木马程序的邮件附件或从网上直接下载，一旦用户打开了这些邮件的附件或者执行了这些程序，他们就会像古特洛伊人在敌人城外留下的藏满士兵的木马一样留在自己的电脑中，并在自己的计算机系统中隐藏一个可以在 Windows 启动时悄悄执行的程序，当用户连接到互联网上时，这个程序就会通知攻击者，报告用户的 IP 地址及预先设定的端口。攻击者在收到这些信息后，再利用这个潜伏在其中的程序，任意修改用户计算机的参数设定、复制文件、窥视整个硬盘中的内容，从而达到控制用户的计算机的目的。

Back Orifice 2000、冰河等都是比较著名的特洛伊木马，它们可以非法取得用户电脑的超级用户权利，可以对其进行完全控制，除了可以进行文件的操作外，同时也可以进入对方桌面捕获图像、取得密码等操作。这些黑客软件分为服务器端和用户端，当黑客进行攻击时，会使用用户端程序登录已经安装好服务器端程序的电脑，这些服务器端程序都比较小，一般会附带于某些软件上。有可能当用户下载了一个小游戏并运行时，黑客软件的服务器端就安装完成了，而且大部分黑客软件的重生能力比较强，给用户进行清除造成一定的麻烦。特别是最近出现了一种 TXT 文件欺骗手法，表面看上去是一个 TXT 文本文件，但实际却是一个附带黑客程序的可执行程序。另外，有些程序也会伪装成图片和其他格式的文件。

（2）感染木马的症状主要有下面几种：

命令响应速度下降。对于习惯使用一台计算机的用户来说，可轻易地发现计算机命令响应速度的异常。

并未执行任何操作，而硬盘等却闪烁，可能是黑客正通过木马在计算机上上传或下载文件。

浏览网页时自动关闭。

软驱或光驱在无盘的情况下连续读。

文件被移动位置，计算机被关闭或重新启动，甚至有人请求匿名聊天。

（3）在对付特洛伊木马程序的防范对策中，主要有以下几种办法：

必须提高防范意识。

在打开或下载文件之前一定要确认文件的来源是否可靠。

多读 readme. txt。

在运行软件包里的程序前，先要查看各个文件的功能，以免误点击直接运行木马程序。值得一提的是不要点击 readme. exe 文件。

使用杀毒软件。

现在国内的杀毒软件都推出了清除某些特洛伊木马的功能，可以不定期地在脱机的情况下进行检查和清除。

立即挂断。

检测系统文件和注册表的变化。

备份文件和注册表。

备份注册表的目的是防止系统崩溃，备份认为是特洛伊木马的文件的目的是：如果此文件不是特洛伊木马就可以恢复，如果是特洛伊木马就可以对木马进行分析。不同的特洛伊木马有不同的清除方法。

(4) 同时还要注意以下几点：

不要轻易运行来历不明和从网上下载的软件，即使通过了一般反病毒软件的检查也不要轻易运行。

保持警惕性，不要轻易相信熟人发来的 E-mail 就一定没有黑客程序。

不要在聊天室内公开自己的 E-mail 地址，对来历不明的 E-mail 立即清除。

不要随便下载软件（特别是不可靠的 FTP 站点）

不要将重要的密码和资料存放在上网的电脑里。

(5) 缓冲区溢出。

许多系统都有这样或那样的安全漏洞。由于很多系统在不检查程序与缓冲之间变化的情况下，就接受任意长度的数据输入，把溢出的数据放在堆栈里，系统还照常执行命令。这样攻击者只要发送超出缓冲区所能处理的长度的指令，系统便进入不稳定状态。若攻击者特别配置一串准备用做攻击的字符，他甚至可以访问根目录，从而拥有整个网络的绝对控制权。

缓冲区溢出是一种非常普遍、非常危险的漏洞，在各种操作系统、应用软件中广泛存在。利用缓冲区溢出攻击，可以导致程序运行失败、系统宕机、重新启动等后果。更为严重的是，可以利用它执行非授权指令，甚至可以取得系统特权，进而进行各种非法操作。

第一个缓冲区溢出的攻击——Morris 蠕虫，发生在 10 年前，他曾造成了全世界 6000 多台服务器瘫痪。

解决方法是安装安全补丁：

Q815021_ W2K_ sp4_ x86_ cn. exe　适用于中文 Windows2000

Q815021_ W2K_ sp4_ x86_ en. exe　适用于英文 Windows2000

三、日常上网的安全防范

在当前大学生的生活和学习中，电脑和网络已经成为其中不可缺少的工具。从选择课程、提交作业到查找资料等学习过程都是通过计算机和 Internet 网络完成的。而聊天软件在大学生群体中也是使用很普及的，如 QQ、MSN、网易泡泡等。网络在给我们带来丰富的校园生活的同时，也把网络安全问题带到了我们身边，可能有的同学遇到过 QQ 账号被盗，上网中了木马导致系统瘫痪，更有的同学可能丢失了很重要的数据。下面介绍在日常上网中的安全防范措施。

（一）E-mail 攻击与防范

电子邮件是互联网上运用十分广泛的一种通信方式。攻击者可以使用一些邮件炸弹软件或 CGI 程序向目的邮箱发送大量内容重复、无用的垃圾邮件，从而使目的邮箱被撑爆而无法使用。当垃圾邮件的发送流量特别大时，还有可能造成邮件系统对于正常的工作反应缓慢，甚至瘫痪。

E-mail 攻击主要有两种方式：

（1）邮件“炸弹”。使用伪造的 IP 地址和电子邮件地址向同一信箱发送数以千计甚至无穷多次的内容相同的垃圾邮件，致使受害人邮箱被“炸”，严重的可能会给电子邮件服务器操作系统带来危险，甚至瘫痪。

（2）电子邮件欺骗。攻击者佯称自己为系统管理员（邮件地址和系统管理员完全相同），给用户发送邮件要求用户修改密码（密码可能为指定密码）或在貌似正常的附件中加载病毒或其他木马程序。

为了提高 E-mail 的安全性，最佳方法是加强邮箱密码的安全性，选择数字、英文字母（大小写）以及特殊字符组合，这样可以大大降低密码被破译的可能性。同时定期更换密码。针对目前垃圾邮件泛滥，推荐使用带有垃圾邮件过滤器的邮件系统，这样能够减少受到破坏的可能性。最后要注意，不要在公共网上公布自己的 E-mail 信息，防止遭到攻击。

（二）IE 的攻击与保护

微软公司的 Internet Explorer 是使用最为广泛的网页浏览器，其功能强大，支持多种脚本语言和控件等元素，但由于它本身存在不少安全漏洞，在浏览网页时很可能会受到这些漏洞的攻击。

1. IE 恶意修改和恢复

ActiveX 是 Microsoft 提出的使用 COM（Component Object Model，部件对象模型）在网络环境中进行交互的技术，被广泛应用到 Web 服务器和客户机的各个方面，使用 JavaScript 语句可以将 ActiveX 嵌入到 Web 页面中。浏览了含有特殊代码的 ActiveX 网页文件，就会自动修改计算机的注册表，从而达到修改 IE 设置、锁定部分功能等目的。

面对这种情况，手动修复注册表操作比较复杂，建议可以借助专门的注册表修复工具，如“金山毒霸注册表清理工具”、“超子兔子 IE 助手”等实现注册表的修复。

2. 网页“炸弹”

在浏览网页时，有时单击了某个链接后，计算机出现了反常的迹象：不断弹出窗口、死机、硬盘被格式化……这些情况十有八九遭到了网页“炸弹”的袭击。

网页“炸弹”通常借助于JavaScript、JavaApplet和ActiveX控件来实施攻击。Windows操作系统提供了一个平台，在这个平台上可以运行各种各样的程序。IE也是一个平台，在IE这个平台上也可以运行一些“小程序”，JavaScript、JavaApplet和ActiveX就是这样的程序，如果运行了使用JavaScript等编写的恶意小程序，就会导致上述情况的发生。

因为各种恶意修改和网页“炸弹”都是通过JavaScript、JavaApplet和ActiveX实施的，因此只要在IE设置中将它们全部禁止，就可以避免针对IE的攻击。具体步骤如下：

在IE窗口中执行“工具”/“Internet选项”命令，在弹出的对话框中选择“安全”标签。

单击“自定义级别”按钮，弹出“安全设置”对话框。

将其中“ActiveX控件和插件”、“脚本”的相关项选择“禁用”。

在Windows2000/XP用户中，还可以通过关闭“远程注册表操作服务”的方式来进行预防。

3. 网络通信软件攻防

类似于QQ、MSN。这种即时聊天软件已经成为当今大学生生活中不可缺少的部分，也正是由于同学们的广泛使用，使得社会上一些有“邪念”的人打起了它的主意。主要是QQ账号被盗，不但造成了一定经济的损失，而且还丢失了很多重要的数据。现在更有甚者，在盗取别人的QQ号码后，发布虚假消息，以达到骗取钱财的目的，同学们在使用中应该提高警觉，避免造成不必要的损失。

为了防止账号被盗，提高对网络安全重要性的认识，减少与陌生人之间的聊天，不要打开陌生人发来的消息中的链接和文件下载，同时提高密码的安全性，切忌不要设成生日或者E-mail的全称，以免遭到破译。如果在公共机房使用聊天软件，应该注意周围的人是否有偷看密码和聊天信息的可能，同时还要在离开前，将目录下的聊天记录和个人信息记录删除，以免造成不必要的损失。同时有必要设置密码保护，增强安全性。最后，如果发生上述情况，应及时采取行动，将损失降到最低，如果出现比较严重的情况，要及时向相关部门反映举报。

第三节 计算机网络安全法规

伴随着计算机技术的发展与网络的普及，计算机和网络在给人们带来巨大便利的同时，计算机犯罪与网络安全问题也相应地出现并有愈来愈严重的趋势。与之相对应，各项计算机安全与网络安全的法律法规也在制定与实施中。毋庸讳言，面对计算机和网络这样日新月异的科学技术与传播手段，相关的配套监管规定与措施的制定、实施相对来说显得滞后，并存在一定的盲点与空白区域。这一方面给个别别有用心的犯罪分子以可乘之机，另一方面也给广大大学生的安全使用计算机和安全上网造成了隐患。然而，随着相关管理规定的日渐完善与网络道德的逐步成熟，作为经常接触计算机和网络的当代大学生，更应该了解和遵守现行的计算机与网络安全保护管理规定，树立合法上网、维护权益的安全意识，以法律法规和网络道德为准绳，在使用计算机和网络时既维护自身合法权益不受侵害，同时遵纪守法自觉维护网络和他人的安全与权益。

一、计算机及网络安全保护管理规定

目前我国信息网络立法日趋完善。在法律领域，主要包括 1999 年修订的《刑法》中涉及计算机犯罪的条款和 2001 年修订的《版权法》中涉及的网络环境版权保护条款。在其他领域，主要是部分行政法规、部门规章和司法解释等。其中，行政法规主要有：《全国人民代表大会常务委员会关于维护互联网安全的决定》、《计算机信息网络国际联网暂行规定》、《互联网上网服务营业场所管理条例》、《互联网信息服务管理办法》、《计算机信息系统安全保护条例》、《商用密码管理条例》等。部门规章主要包括：信息产业部颁布的《互联网电子邮件服务管理办法》、《互联网新闻信息服务管理规定》、《互联网 IP 地址备案管理办法》、《非经营性互联网信息服务备案管理办法》、《中国互联网络域名管理办法》、《中国互联网络域名管理办法》；国务院信息化工作领导小组发布的《计算机信息网络国际联网暂行规定实施办法》、《中国互联网络域名注册暂行管理办法》、《中国互联网络域名注册实施细则》；公安部发布的《关于加强信息网络国际联网信息安全管理的通知》、《计算机信息网络国际联网安全保护管理办法》、公安部关于执行《计算机信息网络国际联网安全保护管理办法》中的有关问题的通知；国家保密局发布的《计算机信息系统国际联网保密管理规定》；中国证监会发布的《网上证券委托暂行管理办法》；国家广电总局颁布的《信息网络传播广播电影电视节目监督管理暂行办法》。司法解释有：最高人民法院关于《审理涉及计算机网络著作权纠纷案件适用法律若干问题的解释》等。

其中，与大学生通过计算机网络进行上网的各项活动关系较为密切的计算机及网络安全保护管理规定包括：

（一）计算机犯罪案件处理

（1）《全国人民代表大会常务委员会关于维护互联网安全的决定》：为了保障互联网的运行安全，对有下列行为之一，构成犯罪的，依照刑法有关规定追究刑事责任：①侵入国家事务、国防建设、尖端科学技术领域的计算机信息系统；②故意制作、传播计算机病毒等破坏性程序，攻击计算机系统及通信网络，致使计算机系统及通信网络遭受损害；③违反国家规定，擅自中断计算机网络或者通信服务，造成计算机网络或者通信系统不能正常运行。

（2）《刑法》第 285 条：违反国家规定，侵入国家事务、国防建设、尖端科学技术领域的计算机信息系统的，处 3 年以下有期徒刑或者拘役。

（3）《刑法》第 286 条：违反国家规定，对计算机信息系统功能进行删除、修改、增加、干扰，造成计算机信息系统不能正常运行，后果严重的，处 5 年以下有期徒刑或者拘役；后果特别严重的，处 5 年以上有期徒刑。违反国家规定，对计算机信息系统中存储、处理或者传输的数据和应用程序进行删除、修改、增加的操作，后果严重的，依照前款的规定处罚。故意制作、传播计算机病毒等破坏性程序，影响计算机系统正常运行，后果严重的，依照第一款的规定处罚。

（4）《刑法》第 287 条：利用计算机实施金融诈骗、盗窃、贪污、挪用公款、窃取国家秘密或者其他犯罪的，依照本法有关规定定罪处罚。

（5）《中华人民共和国计算机信息系统安全保护条例》（1994 年 2 月 18 日中华人民共和国国务院令 147 号发布）第 7 条：任何组织或者个人，不得利用计算机信息系统从事危害国家利益、集体利益和公民合法利益的活动，不得危害计算机信息系统的安全。

（6）《中华人民共和国计算机信息系统安全保护条例》第 22 条：运输、携带、邮寄计算机信息媒体进出境，不如实向海关申报的，由海关依照《中华人民共和国海关法》和本条例以及其他有关法律、法规的规定处理。

（7）《中华人民共和国计算机信息系统安全保护条例》第 23 条：故意输入计算机病毒以及其他有害数据危害计算机信息系统安全的，或者未经许可出售计算机信息系统安全专用产品的，由公安机关处以警告或者对个人处以

5000 元以下的罚款、对单位处以 15000 元以下的罚款；有违法所得的，除予以没收外，可以处以违法所得 1～3 倍的罚款。

（二）网络违法案件处理

（1）《全国人民代表大会常务委员会关于维护互联网安全的决定》：为了维护国家安全和社会稳定，对有下列行为之一，构成犯罪的，依照刑法有关规定追究刑事责任：①利用互联网造谣、诽谤或者发表、传播其他有害信息，煽动颠覆国家政权、推翻社会主义制度，或者煽动分裂国家、破坏国家统一；②通过互联网窃取、泄露国家秘密、情报或者军事秘密；③利用互联网煽动民族仇恨、民族歧视，破坏民族团结；④利用互联网组织邪教组织、联络邪教组织成员，破坏国家法律、行政法规实施。

（2）《全国人民代表大会常务委员会关于维护互联网安全的决定》：为了维护社会主义市场经济秩序和社会管理秩序，对有下列行为之一，构成犯罪的，依照刑法有关规定追究刑事责任：①利用互联网销售伪劣产品或者对商品、服务作虚假宣传；②利用互联网损害他人商业信誉和商品声誉；③利用互联网侵犯他人知识产权；④利用互联网编造并传播影响证券、期货交易或者其他扰乱金融秩序的虚假信息；⑤在互联网上建立淫秽网站、网页，提供淫秽站点链接服务，或者传播淫秽书刊、影片、音像、图片。

（3）《全国人民代表大会常务委员会关于维护互联网安全的决定》：为了保护个人、法人和其他组织的人身、财产等合法权利，对有下列行为之一，构成犯罪的，依照刑法有关规定追究刑事责任：①利用互联网侮辱他人或者捏造事实诽谤他人；②非法截获、篡改、删除他人电子邮件或者其他数据资料，侵犯公民通信自由和通信秘密；③利用互联网进行盗窃、诈骗、敲诈勒索。

（4）《全国人民代表大会常务委员会关于维护互联网安全的决定》：利用互联网实施违法行为，违反社会治安管理，尚不构成犯罪的，由公安机关依照《治安管理处罚条例》予以处罚；违反其他法律、行政法规，尚不构成犯罪的，由有关行政管理部门依法给予行政处罚；对直接负责的主管人员和其他直接责任人员，依法给予行政处分或者纪律处分。利用互联网侵犯他人合法权益，构成民事侵权的，依法承担民事责任。

（5）《中华人民共和国计算机信息网络国际联网安全保护管理办法》（1997 年 12 月 11 日国务院批准，1997 年 12 月 30 日公安部发布）第 4 条：任何单位和个人不得利用国际联网危害国家安全、泄露国家秘密，不得侵犯国家的、社会的、集体的利益和公民的合法权益，不得从事违法犯罪活动。

（6）《中华人民共和国计算机信息网络国际联网安全保护管理办法》第5条：任何单位和个人不得利用国际联网制作、复制、查阅和传播下列信息：①煽动抗拒、破坏宪法和法律、行政法规实施的；②煽动颠覆国家政权，推翻社会主义制度的；③煽动分裂国家、破坏国家统一的；④煽动民族仇恨、民族歧视，破坏民族团结的；⑤捏造或者歪曲事实，散布谣言，扰乱社会秩序的；⑥宣扬封建迷信、淫秽、色情、赌博、暴力、凶杀、恐怖，教唆犯罪的；⑦公然侮辱他人或者捏造事实诽谤他人的；⑧损害国家机关信誉的；⑨其他违反宪法和法律、行政法规的。

（7）《中华人民共和国计算机信息网络国际联网安全保护管理办法》第6条：任何单位和个人不得从事下列危害计算机信息网络安全的活动：①未经允许，进入计算机信息网络或者使用计算机信息网络资源的；②未经允许，对计算机信息网络功能进行删除、修改或者增加的；③未经允许，对计算机信息网络中存储、处理或者传输的数据和应用程序进行删除、修改或者增加的；④故意制作、传播计算机病毒等破坏性程序的；⑤其他危害计算机信息网络安全的。

（8）《中华人民共和国计算机信息网络国际联网安全保护管理办法》第7条：用户的通信自由和通信秘密受法律保护。任何单位和个人不得违反法律规定，利用国际联网侵犯用户的通信自由和通信秘密。

（三）涉网单位安全职责

（1）建立安全保护管理制度；采取安全技术保护措施；对网络用户进行安全教育和培训；向公安机关提供安全保护管理所需的真实的信息、资料及数据文件；对委托其发布的信息内容进行审核或者对委托单位和个人进行登记；建立电子公告系统的用户登记和信息管理制度；按照国家有关规定，删除网络地址、目录或者关闭服务器；建立公用账号使用登记制度；不得转借、转让用户账号。ISP、ICP单位及联网单位应履行备案职责。

（2）《中华人民共和国计算机信息网络国际联网安全保护管理办法》第14条：涉及国家事务、经济建设、国防建设、尖端科学技术等重要领域的单位办理备案手续时，应当出具其行政主管部门的审批证明。前款所列单位的计算机信息网络与国际联网，应当采取相应的安全保护措施。

（3）《互联网安全保护技术措施规定》（公安部制定，2006年3月1日起实施）：“互联网服务提供者、联网使用单位应当建立相应的管理制度。未经用户同意不得公开、泄露用户注册信息，但法律、法规另有规定的除外。互联网服务提供者、联网使用单位应当依法使用互联网安全保护技术措施，不得利用互联网安全保护技术措施侵犯用户的通信自由和通信秘密。”

二、树立计算机网络安全意识，合理运用法规维护自身权益

尽管计算机和网络已经普及到几乎每一位大学生，很多大学生每天的日常学习生活都离不开计算机和网络。通过调查了解：中国互联网使用的主要人群是青年学生，尤其是大学生，大学生上网比例为100%，有网上交易行为的占总上网人数的10%。① 但是，针对计算机网络安全隐患突出的问题，调查数据显示，广大大学生网民的安全防范意识还相当薄弱。

制作、传播网络病毒（80.15%），散布虚假信息（73%），黑客的恶意攻击、骚扰（72%）是大学生网民最为厌恶的三大网络行为，有58%的同学反映曾经受到垃圾邮件的困扰，有52%的同学收到过虚假信息，遇到有意的欺诈行为和色情聊天的比例分别为18%和26%，9.19%的同学表示计算机安全方面的事故曾经对自己造成了严重损失，大多数同学都或多或少地遇到破坏文件、机器不能启动等问题。然而，尽管有89%的同学认识到计算机病毒主要是通过互联网传播，但只有50%的同学定期对病毒防治产品进行升级，其他同学可能由于技术原因，不知道如何升级或采取其他相应的措施。只有53.18%的同学在调查中表示意识到用户在网上所做的一切都可以被监控部门知情，有62%的人不了解自己使用的聊天工具的工作模式，不知道聊天信息的传递方式以及聊天记录保存的位置，有23%的同学表示曾经将自己的照片或其他真实资料发布在网上，39%的人表示可能通过网络发送自己的银行账号和密码给需要的人。②

由此可见，树立计算机网络安全意识，学习并掌握计算机网络安全的基本知识，对于防止计算机网络安全隐患侵害、保护大学生上网各项活动的合法权益，具有十分重要的作用和意义。具体来说，强化计算机网络安全意识主要需要掌握以下几方面的内容：

（一）加强学习，了解计算机网络安全的基本知识

学习的渠道多种多样，通过学校里普遍开设的计算机基础课程和日常运用

---

① 朱玉珍：《大学生防范网络诈骗意识的培养》，《中国科技信息》2007年第8期。

② 骆懿玲：《大学生网络安全意识现状调查及对策》，《中山大学学报论丛》2006年第12期。

计算机网络产生并解决问题，是了解和掌握计算机与网络基本知识的两个主要途径。基本知识的主要内容包括计算机软硬件知识、网络工作原理、网络操作系统安全技术、防火墙技术与应用、主要杀毒软件的使用与维护、网络防黑客技术、密码设置与保护等。

（二）建立网络安全体系，多层次保护网络安全

计算机网络的安全，离不开软件开发商、网络维护方、网络管理方和用户自身的共同协作与自律。作为网络使用者的大学生网民，需要在使用和维护自身计算机与网络的时候做好以下各方面的工作，搭建维护网络安全的系统性措施：

（1）确保物理环境的安全。保护计算机和网络在安全的物理环境下进行使用，包括场所防尘、防盗、防水等。

（2）确保操作系统与运用程序的安全。主要包括使用正版、安全的操作系统和软件；及时进行补丁防护与系统升级；安装适合的防病毒软件与防火墙等。

（3）保证网络的安全。包括保护个人设置、密码等信息，防止黑客程序入侵等。

（4）保证网络应用的安全。包括不浏览非法网站、不下载和使用来历不明的软件、电子邮件防毒等。

（三）出现网络安全问题的应急救助程序

当发现计算机和网络出现安全问题时，应根据安全问题出现的表征、造成的损失等情况，分别进行积极自救或上报网络管理部门等应急救助程序。

（1）积极自救。包括中止出现问题的计算机网络运用、使用专业软件进行病毒查杀、系统重装与系统恢复等。

（2）上报网络管理部门。如果涉及网络犯罪问题的，则上报公安机关。

根据《中华人民共和国计算机信息系统安全保护条例》的规定，计算机信息系统发生案件或重大事故时，有关使用单位和当事人应在 24 小时内向当地县级以上的公安机关报案。目前，根据《中华人民共和国计算机信息系统安全保护条例》，各地公安机关均已设立了网络警察，并专门开设了信息网络安全报警服务网站，用于受理广大市民在计算机信息网络安全方面的事故，协调、组织社会力量，帮助广大计算机用户解决信息网络安全问题，为广大市民提供信息网络安全咨询服务，以预防、打击网上各种违法犯罪活动，保障信息

网络安全，保护国家、集体和个人的合法权益，维护社会稳定。

以下摘录温州市公安局公共信息网络安全网站所提供的“报警须知”①，供大学生朋友们在发生网络问题时参考：

受理范围：仅受理以下涉及公共信息网络的安全事件和违法犯罪案件，如果不属于此范围，请到有关部门申报。如果您的情况紧急，请直接拨打110。

1. 安全事件（事故）：计算机信息系统应用单位发生影响信息系统物理安全、信息安全及运行安全的重大安全事件或事故。

2. 网络入侵：违反国家规定，侵入国家事务、国防建设、尖端科学技术领域的计算机信息系统；未经允许，进入计算机信息网络或者使用计算机信息网络资源。

3. 计算机病毒：故意制作、传播计算机病毒等破坏性程序。

4. 破坏信息系统的功能或数据：未经允许，对计算机信息网络功能进行删除、修改或者增加；未经允许，对计算机信息网络中存储、处理或者传输的数据和应用程序进行删除、修改或者增加。

5. 有害信息：利用国际互联网制作、复制、查阅和传播各类危害国家安全和社会稳定，宣扬封建迷信、淫秽、色情、赌博、暴力、凶杀、恐怖、教唆犯罪及公然污辱他人、捏造事实诽谤他人等。

注意事项：

1. 用户应在第一时间内报警，并详细描述用户信息及用户网络出现异常的现象。

2. 如有违法犯罪嫌疑的网络入侵现象，要注意保护好系统相关记录及其他现场环境。

3. 属于病毒发作、数据恢复或其他技术故障的，可直接向有关社会服务单位求助。

三、做守法网民，维护网络与他人的合法权益

计算机网络的出现与发展，大大改变了原有的信息传播单向流动的特点。目前，以BBS、Blog、单向/多向实时聊天工具为代表的开放式网络成为一个信息流动双向、多向的全新媒体，存在着与之前的信息传播媒体全然不同的新

---

① 资料来源：温州市公共信息网络安全网，http：//www. netpolice. gov. cn/wj/index. asp。

特点。在这个传播过程中，每一名网民既是信息的接收者，又是信息的发布者、加工者和传播者。伴随网络媒体的自由性、虚拟性、平等性、无中心性和内容的无序性，加上大学管理与网络管理方面尚存在的一定问题，使网络在诸如网络游戏、色情影像、赌博诈骗、不健康聊天等领域的消极影响突出地表现出来。目前，某些大学生由于迷恋网络而出现了逃课厌学、散布谣言、赌博诈骗等问题，其中的一些行为已经构成了犯罪。

因此，加强思想教育、提高道德修养、遵守法律法规，文明、安全、理性上网，成为对新时代大学生网民的核心要求。当前，全世界每个国家都在积极思考和采取措施，引导网民尤其是青少年网民文明、安全上网。在 2001 年 9 月 20 日中共中央颁发的《公民道德建设实施纲要》中，明确提出“要加大网上正面宣传和管理工作的力度，鼓励发布进步、健康、有益的信息，防止反动、迷信、淫秽、庸俗等不良内容通过网络传播。要引导网络机构和广大网民增强网络道德意识，共同建设网络文明”的精神。

作为计算机和网络技术与文化高度发达的美国，美国计算机协会同样倡导网民遵守并支持下列伦理道德和职业行为规范：①为社会和人类作出贡献；②避免伤害他人；③要诚实可靠；④要公正并且不采取歧视性行为；⑤尊重包括版权和专利在内的财产权；⑥尊重知识产权；⑦尊重他人隐私；⑧保守秘密等。①

2001 年 11 月，团中央、教育部、文化部、国务院新闻办、全国青联、全国学联、全国少工委、中国青少年网络协会向社会发布《全国青少年网络文明公约》。公约提出“要善于网上学习，不浏览不良信息。要诚实友好交流，不侮辱欺诈他人。要增强自护意识，不随意约会网友。要维护网络安全，不破坏网络秩序。要有益身心健康，不沉溺虚拟时空”的总体要求，成为包括大学生网民在内的广大青少年进行上网活动的指导思想。

在实践中，大学生网民要学习网络道德规范，懂得基本的对与错、是与非，增强网络道德意识，分清网上善恶美丑的界限，利用网络获取积极、科学的知识与信息，远离“黑色”、“黄色”及反动信息，不做这些信息的信从者和传播者；要认识网络文明的内涵，崇尚科学，追求真知，讲求公德，增强网络文明意识，尊重他人的隐私权，营造健康的网络道德环境；要了解网络安全

---

① 张晋：《试论大学生的“网德”教育》，《阴山学刊》2002 年第 6 期。

的重要性，合法、合理地使用网络资源，增强网络安全意识，监督和防范不安全的隐患，维护正常的网络运行秩序。让每一位大学生网民从自己做起，从现在做起，自尊、自律，自觉抵制不良信息，坚决杜绝网络犯罪。

第十二章　权益保护

大学生活是大学生独立生活的开始，是大学生迈入社会的第一步。作为一名大学生，在学习和生活中应当增强法制观念和公民意识，自觉地学法、懂法、用法、守法，认真履行公民的义务，学会运用法律武器，有效地维护自己的合法权益。

第一节　大学生权益和义务

一、权益和义务的含义

权益，是指宪法和法律所规定并保障公民从事某种行为的权力和从中获取某种利益；义务，是指宪法和法律规定公民必须履行的某种责任。义务的履行是实现权益的前提和保障。权益和义务互相依存、互相结合、互相促进、相辅相成。大学生只有认真履行法律规定的各种义务，才能更好地享有各种法定的权益。大学生在校期间除依法享有公民的权益和履行公民的义务外，还应根据国家有关法律法规的规定，享有大学生的权益和履行大学生的义务。

二、大学生的权益和义务

大学生作为普通公民，享有《宪法》规定的公民的权益和义务。那么，为什么特别提出“大学生的权益和义务”呢？这是因为，社会生活毕竟千差万别，赋予每个公民完全同一的权益还不足以保护特定领域内公民的权益，因而有必要让特定领域内的组织和个人拥有相应的权益。特定领域内的相应权益往往是由相关领域内的法律或专项法规规定的。学生是一个需要全社会特别关注、呵护的弱势群体，因而也应该有一些专门的法律法规来调整其利益，赋予他们特有的权利和义务。学生在学校学习期间享有的权利，一般从学生在学校注册取得学籍开始，到学籍注销时终止，如学生每日上学，则应从学校规定的上学到校时间开始，到学校规定的离校时间为止。学生在学校享受各种权利的同时，相应的义务也同时产生，他们在享有特有权利的同时，也应承担相应的义务。

根据《中华人民共和国教育法》和《中华人民共和国高等教育法》规定，大学生在校期间享有以下权利：

（1）参加教育教学计划安排的各种活动，使用教育教学设施、设备、图书资料。

（2）按照国家有关规定获得奖学金、贷学金、助学金、困难补助金等。国家设立的、或由其他组织或个人设立的奖学金、助学金等项目，是一项社会公益性措施，它可以用于对品学兼优的学生、国家规定的专业以及到规定地区工作的学生给予奖励。

（3）在学业成绩和品行上获得公正的评价。完成规定的学业后，学校应给大学生颁发相应的学历、学位证书。老师对学生完成学业情况有评价权，但是这种权力不能滥用，对学生的评价一定要公正，以免对学生的发展带来不利的影响。

（4）学生有申诉的权利。如果对学校给予的处分不服，大学生有权利向有关部门申诉；对学校、老师侵犯大学生的合法权益，可提出申诉或依法提起诉讼。

（5）学生在课余时间可以参加社会服务和勤工助学活动，但不能影响学业任务的完成。学校应鼓励学生志愿参加社会服务和勤工助学活动，并做好引导和管理工作。

（6）在法律法规允许的范围内可以在校内组织学生团体，其活动必须服从学校的管理。

（7）在规定的学制年限内，学完规定的课程，成绩合格或取得相应的学分，思想品德合格者，应准予毕业。

（8）学校应尽力为毕业、结业学生提供就业指导和择业服务。

（9）法律、法规规定的其他权利。

根据《中华人民共和国教育法》和《中华人民共和国高等教育法》的相关规定，大学生在校期间应履行以下义务：

（1）遵守法律、法规。国家颁发的法律法规，具有普遍的约束力和强制力，在校学生也不能例外。

（2）努力学习马列主义、毛泽东思想、邓小平理论、“三个代表”重要思想和科学发展观，树立爱国主义、集体主义和社会主义思想，遵守学生行为规范，养成良好的思想品德和行为习惯。

（3）努力学习，完成规定的学习任务，掌握扎实的科学文化知识和专业技能。

（4）按照国家规定的项目缴纳学习和生活费用。

（5）遵守学校的管理制度。大学校园已是一个开放的“小社会”，为保证学校教学、科研、生活等各项活动正常有序地开展，学校必须进行规范化管理。在校大学生必须自觉遵守各项管理制度。

（6）获得贷学金、助学金的学生，应履行相应的义务。

根据国家有关规定，大学生在安全管理中应履行以下义务：

（1）持学校颁发的有效证件进出校门和校内凭证件进出的场所；

（2）接待探亲访友的外国人、港澳台人员应当履行门卫登记手续。如有违反，学校保卫部门有权令其说明情况或离开学校；

（3）学生集体宿舍不得留宿校外人员，更不能留宿异性。违反规定者，学校保卫部门有权责令留宿人员离校；

（4）应在学校规定的地点张贴或摆放告示、通知、广告、启事、海报等宣传品；散发宣传品、印刷品应得到学校相关部门批准后进行；

（5）组织、使用学校广播、影视设施，须经学校相关部门批准；

（6）在校园内开展文化娱乐活动，不得干扰学校的教学、科研和生活秩序；举办文化娱乐活动，须经学校相关部门批准；跨校活动须经公安部门批准；

（7）在校内举办集会、演讲等活动，须按规定经学校相关部门批准；

（8）校园内禁止赌博、酗酒、打架斗殴以及其他干扰教学、科研和生活秩序的行为；

（9）爱惜和保护学校公物，损坏公物要赔偿；

（10）成立学生社团和创办校内发行刊物，须经学校相关部门批准，并接受学校管理；校园内严禁非法组织活动和非法出版物；

（11）举行游行、示威活动，须按法律程序申报；

（12）校园内禁止张贴大、小字报；

（13）不得在校园内进行宗教活动。

三、大学生如何行使权利和履行义务

世界科技的飞速发展，中华民族的迅速复兴，不但给大学生成长、成才提供了广阔的发展空间，同时也给当代大学生增添了新的历史重任。这就要求在校学生牢固树立正确的世界观、人生观和价值观，加强思想道德修养，自觉遵守国家法律法规和学校规章制度，在正确行使自己享有的权利的同时，认真履行应尽的义务。

（一）坚持权利和义务相统一

我国《宪法》第33条规定："任何公民享有宪法和法律规定的权利，同时必须履行宪法和法律规定的义务。"由此表明，在我国，公民享有权利的同时，必须履行应尽的义务；不允许只享受权利而不履行义务。马克思指出：没有无义务的权利，也没有无权利的义务。权利和义务的统一性是马克思主义法治观的一个基本观点，也是我国宪法关于公民基本权利和义务的一个重要特征。权利和义务的统一是指权利和义务互相依存、互相促进、互为条件的辩证统一。在现实生活中，有些人片面地、过多地强调享有的权利而忽视法定的应尽义务。作为大学生，应该注重权利和义务的结合和统一，无论何时何地都要正确地行使权利和履行义务。而大学生履行义务的自觉性越高，越能促进学校和谐发展。反过来，自己享有的权利保障也越有力。

（二）坚持遵纪守法和道德修养相统一

法律和道德从不同的角度指导和规范人的行为。大学生应该自觉学习国家的法律法规和学校的校纪校规，养成学法、懂法、守法、用法的好习惯，做自我教育、自我管理、自我约束的模范。同时要加强道德修养，注意学习名师名家的人品和做人之道，不断培养自己的道德情操和行为修养，树立正确的世界观、人生观和价值观，学会自我控制、自我调节、自我保护，成为德才兼备的人才。

（三）坚持理论和实际相统一

随着改革开放的深化、市场经济的建立、高等教育事业的发展和学校内部体制的改革，高校校园日趋社会化，校园内人员结构多样、周边环境复杂，致使学校治安案件和不安定因素增多。大学生在这种复杂的环境下，就要运用学到的理论知识，正确处理人与人之间、个人与集体之间、个人与社会之间的关系，明是非，分善恶，辨美丑，识荣辱，懂法规。在学习和生活中，能有效预防和应对各种灾害事故和突发事件，保证自己的权益不受损害。

第二节 大学生合法权益的法律保护

一、正当防卫

公民的合法权益受法律保护。大学生要学会用法律赋予的权利保护好自己的合法权益。

《中华人民共和国刑法》（简称《刑法》）规定："为了使国家、公共利益、本人或者他人的人身、财产和其他权利免受正在进行的不法侵害，而采取的制止不法侵害的行为，对不法侵害人造成损害的，属于正当防卫，不负刑事责任。"这是《中华人民共和国刑法》赋予公民的正当防卫权。我们大学生在合法权益遭受不法侵害时，就应使用正当防卫权。

根据《中华人民共和国刑法》的规定，正当防卫时应注意以下要件：

（1）正当防卫必须是针对不法侵害行为。这是指公民自身或他人、国家公共利益遭到不法行为侵害时实行的防卫。

（2）正当防卫必须是针对实际发生并正在进行的不法侵害。这是指侵害行为不是想象、推测而非实际存在的行为，或者是已经发生过的行为，它必须是正在进行而且尚未结束的行为。

（3）正当防卫必须是针对实施不法侵害者本人，而不能针对未参与不法侵害的其他人。

（4）正当防卫必须是为了使合法权益免受不法侵害而实施。走私、贩毒、流氓团伙及黑社会等犯罪集团内部或团伙之间争斗、"黑吃黑"的行为不属此范围。

（5）正当防卫不能明显超过必要限度并造成重大伤害。如果超过限度并造成重大伤害的属防卫过当。防卫过当应负刑事责任，但是应当减轻或免除处罚。我国《刑法》对严重危害人身安全的犯罪行为赋予了公民无限防卫权。《刑法》第 20 条第 3 款明确规定："对正在进行行凶、杀人、抢劫、强奸、绑架以及其他严重危及人身安全的暴力犯罪，采取防卫行为，造成不法侵害人伤亡的，不属于防卫过当，不负刑事责任。”

国家支持正当防卫，司法也加大了对正当防卫的保护，目的是鼓励人民群众同犯罪分子作斗争。在犯罪分子实施不法侵害时，我们应拿起正当防卫的武器，勇敢地同犯罪分子作斗争，及时制止不法侵害，避免自身或人民群众受到伤害。但这里要特别注意的是上述构成正当防卫的要件因素，缺一不可，否则就不属于正当防卫。在大学生活中，同学之间难免出现一些矛盾、纠纷和碰撞，如果在处理矛盾、纠纷和碰撞的过程中，担心吃亏，怕失面子而抢先动手，致人伤亡的，就要负刑事责任。如果发现过去曾侵害过自己或侵害过他人的犯罪嫌疑人，便突然袭击，将其打伤或打死的，也要负刑事责任。这类行为都不属于正当防卫。

为了正确行使好正当防卫权，必须严格把握正当防卫与非正当防卫之间的区别。非正当防卫有以下几种类型：

（1）防卫过当。这是指行为人在实施正当防卫时，明显超出了必要限度，并给防卫对象造成了重大损失。

（2）防卫挑拨。这是指行为人故意挑逗，致使被挑逗方对自己进行侵害，而行为人以此为借口实施防卫加害对方。

（3）局外防卫。这是指对正在进行不法侵害者以外的人实施的打击行为。

（4）假想防卫。这是指不法侵害行为根本不存在，行为人猜想、估计、推断不法侵害行为存在，而对其臆断的侵害者实施的打击行为。

（5）事前防卫，也称提前防卫。这是指行为人在不法侵害行为尚未发生或尚未到来的时候，对准备进行不法侵害的人采取防卫的行为。

（6）事后防卫。这是指在不法侵害行为终止后对不法侵害者实施的报复性防卫行为。

二、保险

保险，是一种社会经济保障机制。它以概率论为技术基础，通过合理计算，集合多数单位（或个人）共同建立的保险基金，用以在特定危险事故或事件发生而导致损失时，对特定人的财产损失或人身伤亡给予或给付的经济制度。保险通常具备以下情况：

（1）必须有危险性存在。自然灾害和意外事故的客观存在是保险业产生和存在的前提条件。但不是所有的危险都能成为保险的对象。

（2）必须有互助共济关系作基础，即需要有多数人（或单位）参加投保。参加保险的越多，保险基金总量就越大，理赔能力就越强。

(3) 必须对危险事故造成的损失给予经济补偿。这种损失必须是在经济上能够计算价值的，否则保险的补偿无法兑现。

(4) 分担基金必须合理。即保险的补偿基金应由参加保险的人公平合理地分摊。

保险又是一种契约性的法律关系，它根据有关法律法规或当事人双方的约定，一方承担支付保险费，以换取另一方对自己由于意外事故或特定事件的出现而导致的损失，负责给予经济补偿的一种法定关系。

保险分为商业保险和社会保险两种类型。商业保险以营利为目的，是保险公司依法从事的一种商业行为。社会保险不以营利为目的，是国家为了保障劳动者在丧失劳动能力或在职业中断期间的基本生活条件而依法强制实行的一种社会保障制度。社会保险是国家强制执行的，所有的企事业单位的工作人员都必须缴纳按国家规定险种的保险费，到规定的年龄即可享受相应的权利。而商业保险是自愿参加的，只要个人与保险公司签订保险合同并缴纳相应的保险费，保险公司就会依法承担相应的保险责任。商业保险中有若干险种，通常分为两类，即财产保险和人身保险。财产保险是指以财产及有关利益为保险标的（以财产为保险对象）的保险。人身保险则以人的生命和身体机能为保险标的，包括人寿保险、健康保险、意外伤害保险等。

在社会生活中，每个人都可能遇到各种各样的灾害或事故，国家为了分散灾害和事故所造成的损失，而建立了社会保险制度，通过多数人参加保险建立保险基金，以分担少数人由于灾害或事故带来的损失。大学生应该树立和强化保险意识，积极投保，防患于未然。

三、与在校大学生关系密切的险种

按照国家目前的有关政策，与在校大学生关系密切的险种有意外伤害保险和医疗保险。

（一）意外伤害保险

意外伤害保险，是以被保险人因遭受意外伤害而造成残废、死亡、支出医疗费或暂时丧失劳动能力等情况给付保险金的一种人身保险。意外伤害保险理赔时应注意以下几点：

(1) 意外伤害，是指由外来的、非本意的、突然发生的情况而致被保险人伤害。它是由被保险人身体外部的偶发事件瞬间直接作用而引起的伤害。如空中坠物击伤等意外伤害。由于高血压、心肌炎等疾病所导致的跌伤则不属于意外伤害。

（2）意外伤害保险并非对所有意外伤害都予以理赔。如系被保险人实施犯罪活动、寻衅斗殴、打架致伤，酗酒后驾车致伤或因吸毒致残等，都属于除外责任，保险人均不予负责。如被保险人是从事登山、跳伞、滑雪、江河漂流、赛车、拳击、摔跤等活动的，则在保险合同的附加条件中予以明确。

（3）意外伤害保险的适用保障范围，主要是死亡、残疾、医疗和停工收入给付。死亡保险金一般为全额保险金；残疾总收入保险金则要依据致残程度，分等级酌情给付；医疗费的给付，一般都订有免赔额条款，被保险人需与保险人一起承担医疗费用，只是被保险人自己承担的比例比较小；意外伤害的停工给付是专门针对临时丧失全部劳动能力的，而非针对永久丧失全部或部分劳动能力而言。保险金给付一般采用定额方式，按日或按周给付。

（4）意外伤害保险的投保人必须履行以下几方面的义务：一是按照合同的约定按期交付保险费。通常是一次性交清，一次交清有困难的也可以分期交付。二是据实告知的义务。投保人必须将自己的相关情况真实、全面、详细地告诉保险人。如果故意掩盖实情，将会导致合同无效并且保险费不予退还的结果。三是投保人必须根据保险人的要求，对保险人的身体进行健康检查，保险人不作此项要求的除外。

目前，高校对在校大学生普遍实行了意外伤害保险，而且随着社会经济的发展，意外伤害保险的范围将不断扩大。在校大学生的意外伤害保险通常由学校组织，以身体健康、能正常参加学习的学生为被保险人，以意外事故致残或死亡为保险事故。保险事故的保险范围比较广，学生在学校学习期间，无论在校内和校外，凡因发生爆炸、倒塌、烫伤、碰撞、雷击、触电、中暑、淹溺、窒息、坠跌、人兽袭击、车船飞机失事等意外事故而导致伤残或死亡，都属于保险事故。

高校组织大学生参加学生意外伤害保险，一方面是为了学生的自身利益，另一方面也是为了减轻学校因学生发生意外伤害事故而造成的经济负担。

（二）医疗保险

医疗保险，是向法定范围内的劳动者部分或全部提供预防和治疗疾病的费用，并保证其在病假期间的经济来源，保障其基本生活需求的一种社会保障制度。

我国各项制度的改革随着经济的发展在不断地深化，其中医疗制度的改革是一项关系到群众切身利益的大事，多年来一直在不断地改革、不断地向前推进。高校的医疗制度改革也和社会一样，在不断地深化。目前，大部分高校学生医疗费用由本人和学校按比例共同承担。为了减轻学校和本人医疗费的负担，参加医疗保险是一项较好的选择。

现在大多数高校均在大学生入学的时候，组织学生向保险公司投大病医疗保险。在保险期间，大学生如生病住院所发生的医疗费用，可由保险公司给予理赔。理赔金额不足部分，由学校和学生按规定的比例分别承担。

四、消费权益保护

消费权益就是消费者在消费过程中所享有的权利和利益。《消费者权益保护法》规定："为生活需要购买、使用商品或者接受服务，其权益受本法保护。"大学生既是受教育者，又是消费者，其权益应受法律保护。

根据《消费者权益保护法》的规定，大学生作为消费者可享有以下权利：

（1）享有人身和财产安全不受侵犯的权利。社会包括高校服务经营者向大学生提供的商品必须具有安全性，不得提供有可能损害大学生人身及财产安全的、不卫生的产品；提供的服务必须有可靠的安全保障。大学生在校学习期间的消费中，人身安全被侵权的行为通常有：提供的餐饮不卫生、有毒或者变质；出售的食品超过保质期、变质；配用的药品是假冒伪劣产品；提供的娱乐场所缺乏安全防范措施或者不符合消防安全规定；提供的服务缺乏安全保障，如浴室没有安全提示而被烫伤、理发师使用工具不当或不卫生致使学生受伤或被传染疾病等；发现商品或服务存在严重缺陷，但不采取措施，致使学生在使用商品或服务时而造成伤害。

（2）享有知晓购买和使用的商品或者接受的服务真实情况的权利，即知情权。大学生有权要求学校的经营者按照法律、法规规定的方式标明商品或服务的真实情况，如商品名称、商标、产地、生产者名称、生产日期、商品用途、主要成分、有效期限、使用方法、注意事项等；有权询问和了解商品或服务的有关情况；有权要求学校经营者真实客观地介绍商品或者服务的优缺点。

（3）享有自主选择商品或接受服务的权利，即选择权。大学生有权选择自己满意的经营者作为消费交易的对象，购买商品，接受服务，任何经营者不得强迫大学生购买或者接受其商品和服务；有权根据自己的兴趣爱好、经济能力选择商品的品种或服务方式，他人不得干涉；有权对经营者的商品或服务进行比较、鉴别和挑选；有权决定购买某一商品、接受或不接受某种服务，经营者不得以任何形式和手段予以强迫。

（4）享有公平交易的权利，即公平交易权。大学生有权要求经营者提供的商品或服务价格合理、计量正确、质量有保障，有权拒绝强制交易。在日常商品的交易中，商品缺斤少两、价格垄断、不正常竞争，服务不规范、质量差、技术差、不到位等情况时有发生，这些都是对公平交易权的侵犯，我们要提高警惕。

（5）享有在人身和财产遭到损害时依法获得赔偿的权利，即赔偿权。大学生有权要求经营者赔偿因其提供的商品或服务不当而造成的损失，如造成人体受伤而产生的医疗费、营养费、护理费等，或在财产方面遭受的损失。这种权利的保证，可以通过本人直接与经营方协商处理，可以通过学校有关职能部门调解处理，也可以直接通过司法诉讼程序解决。

（6）享有人格尊严和民族习惯得到尊重的权利。每个人的名誉、荣誉、姓名、肖像以及身体健康等人格方面的权利是不可侵犯的。辱骂、讽刺、挖苦、殴打、盗用肖像、无端怀疑、非法拘留、非法搜身等侵犯人格的现象是不允许的。我国法律明确规定侵犯人格尊严，应当立即停止，并及时恢复名誉、消除影响、赔礼道歉，有的还须赔偿损失。如果情节严重构成犯罪的，还要依法追究刑事责任。

大学是全国各地学生、各民族学生汇聚的地方。尊重民族风俗习惯，坚持民族平等，加强民族团结是促进安全稳定的大事。因此，对少数民族大学生的特殊风俗习惯要尊重，要不断地增加适应少数民族风俗习惯的商品供应。在向信仰伊斯兰教的大学生提供清真食品时，必须按照民族生活习惯的要求进行加工制作，并与其他食品严格分开；在使用商品包装、商标和广告等宣传活动中，不得使用有损少数民族利益的文字、语言和图形等；不得强迫少数民族大学生接受该民族禁忌的商品或服务。

大学生如发生消费权益纠纷时，可通过下列途径解决：

（1）协商解决。如果消费的纠纷争议不是很大，双方没有严重的分歧，这种情况下，双方可以通过协商来解决。

（2）调解解决。消费的纠纷意见较大，双方协商达不成统一的意见，这种情况可以请社会消费组织或者政府有关部门、学校有关部门进行调解解决。

（3）法律途径解决。如果通过协商、调解不能解决纠纷，还可以通过法律途径来解决。

第三节 树立法律观念 维护知识产权

一、知识产权的概念

知识产权自其产生至今，对人类社会经济的发展、科技的进步起着至关重要的作用。知识产权法是世界各国的重要法律之一。当前，企业之间、国家之间知识产权的争端不断升级和白热化，对知识产权的认定、利用和保护已成为国际性的热门话题。伴随着“全球化经济”的脚步，我国的知识产权法律制度也在不断地更新和发展。

知识产权被认为是对英文“Intellectual Property”的意译。意思是将一切来自知识活动的权利概括为“知识产权”。该词最早见于17世纪中叶法国学者卡普佐夫的著作中，后为比利时著名法学家皮卡弟所发展。皮卡弟认为：知识产权是一种特殊的权利范畴，它根本不同于对物的所有权，物的所有权原则上是永恒的，随着物的产生与毁灭而发生和终止。但知识产权却有时间限制，一定对象的产权在每一瞬间时间内只能属于一个人（或一定范围的人——共有财产），使用知识产品的权利则不限人数，因为它可以无限地再生。这一说法后来被许多国家和国际组织认可。20世纪60年代缔结的《成立世界知识产权组织公约》使用了“Intellectual Property”这一用语。目前知识产权已成为国际上通用的法律术语。我国在1986年颁布的《中华人民共和国民法通则》上明确采用了“知识产权”这一用语。

关于知识产权的概念，还没有一个权威的、大家共同认可的科学的表达方式。国际上表达的方式主要有两种：一是列举式定义，即通过对知识产权种类和范围的列举，来分析和认定知识产权的概念，又称为范围式定义。二是概括式定义，是指抽象出各种知识产权的一般特征，对知识产权加以定义。但上述两种表达方式都存在一定的局限性，不能完全表达知识产权的本质、范围和新的发展变化。

我国目前对知识产权概念较为权威的定义是：“知识产权是基于创造性智力成果和工商业标记依法产生权利的统称。”这一定义一是将“智力成果”与“智力劳动”区别开来，没有智力成果就没有知识产权；智力劳动是一种行为，只享受劳动法上规定的权利。二是表达了智力成果要具有创造性。完成人只有表现自己的取舍、安排、组合和设计的智力成果，才是创造性的智力成果。非创造性的智力成果不具有知识产权。三是表达了智力成果或商业标记是知识产权的客体，这种客体的确定使得知识产权区别于物权、债权、人身权等民事权利。四是强调知识产权依法产生。

二、《知识产权法》的基本内容

知识产权法不是一部单独的法律，而是由一个庞大的、复杂的法律体系来构成，它包括了人类创造出来的所有事物。而且随着科学技术的迅猛发展和人类社会的不断进步，它的内容和范围在不断地外延、不断地扩大。目前涉及知识产权法的，国际上主要有《建立世界知识产权组织公约》和《与贸易有关的知识产权协议》（简称“TRIPs 协议”）；我国明确知识产权范围的法律是《民法通则》。尽管有关条约和法律对知识产权有明确规定，但实际上对知识产权的内容和范围并未达成共识。在目前的理论和实践中，知识产权法的内容主要表现为以下几种趋势：

（一）知识产权国际公约体系已初步形成一个框架

各国知识产权法律体系与其他法律一个明显的区别是知识产权法律都是紧密地与国际公约相连的，知识产权国际公约在很大程度上成了各国制定知识产权法律的基础和最低标准。

现有的知识产权国际公约分别由 4 个国际组织管理：世界贸易组织、联合国教科文组织、国际劳工组织、世界知识产权组织。

（1）世界贸易组织管理的：《与贸易有关的知识产权协议》（1994 年，简称《TRIPs 协议》）。

（2）联合国教科文组织管理的：《世界版权公约》（1952 年）。

（3）世界知识产权组织与联合国教科文组织共同管理的：《避免对版权使用费重复征税多边公约》（1979 年）。

（4）世界知识产权组织、联合国教科文组织和国际劳工组织共同管理的：《保护表演者、录音制品制作者和广播组织的国际公约》（1961 年，简称《罗马公约》）。

（5）世界知识产权组织管理的：

①《保护工业产权巴黎公约》（1883 年，简称《巴黎公约》）；

②《保护文学艺术作品伯尔尼公约》（1886 年，简称《巴黎公约》）；

③《保护录音制品制作者防止未经许可复制其录音制品公约》（1971 年，简称《录音制品公约》或《唱片公约》）；

④《印刷字体的保护及国际保存的协定》（1973 年）；

⑤《关于播送由人造卫星传播载有节目信号的公约》（1974 年，简称《布鲁塞尔卫星公约》）；

⑥《制止商品产地虚假或欺骗性标记马德里协定》（1891 年）；

⑦《保护原产地名称及其国际注册里斯本协定》（1958 年，简称《里斯本协定》）；

⑧《保护奥林匹克会徽内罗毕条约》（1981 年）；

⑨《商标法条约》(1994 年);
⑩《专利法条约》(2000 年);
⑪《国际植物新品种保护公约》(1961 年);
⑫《世界知识产权组织著作权条约》(1996 年);
⑬《世界知识产权组织表演和录音制品条约》(1996 年);
⑭《关于集成电路的知识产权条约》(1989 年);
⑮《专利合作条约》(1970 年);
⑯《商标国际注册马德里协定》(1891 年);
⑰《商标国际注册马德里协定有关议定书》(1989 年);
⑱《外观设计国际保存海牙协定》(1925 年,简称《海牙协定》);
⑲《国际承认用于专利程序的微生物保存布达佩斯条约》(1977 年);
⑳《国际视听作品登记条约》(1989 年);
㉑《科学发现的登记条约》(1978 年);
㉒《关于供商标注册用的商品和服务的国际分类的尼斯协定》(1957 年,简称《尼斯协定》);
㉓《国际专利分类斯特拉斯堡协定》(1971 年);
㉔《建立外观设计国际分类洛迦诺协定》(1968 年,简称《洛迦诺协定》);
㉕《建立图形要素国际分类的维也纳协定》(1973 年,简称《维也纳协定》)。

我国已加入的知识产权国际公约:
①《保护工业产权巴黎公约》(1985 年加入);
②《保护文学艺术作品伯尔尼公约》(1992 年加入);
③《世界版权公约》(1992 年加入);
④《保护录音制品制作者防止未经许可复制其录音制品公约》(1992 年加入);
⑤《商标国际注册马德里协定》(1989 年加入);
⑥《商标国际注册马德里协定有关议定书》(1989 年加入);
⑦《专利合作条约》(1993 年加入);
⑧《关于供商标注册用的商品和服务的国际分类的尼斯协定》(1994 年加入);
⑨《国际植物新品种保护公约》(1999 年加入);

以知识产权国际公约为基础,以各国知识产权法律为依据,知识产权的法律体系正在逐步构成。这一法律体系已成为区别于民商法、行政法、国际法和经济法之外，按照自身的内在规律独立存在的法律体系，并且在政治、经济、科技和日常生活中，发挥越来越重要的作用。

(二) 我国知识产权保护的范围在不断扩大

我国现有的知识产权法律体系内，除了有比较传统的《专利法》、《商标法》、《著行权法》和《反不正当竞争法》外，又发展增加了《集成电路布图设计保护条例》、《植物新品种保护条例》和《国防专利条例》，以及对“地理标志”、“商业秘密”、“域名”、“商号”、“商品化”、“数据库”、“科研发现”等内容的保护。随着科学技术的发展，保护的内容还会更加丰富。

(三) 国际合作和保护得到加强

目前国际上关于知识产权的公约数量还在不断地增加，使得在国际范围内对知识产权保护的方式和标准逐渐地接近和统一。有些国际公约本身就是为了提供和加强知识产权国际合作服务的，如《专利合作条约》和《商标国际注册马德里协议》等，极大地促进了知识产权保护中的国际合作。

1994 年《TRIPs 协议》的签署，使得 WTO 成员方都必须通过国内立法的形式保护协议中列举的知识产权，这样就扩大了提供法律保护的国家范围，增强了对知识产权的保护力度；同时，也统一了世界各国对知识产权保护的基本方式和最低标准。

(四) 法律内容不断发展和完善

自知识产权法律制度诞生以来，无论是早期诞生的具有重要影响的《巴黎公约》和《伯尔尼公约》，还是晚期诞生的《国际植物新品种保护条约》，都经过了多次修订和完善。我国的《专利法》和《商标法》，在 20 年内也经过了两次修订。这说明知识产权的法律与社会密切关联，受社会发展变化影响比较大，随着社会的发展，法律内容也要不断地发展和完善。

(五) 对社会的影响力正在加大

随着科学技术在社会经济中的作用不断加强，与科学文化技术密切相关的知识产权法律制度对社会经济的影响力也在相应增强，尊重知识产权，不断创造和保护知识产权是人类社会发展到一定阶段的必然结果。建立健全知识产权方面的法律体系，必将对人类社会发展产生重大影响。

三、知识产权的利用和保护

目前，世界各国都把制定和实施多角度、全方位的知识产权战略作为进军国际市场、维护国家利益的重要手段，很多发达国家、跨国公司都将知识产权战略的运用和发展，作为在他国谋取重大经济、社会以及政治利益的关键筹码。随着我国经济的快速发展，科学技术的迅速提升，在国际贸易中的权重比例日益增加，他国知识产权战略的运用对我国的影响力也日益增强，因此，对知识产权战略的研究已成为我国知识产权研究领域中的热点问题。美国是当今世界上知识产权的主要输出国，据美国有关部门评估，他国对美国知识产权的侵权，使美国对外出口每年遭受 430 亿~610 亿美元的经济损失。所以，美国千方百计地运用一系列法案，一方面协调国内知识产权的归属和权益分配，调动各方面的积极性，更好地提高国家的技术创新能力；另一方面对外采取强硬的、富有侵略性和垄断性的知识产权进攻战略，从而获得巨额利润。

在我国，高等院校和科研院所是知识产权高度集中的地方。尤其是高等院校，更是各种发明专利的盛产地。据不完全统计：每年高等院校的发明专利占全国发明专利总量的 70%以上，由此可见高等院校也是我国高技术专利群的重要发源地。大学生是大学的主人，在国家创新机制的激励下，已成为高等院校盛产发明专利的主力军。因此，当代大学生要学会利用和保护知识产权。

（一）知识产权文献的利用

知识产权文献从广义上包括公开出版物、专利、商标、外观设计以及因特网域名等，涉及科学与技术、商业、新闻、人文科学和社会科学等众多领域。知识产权文献的各个领域都有着不同的受众。对于高等院校的大学生来说，对知识产权文献中专利文献的了解和利用尤为重要。在专利文献中蕴含了当今世界上绝大部分的技术发明成果，据世界知识产权组织的统计，世界上每年发明创造成果的 90%~95%可以在专利文献中查到，而且多数发明成果都是通过专利文献公开的。据世界知识产权组织介绍，在应用技术研究中，经常查阅专利文献，可缩短 60%的研究时间，节省 40%的研究费用。

在国际上，专利文献的利用通常是通过网络进行检索获得。网络上一般分为免费和有偿两种使用方法。免费使用的大多数是各国知识产权的官方网站；有偿使用的大部分是商业网站。官方网站主要有：中国知识产权局，欧洲专利局，美国专利商标局和日本专利局工业产权数字图书馆等免费网站；商业网站数据库主要是“德温特”数据库。

1. 中国知识产权局网站

中国知识产权局网站（http：//www. sipo. gov. cn）是国家知识产权局向国内外公众提供与专利有关的多种服务的窗口，有中文、英文两种版本。此外，它还与《中国知识产权报》、国内政府网站、知识产权地方管理机构网站、知识产权服务网站及国外知识产权机构网站链接。该网站中的中国专利数据库收录了自1985年中国专利法实施以来公开的全部中国发明、实用新型和外观设计专利的题录信息、摘要以及说明书全文，超过100万件。该数据库每3年更新一次。

2. 欧洲专利局网站

欧洲专利局网站（esp@ cenet）是欧洲专利局、欧洲专利组织成员国以及欧洲委员会1998年通过Internet提供的一项面对大众的免费服务。从这个网站上，近一个世纪的许多主要国家及组织的专利文献都可以通过它来获取。

3. 美国专利商标局（USPTO）网站

美国专利商标局网站（http：//www. uspto. gov/）是美国专利商标局建立的政府性官方免费网站，向公众提供全方位的专利信息服务。其专利数据库分为授权专利数据库、公开专利申请数据库和按专利号检索的失效专利数据库。该网站收录的专利文献种类有：实用专利（Utility）、授权专利说明书（Patent Grants）、公开专利申请说明书（Published Patent Applications）、外观设计（Design）、植物专利（Plant）、再版专利（Reissue）、防卫公告（Defensive）和依法注册发明（SIR）。

4. 日本专利局工业产权数字图书馆

1999年日本专利局开通了“工业产权数字图书馆”（Industrial Property Digital Library），简称IPDL，这是一项免费的因特网服务。但是它的文献受版权法保护，如要引用、转载、加工IPDL中的文献，必须得到版权所有人的允许，并注明该文献的出处。IPDL号称是世界上最大的工业产权信息数据库，拥有4500万篇文献，11万亿字节的数据量。

5. 德温特世界专利索引数据库

德温特出版有限公司（1994年更名为德温特信息有限公司）是英国一家专门从事专利信息的商业性出版机构，其网址为：http://www. derwnt. com。由于它的检索出版物报道的国别、技术领域、出版速度、检索途径等几乎是世界上最多、最好的，所以深受读者欢迎。但是，它的租用价格非常昂贵，目前国内仅有为数不多的几家科研单位租用它。

合理合法地利用专利文献信息，是当代大学生的基本功，也是保护我们合法权益的一个重要组成部分。各国的专利网站上的专利文献信息内容广而新，每年世界公布的专利说明多达150多万件，其内容几乎包含了所有的领域；时间上及时而连续，各国都会及时公布最新的专利文献信息，目前，中国、美国、日本和欧洲的专利局都是以7天为周期进行更新，及时传达世界上技术、法律、经济和战略的情报信息。

（二）知识产权保护的战略

知识产权保护的战略是有效地运用知识产权制度，维护自身合法权益，获得和保持竞争优势，遏制竞争对手，谋求最佳的经济效益而进行的全局性谋划和采取的重要策略的手段，也是各种利益集团在维护各自利益时用来平衡、协调的一种手段。

知识产权保护战略层次上分宏观战略和微观战略；时间上分长期战略和短期战略；手段上分进攻性战略和防御性战略；保护对象上分专利战略、商标战略、版权战略等；战略类型上分调查战略、申请战略和实施与防御战略。结合我们在校大学生的情况，着重注意专利战略和技术秘密战略。

1. 专利战略

（1）把握时机，及时申请。

专利权在我国实行最先申请原则。《中华人民共和国专利法》第9条规定："两个以上的申请人分别就同样的发明创造申请专利的，专利权授予最先申请的人。"所以，发明创造基本定型以后，应及时申请专利。主要是防止后来者捷足先登，创造者失去了应有的权利。中国许多创造发明者都因未能把握时机、及时申请而失去新的发明创造的专利权。还要防止他人盗用自己的产品或科技成果申请专利，反诉自己"侵权"，尽管多数发明创造者通过诉讼能要回自己的权利，但是要回的过程是一般人难以承受的。另外，要防止自己的发明创造失去法律保护。如果自己的发明创造成果没有申请专利，别人仿制了，无法追究责任。最后，要防止失去申请专利的机会。如果你的发明创造没有及时申请，而成果在已被大量使用的情况下再申请专利，将会因失去新颖性而得不到专利权。

（2）占领市场，实行垄断。

专利的申请，不单单是为了保护某项技术，而是为了占领市场，防止他人进入。在20世纪90年代以后，国外许多企业看中了中国市场的迅速发展，纷纷利用其专利技术在中国市场上"跑马占地"，特别是在高技术领域，如信息技术、纳米技术等领域，拼命申请专利，仅2006年外国公司在中国专利申请量就超过了这些领域整个申请量的90%。事实证明，专利的拥有量在一定程度上代表着市场的占有率。

（3）搭便车，分市场。

在别人专利的基础上做些改进，并就改进部分申请专利，既防止了对手的技术改进之路，又改良了产品的质量或功能，当对手的专利进入市场时，可以根据持有的改进型专利迫使对方与自己签订交叉许可合同，这样可以达到瓜分市场利润的目的。“二战”后日本人就使用了这一战略，到处搭便车，顺势获得了大量的市场利润，也促进了自身的科技进步。

（4）广而告之，促进销售。

某些专利的申请，不是为了专利保护，而是为了达到宣传效应。某些专利，往往不是产品的关键技术点，但最能吸引人们的视线，公开申报专利不是为了生产，而是为了扩大影响，及早转让，及早取得利润，以便进一步发展。

（5）实行技术储备，增强发展后劲。

许多大型企业，申报专利不是怕别人侵权，也不是为了让产品尽快投入市场，而是为了技术储备。目的是防止他人搭便车，影响自身的利益；遏制别人在该技术领域的扩张，为自身的发展争取时间。所以，对一个企业而言，储备的专利越多，潜在的竞争力就越强，在市场上也就越有竞争力。

（6）“放水养鱼”策略。

没有足够的实力去开拓市场，也没有过硬的研发队伍，这时申请专利，不是为了垄断市场，获得专利权；也不是为了转让技术，而是利用专利的追诉，引起专利的纠纷，从而获得巨额赔偿金。

各种专利战略的运用都要根据自己的情况来确定。在专利战略的制定上，首先要选择好研究的方向，在确定方向前，要注意对有关技术和研究方向进行专利文献检索和分析，充分调查好研究领域内发展空间、增长空间和可能获得的利润空间，注意规避障碍专利，防止重复研究。在确定主题方向后，还要继续跟踪研究领域内的研究动态，密切关注妨碍研究方向的专利化、权利化以及其专利申请的法律进程，及时发现和防范易产生同领域内的其他专利纠纷；获得研究成果后要及时进行申报，同时也要充分运用虚虚实实的战术，混淆视线，不断进行防御性申请，设法为对手的进入设置障碍。在专利权获得后还要继续关注技术动向、公知情况、法律状态、同领域内的专利等态势，防止他人的侵权而造成不必要的损失。同时通过各种信息的反馈与相关技术动向，来制定新的研究方向做好新的准备。

2. 技术秘密战略

技术秘密是指不为公众所知晓，具有实用性，能为拥有者带来经济利益或竞争优势的非专利技术成果。技术秘密保护不光是指商业秘密，还包括研究中的技术成果和科研成果等。技术秘密战略的重点是保护技术秘密。具体策略有：

（1）未雨绸缪，强化保护意识，实行有效机制是保护技术秘密最基本的途径。

美国情报机构认为，情报来源的80%来自公开渠道，即使是一流情报机构也不例外。美国有一大四学生，就是根据公开资料，仅用4个月时间，就绘制出具有广岛原子弹3/4威力的原子弹设计图，可见技术秘密保护的艰巨性。所以，运用各种法律手段和详细的规章制度来保护技术秘密是非常重要的，也是非常有用的。

（2）不断提高技术水平，增强对手追赶和破译的难度。

要通过不断地提高和改进原有的技术难度，让手中的技术更新、更领先，使对手永远处在追赶状态和研究破译状态，这是实施技术秘密战略最重要、最根本的策略。目前世界上发达国家实施技术秘密的战略比较成功，在各个技术领域内，均比发展中国家先进几十年，发展中国家始终处在追赶和破译的状态。因此，我们在发展过程中，要特别重视这一点。

（3）捆绑式保护。

将产品的结构实行一体化，即在产品上有技术秘密的装置部分，采取“反向安装”的防范措施，使用者想研究技术秘密，需拆除技术秘密的装置，一旦拆开，就无法恢复或自动销毁，这样就达到保护技术秘密的目的了；或者将产品半成品化，或称为将产品的生产过程阶段化。在产品生产的整个过程中分几个阶段，其中研发的企业将关键的技术、核心的技术直接掌控。如目前市场上各种名酒、名烟都采取联营方式，正宗的企业就严格掌控本品牌的配方；又如各种名牌汽车到中国联合生产，其技术核心部分、关键部分都由原厂家掌控。

（4）综合性保护。

技术秘密的保护不能依靠单一的保护措施来防范，而只有在多种保护策略相结合、多向交叉、相互弥补、多层设防、相互制约的情况下才能起到应有的作用。还要注意充分利用其他知识产权保护手段的战略战术，做到你中有我，我中有你，对各种情况、各种动态时刻掌握，及时应对，及时调整，才能形成一个真正的、有效的、强有力的保护网。

四、大学生在借鉴作品时应注意的事项

高等院校是促进社会主义文化和科学事业发展与繁荣的重要阵地，在校大学生无论是学习还是创作，都需要借鉴各类作品来更好地完成学业。因此在借鉴作品时必须注意以下事项：

（1）在下列情况下使用作品，可以不经著作权人许可，不向其支付报酬，但应当指明作者姓名、作品名称。

①为个人学习、研究或者欣赏，使用他人已经发表的作品；

②为介绍、评论某一作品或者说明某一问题，在作品中适当引用他人已经发表的作品；

③为报道时事新闻，在报纸、期刊、广播电台、电视台等媒体中不可避免地再现或者引用已经发表的作品；

④报纸、期刊、广播电台、电视台等媒体刊登或者播放其他报纸、期刊、广播电台、电视台等媒体已经发表的关于政治、经济、宗教问题的时事性评语文章。但作者声明不许刊登、播放的除外；

⑤报纸、期刊、广播电台、电视台等媒体刊登或者播放在公众集会上发表的讲话，但作者声明不许刊登、播放的除外；

⑥为学校课堂教学或者教学研究，翻译或者少量复制已经发表的作品，供教学或者科研人员使用，但不得出版发行；

⑦免费表演已经发表的作品，该表演未向公众收取费用，也未向表演者支付报酬；

⑧对设置或者陈列在室外公共场所的艺术作品进行临摹、绘画、摄影、录像；

⑨将中国公民、法人或者其他组织已经发表的以汉语言文字创作的作品翻译成少数民族语言文字作品在国内出版发行；

⑩将已经发表的作品改成盲文出版。

（2）有下列侵权行为的，应根据情况，承担停止侵害、消除影响、赔礼道歉、赔偿损失等民事责任。

①未经著作人许可，发表其作品的；

②未经合作者许可，将与他人合作创作的作品当作自己单独创作的作品发表的；

③没有参加创作，为谋取个人名利，在他人作品上署名的；

④歪曲、篡改他人作品的；

⑤剽窃他人作品的；

⑥未经著作权人许可，以展览、摄制电影和以类似摄制电影的方法使用作品，或者以改编、翻译、注释等方式使用作品的（《著作权法》另有规定的除外）；

⑦使用他人作品，应当支付报酬而未支付的；

⑧未经电影作品和以类似摄制电影的方法创作的作品、计算机软件、录音录像制品的著作权人或者著作权有关的权利人许可，出租其作品或者录音录像制品的（《著作权法》另有规定的除外）；

⑨未经出版者许可，使用其出版的图书、期刊的版式设计的；

⑩未经表演者许可，从现场直播或者公开传送其现场表演，或者录制其表演的等。

（3）有下列侵权作为的，应当根据情况，承担停止侵权、消除影响、赔礼道歉、赔偿损失等民事责任。

如果同时损害公共利益的，可以由著作权行政管理部门责令停止侵权行为，没收违法所得，没收、销毁侵权复制品，并可处以罚款，情节严重的，著作权行政管理部门还可以没收主要用于制作侵权复制品的材料、工具、设备等；构成犯罪的，依法追究刑事责任：

①未经著作权人许可，复制、发行、表演、放映、广播、汇编、通过信息网络向公众传播其作品的（《著作权法》另有规定的除外）；

②出版他人享有专有出版权的图书的；

③未经表演者许可，复制、发行录有其表演的录音录像制品，或者通过信息网络向公众传播其作品的（《著作权法》另有规定的除外）；

④未经录音录像制作者许可，复制、发行、通过信息网络向公众传播其制作的录音录像制品的（《著作权法》另有规定的除外）；

⑤未经许可，播放或者复制广播、电视的（《著作权法》另有规定的除外）；

⑥未经著作权人或者与著作权有关的权利人许可，故意避开或者破坏权利人为其作品、录音录像制品等采取的保护著作权或者与著作权有关的权利的技术措施的，法律、行政法规另有规定的除外；

⑦未经著作权人或者与著作权有关的权利人许可，故意删除或者改变作品，录音录像制品等的权利管理电子信息的；法律、行政法规另有规定的除外；

⑧制作、出售假冒他人署名的作品的。

第十三章 遵纪守法

现今社会，是高速发展的信息化社会，社会的价值体系在市场经济的影响下出现多样化，人们的思维方式和意识领域亦随之产生不可抗力的变化，且这种变化在现今一代高校学生群体中也有着深远的影响。近几年来，校园暴力、学生道德行为不良等现象越来越突出。当前大学生犯罪增多，且恶性程度越来越高。

加强自身道德修养，自觉遵守校纪校规，杜绝违法犯罪行为的发生，做当代社会健康、文明的大学生，是每一位大学生的必修课。

第一节 校纪校规

一、校纪校规

（一）校纪校规的含义

校纪校规是学校为保障正常的教育教学的开展，在国家法律法规的范畴内制定的适合本校管理工作的各类规章制度的总和。

（二）校纪校规与法律法规的区别

校纪校规与法律法规的区别有以下几点：

（1）制定的主体不同。校纪校规由学校这一具体行政单位制定；法律法规由政府机构或人大及其常委会制定。

（2）二者的效力不同。校纪校规是广义上的法律，效力在法律法规之下；法律法规的效力更大。

（3）二者面向的对象不同。校纪校规面向的仅为其行政管辖范畴内的教职工和学生；法律法规面向的是社会全体成员，也包括学校的人员。

二、大学生违纪的主要行为及其处理

（一）大学生违纪主要分为违反日常行为规范和违反教学管理规定两种

1. 学生违反日常行为规范

（1）学生中存在无视校规校纪，漠视公共道德的情况。如在公共区域占座、抢位，在教室高声喧哗等不文明行为。

（2）现代社会给予了学生更多的诱惑和刺激，学生为达到享乐的目的不惜违纪晚归。

（3）在经济条件达不到的情况下，学生为了面子或为了享乐而偷盗。

（4）在部分影视作品影响下，学生讲究哥们义气，拉帮结派，甚至群体违纪犯罪。

2. 学生违反教学管理规定

（1）学生迟到、早退、旷课人数较以往有所上升。

（2）学生考试作弊现象日趋普遍，作弊手段、方式花样翻新。

（二）大学生违纪行为的处理方式

（1）加强学生的基本道德素质教育和相关校纪校规的宣传学习。

（2）严格按照校纪校规进行相应的教育和处罚。

第二节　违法与犯罪

一、违法

（一）违法的含义

违法是公民个人或者社会组织违反法律规定，危害社会的行为。它表现为行为人不履行守法义务，超越法定行使权利的界限，对其他主体的合法权益造成破坏和侵害。理解这一概念应当注意以下 4 点：

(1) 违法是违反法律的行为。违法行为所违反的必然是法律，而不是道德、政策、纪律等其他社会规范。违反其他社会规范的行为，尽管也可能会受到某种处罚或制裁，但这种处罚或制裁一定不是法律意义上的，否则就会混淆道德、政策、纪律与法律之间的差异，导致对行为性质的认识错误，进而导致滥用法律的恶劣后果。

(2) 违法行为是违反现行法律的行为。违法行为所违反的必须是现行法律，如果是对已经丧失了法律效力的“法律”的违反，当然就不能将其确定为违法行为。也就是说，行为所违反的法律，一定是具有现实法律效力的，而不是已经被废止的或者已经被宣布为无效的。

(3) 违法行为是具有社会危害性的行为。社会危害性是违法的本质属性。一个社会的法律之所以要将某些行为规定为违法，最根本的原因就是这些行为具有对社会的危害性质。没有社会危害性的行为，任何法律不应也不会将其确定为违法行为。

(4) 在法治状态下，法律对权力行为和非权力行为的要求是不一样的，认定违法的标准也是不一样的。在法治社会，一切权力行为都必须有法律上的根据，否则就是违法，即“法不授权即不自由”；而一切非权力行为，即一般公民或者一般法人的行为，他们只要没有违反法律的禁止性规定和义务性规定(他们的行为也许不符合法律的规定，甚至法律本身就没有相关的规定)，就不是违法行为，即“法不禁止即自由”。

(二) 违法的构成要件

一般地说，违法由以下5个要件构成：

(1) 违法以违反法律为前提。行为违反法律，是对法律的蔑视和否定，是对现行法律秩序的破坏。因此要通过追究法律责任、施加法律制裁否定违法，恢复法律秩序。以法律为准绳，既是准确追究违法，否定非法的重要条件，也是避免枉法、防止专横的重要保证。刑法规范，尤其是刑法分则中的“罪状”部分，实际上是义务性法律规范，其中大多数是禁止性规范。公民、国家机关工作人员、法人或单位没有避免刑法禁止的行为，或者没有刑法命令去做的行为，就是对刑法的违反，同时也是对刑法的触犯，因此应当依刑法承担刑事责任。

(2) 违法必须是某种违反法律规定的行为。这里讲的行为包括积极的作为或消极的不作为。违法的作为是指做出了法律所禁止的行为；违法的不作为是指没有做法律所要求的行为。不论是作为的违法还是不作为的违法，都具有客观性，都不同于人们单纯的思想活动。因为人的思想如果不通过行为表现出来就不会产生危害社会的影响；并且，人的思想是主观的、难以认定的，以思想作为违法行为而惩罚，必然导致罪刑擅断，非法司法。因此，在立法和执法、司法工作中，必须严格区分思想问题和违法犯罪行为的界限，确认违法必须以人的行为作为客观依据。

（3）违法必须是在不同程度上侵犯法律上所保护的社会关系的行为。行为的违法性与行为的社会危害性具有密切联系，后者是前者的基础。人们制定并实施法律，是为了通过建立一定的法律秩序，进行社会控制、保障并促进社会发展，维护人们的利益。如果一个行为并不侵犯法律所保护的社会关系，没有侵犯社会、国家、集体或个人的合法利益，就不构成违法。

（4）违法一般必须有行为人的故意或过失。但是，故意和过失在不同的法律领域中具有不同的意义。在刑事法律领域，行为人故意或过失的心理状态是判定其主观恶性的重要依据，也是区别罪与非罪、此罪与彼罪、罪轻与罪重的重要依据。在民事法律领域，故意和过失被统称为过错，是构成一般侵权行为的要素。在行政法律领域，实行“过错推定”的方法。“一般只要行为人实施了违法行为就视其为主观有过错，不必再深究其主观因素了，法律另有规定的除外。”

（5）违法者必须具有法定责任能力或法定行为能力。

（三）违法的种类

违法行为按其性质不同，可分为 5 种：一是违宪行为，简称“违宪”，是指有关国家机关制定的法律、法规和规章以及国家机关、政党、社会组织或具有特定地位的公职人员的活动，与宪法的规定相违背或者相冲突，应当承担宪法责任的行为。二是民事违法，是指违反民事法律规范，应该追究民事法律责任的行为。三是行政违法，是指违反行政法律规范，应当承担行政责任的行为。四是经济违法，是指违反经济法律规范，应该承担经济法律责任的行为。五是刑事违法，是指触犯刑法，应受刑罚惩处的行为。

（四）违法行为与其他行为的区别

从违法行为的构成要素来看，我们应当注意违法行为与其他一些行为的区别：首先是违法行为与违反道德的行为及其他虽不合法但也并不违法的行为的区别。许多违法行为，特别是犯罪行为，同时也是违反道德的行为。但是，并非所有违法行为都是违反道德的行为，因为有些违法行为并不涉及道德评价的问题。同样，有些违反道德的行为并不构成违法行为。还有一些行为，虽不合法但也并不违法，处于法律调整之外，也不能与违法行为相混同。其次是违法行为与法律上无效行为的区别。违法行为当然不能发生行为人实施违法行为时所希冀的为法律所肯定的有效结果。但是，不能认为法律上无效的行为都是违法行为。有些法律上无效的行为虽然没有法的效力，但也并不构成违法，比如无民事行为能力人实施的民事行为。

二、犯罪

(一) 犯罪的概念和特征

常常有很多人认为违法就是犯罪，其实违法和犯罪是两个不同的概念，二者既有联系又有区别。违法包括了犯罪，犯罪是最严重的一种违法行为，犯罪行为必然是违法行为，但违法行为不一定是犯罪行为。从犯罪理论上讲，犯罪就是具有刑事责任能力的人或单位违反刑事法律，给社会造成严重危害并应当受到刑罚处罚的行为。我国刑法第 13 条对犯罪下了一个定义："一切危害国家主权、领土完整和安全，分裂国家、颠覆人民民主专政的政权和推翻社会主义制度，破坏社会秩序和经济秩序，侵犯国有财产或者劳动群众集体所有的财产，侵犯公民私人所有的财产，侵犯公民的人身权利、民主权利和其他权利，以及其他危害社会的行为，依照法律应当受刑罚处罚的，都是犯罪，但是情节显著轻微危害不大的，不认为是犯罪"。这个定义是对我国社会上形形色色的犯罪所作的高度概括，是我们认定罪与非罪的基本依据。从这个定义引申开来，犯罪作为一种社会行为具有以下三大特征：

1. 严重社会危害性

行为具有社会危害性，是犯罪固有的最基本的特征。社会危害性是指犯罪行为对刑法所保护的社会关系造成损害的特性。社会危害性与损害、损失是有一定区别的，有些行为看似有损害发生，但是其与社会利益相符，也并没有侵害到刑法所保护的社会关系，就不是犯罪，如正当防卫、紧急避险等。而且，与一般的违法行为不同，犯罪所要求的社会危害性需达到一定的严重程度，情节显著轻微危害不大的行为，虽然具有社会危害性，也不能认定为犯罪。例如，小偷小摸，数额不大的，不能认定为盗窃罪；同学之间打架，没有打伤或伤得很轻微的，不能认定为故意伤害罪，等等。所以，没有社会危害性的，不认为是犯罪；社会危害性没有达到相当程度的也不是犯罪。不过，虽然严重的社会危害性对认定犯罪具有决定性的意义，但却不是犯罪唯一的特征。

2. 刑事违法性

判断某一行为是否具有社会危害性，很大程度上以是否违反刑法为标准，因为刑法规定了危害性的范围和具体内容。所以，刑事违法性是犯罪的法律特征。立法者通过刑事违法性，将社会危害性纳入刑罚的范畴，使某一行为与刑法规范发生联系。在一定意义上来说，刑事违法性是由社会危害性决定的，社会危害性是第一性的，刑事违法性是第二性的，行为不是因为违法才具有危害性，而是因为具有危害性才违法。

3. 刑罚当罚性

任何违法行为都要承担相应的法律后果，民事违法行为承担民事责任，行政违法行为接受行政处罚，而作为刑事违法行为的犯罪，所要承担的法律后果就是刑罚的处罚。如果一个行为不应当受到刑罚处罚，也就意味着它不是犯罪。不过，不应受刑罚与不需要刑罚处罚是两回事。前者是指行为本身不构成犯罪，不存在受刑的问题；后者是指行为人的行为虽已构成犯罪，本应受刑，但考虑到具体情况，如情节轻微、有自首立功情节、行为人尚未成年等，从而免予刑事处罚。一个非罪，一个为罪，两者不能混淆。

总之，犯罪的以上三个特征是紧密结合的，是任何犯罪必要的基本特征，三者缺一不可，也是区别于其他违法行为的根本性依据。不过，在司法实践中不能仅仅凭社会危害性、刑事违法性和刑罚当罚性来判断某一行为是否构成犯罪。在实践中，判断罪与非罪、此罪彼罪的直接依据是犯罪的构成。

(二) 犯罪的构成要件

所谓犯罪构成要件，就是指依照我国刑法的规定，决定某一具体行为的危害性及其程度而为该行为构成犯罪所必需的一切客观和主观要件的有机统一。根据我国刑法，任何一种犯罪的成立都必须具备 4 个方面的构成要件，即犯罪客体、犯罪客观方面、犯罪主体以及犯罪主观方面。

1. 犯罪的客体

犯罪客体是指刑法所保护而为犯罪所侵犯的社会主义的社会关系，是构成犯罪的必备要件之一。行为之所以构成犯罪，首先就在于侵犯了一定的社会关系，而且侵犯的社会关系越重要，对社会的危害性也就越大。犯罪客体可以划分为 3 个层次，即：（1）犯罪的一般客体，是指一切犯罪共同侵犯的客体，即我国刑法所保护的社会关系的整体，是刑法所保护客体的最高层次，也是一切犯罪的犯罪客体的共性。（2）犯罪的同类客体，是指某一类犯罪行为所共同侵害的刑法所保护的社会关系的某一方面。它是对犯罪行为侵害具有相同或相近的性质的社会关系的科学分类，也是刑法分则中划分不同犯罪种类的主要依据。(3) 犯罪的直接客体，是指某一种犯罪行为所直接侵害的刑法所保护的某种具体的社会关系，是决定犯罪性质最重要的因素，也是司法实践中借以区分罪与非罪、此罪与彼罪的关键。

2. 犯罪的客观方面

所谓犯罪的客观方面，是指刑法所规定的、说明犯罪行为对刑法所保护的社会关系造成侵害的客观外在事实特征。一定的犯罪在客观方面必须具备相应的条件，这些条件称为犯罪客观方面的要件，其具体表现为危害行为、危害结果以及行为时间、地点、手段、对象等。其中，危害行为是一切犯罪在客观方面都必须具备的要件，也是唯一一个为所有犯罪都必备的要件；危害结果是大多数犯罪成立的客观方面的必备要件；特定的行为时间、地点、手段、对象则只是某些犯罪成立在客观方面必需的条件。故而，我们一般称危害行为为必要的客观方面的要件，称危害结果、行为时间、地点、手段、对象等为选择要件。

3. 犯罪的主体

犯罪的主体，是指具备刑事责任能力，实施危害社会的行为并且依法应当承担刑事责任的人。犯罪主体中的人，包括自然人和单位。其中，单位是指以单位的名义从事犯罪行为并承担刑事责任的犯罪主体。在我国刑法中，单位犯罪居少数，且由于其本身权利主体的特殊性，仅能对其处以财产罚（罚金），同时往往还要对相关责任人员适用刑罚，因此，犯罪主体中最主要和最常见的是自然人主体。自然人作为犯罪主体，关键性的问题在于刑事责任能力的认定。所谓刑事责任能力，是行为人对自己行为所具备的刑法意义上的认知和控制能力。我国刑法中的第 17~18 条主要从年龄和精神状况上对刑事责任能力予以认定。从年龄上分为：(1) 完全不负刑事责任的年龄，即不满 14 周岁（不含 14 周岁）的自然人，对所有犯罪均不承担刑事责任；(2) 相对负刑事责任的年龄，即已满 14 周岁不满 16 周岁（不含 16 周岁）的自然人，仅对故意杀人、故意伤害致人重伤或死亡、强奸、抢劫、贩卖毒品、放火、爆炸、投毒等犯罪（俗称“八大罪”），承担刑事责任；(3) 完全服刑事责任的年龄，即已满 16 周岁的自然人，对所有犯罪均要承担刑事责任；(4) 相对减轻刑事责任的年龄，即已满 14 周岁不满 18 周岁的自然人，因其未成年，虽要承担相应的刑事责任，但刑法规定对其应当从轻、减轻处罚，并且不适用死刑。从精神状况上分为：(1) 完全无刑事责任的精神病人，即不能辨认或控制自己行为造成危害，并经法医确认的精神病人不负刑事责任；(2) 完全负刑事责任的精神病人，即精神正常时的精神病人或大多数非精神病性的精神障碍人，应当承担刑事责任；(3) 减轻刑事责任精神病人，即尚未完全丧失辨认或控制能力的精神病人，应当负刑事责任，但可以从轻或减轻处罚。此外，我国刑法第 19 条还规定，又聋又哑的人或盲人犯罪，可以从轻、减轻或者免除处罚。

4. 犯罪的主观方面

犯罪的主观方面，是指犯罪主体对自己行为及其危害结果所抱的心理态度，包括主观罪过以及犯罪的目的、动机等因素。犯罪的主观罪过是指犯罪人在心理态度上的主观过错，分为故意和过失。犯罪的故意，即明知自己的行为会发生危害社会的结果，并且希望或者放任这种结果发生构成犯罪的心理态度。明知会发生而希望发生，称为直接故意；明知会发生而放任发生，称为间接故意。前者的主观恶性比后者大，所以量刑一般也要重。犯罪的过失是指已经预见到自己的行为会产生危害后果而轻信能够避免或应当预见自己的行为会产生危害后果而没有预见，从而导致严重的危害性结果发生的心理态度。前者称为过于自信的过失，主观恶性相对较大；后者称为疏忽大意的过失，主观恶性相对较小。故意或过失是所有犯罪在主观方面的必要要件，但从横向比较的角度看，过失犯罪的性质要轻于故意犯罪，故刑罚上也相对较轻，且过失犯罪都要求造成严重的危害结果时才追究刑事责任，故意犯罪则未必。所谓犯罪目的，是指犯罪人希望通过犯罪来达到某种危害结果的心理态度；犯罪动机，是指刺激犯罪人实施犯罪行为以达到犯罪目的的内心起因。犯罪目的是结果，较为具体；而犯罪动机则是动因，较为抽象。例如，故意杀人的目的就是置人于死地，而动机却可为情、为财、为仇或一时激愤等，所以两者应该严格区别。此外，犯罪目的是构成某些犯罪必要的构成要件，而犯罪动机则不是犯罪主观方面的构成要件，仅是量刑情节。

(三) 正当行为

正当行为，是指客观上造成一定损害结果，形式上符合某些犯罪的客观要件，但实质上既不具备社会危害性，也不具备刑事违法性，因而不承担刑事责任的行为，如正当防卫、紧急避险、执行职务或命令、职业冒险行为、被害人承诺或自愿，等等。

1. 正当防卫

正当防卫是指为了使国家、公共利益、本人或他人的人身、财产和其他权利免于正在进行的不法侵害，而对不法侵害者实施的制止其不法侵害且没有超过必要限度的损害行为。正当防卫不仅是一种免于刑事处分的行为，而且是一种公民的权利以及和犯罪作斗争的有力武器。不过，由于正当防卫本身也会造成损害，因此，这种行为注定不能任意施行。因此，法律对于正当防卫的条件作出了严格的界定：

（1）防卫意图。我国刑法中，规定了正当防卫的实施必须是“为了使国家、公共利益、本人或他人的人身、财产和其他权利免受正在进行的不法侵害”，意味着正当防卫的前提是处于防卫的意图，即要出于制止不法侵害的，保护合法权益的认识和目的。对于那些出于非法目的的防卫挑拨、互相斗殴、保护非法利益实施防卫的行为，不能认定为正当防卫。

（2）防卫起因。即针对现实存在并且发生了的不法侵害。也就是说，不法侵害本身是违法的，并且已经存在和发生，具有现实性。对主观臆测而事实上不存在的“不法侵害”实施的防卫称为“假想防卫”，不是正当防卫。

（3）防卫对象。正当防卫的目的在于制止不法侵害，而不法侵害由不法侵害人实施，因此，正当防卫的对象只能是不法侵害人。防卫行为如果损害的是第三人的利益，则称为“防卫第三人”，不能认定为正当防卫。

（4）防卫时间。正当防卫的施行时间有严格的限制，只能是不法侵害人已经着手实施不法侵害且尚未结束。对尚未发生的不法侵害实施防卫称为“事前防卫”，对已经结束的不法侵害实施防卫称为“事后防卫”，这些也不属于正当防卫。

（5）防卫限度。即正当防卫不能超过必要的限度而给不法侵害人造成重大损害。换言之，防卫行为仅限于制止不法侵害所必需，否则，称为“防卫过当”，同样不能认定为正当防卫。不过，考虑到防卫人在面对不法侵害时不可能精确计算防卫所需要的限度，所以我国刑法一方面规定防卫过当“应当减轻或者免除处罚”，另一方面在刑法第 20 条第 3 款中规定了特殊防卫权：“对正在进行行凶、杀人、抢劫、强奸、绑架以及其他严重危及人身安全的暴力犯罪，采取防卫行为，造成不法侵害人伤亡的，不属于防卫过当，不负刑事责任。”

2. 紧急避险

紧急避险是指为了使国家、公共利益本人或者他人的人身、财产和其他权利免受正在发生的危害，不得已而采取的损害另一合法权益、保护更多合法权益的行为。紧急避险与正当防卫一样，都是刑法规定的正当行为。但两者之间在法定条件上有所不同。要构成紧急避险，需要满足以下条件：

（1）避险意图。行为人对正在发生的危险有明确的认识，在主观上希望以避险手段保护较大合法权益的心理状态。也就是说，要有正确的避险认识和避险目的。

（2）避险起因。紧急避险的启动是由于损害危险发生，危险的来源可能是不法侵害，也可能是自然灾害、动物侵袭、饥渴疾病等，这一点与正当防卫不同。

（3）避险时间。紧急避险实施时是损害危险正在发生或迫在眉睫，对合法权益已形成或即将形成紧迫而直接的危险。

（4）避险对象。紧急避险针对的是第三人的合法权益，即便是对于不法侵害同样如此。如果损害的对象是不法侵害人本人，则可能构成的是正当防卫，而非紧急避险。

（5）避险限度。紧急避险也不能超过必要的限度，造成不必要的损害。但与正当防卫不同，紧急避险中要求其所造成的损害必须小于所避免的损害，也即为保护一个合法权益而损害的另一合法权益不能等于甚至大于所保护的权益。不过，与防卫过当一样，避险过当也应当减轻或免除处罚。

（四）刑罚

刑罚是刑法规定的由国家审判机关依法对犯罪人适用的限制或剥夺其某种权益的强制性方法。这类强制性方法，正是体现刑法严厉性的关键所在，是实现刑法功能与刑事责任的最重要的手段。因此，从古至今刑罚历来为立法者们所重视和关注。随着人类文明的进步，刑罚本身也在不断地发展。纵观当今世界各国的刑法制度，刑罚的种类大体上可以分为生命刑（以生命权利为施刑对象）、自由刑（以人身自由权利为施刑对象）、财产刑（以财产权利为施刑对象）和资格刑（以某种资格为施刑对象）4 种，在我国的刑罚制度中都有体现。不过，我国刑罚的体系较有特色，是将这 4 种刑罚划分为主刑和附加刑两大类。

1. 主刑

主刑是对犯罪适用的主要刑罚，其特点在于只能单独适用，相互之间不能附加适用。我国刑法中的主刑有：管制、拘役、有期徒刑、无期徒刑和死刑。

（1）管制。它是我国独创的一种刑罚方法，是指对犯罪分子不予关押，但限制其一定自由，交由公安机关执行和群众监督改造的刑罚方法。根据刑法第 39 条的规定，管制期间犯罪人必须遵守以下规定：遵守法律、法规，服从监督；未经执行机关批准，不得行使言论、出版、集会、结社、游行、示威自由的权利；按照执行机关规定报告自己的活动情况；遵守执行机关关于会客的规定；离开所居住的市、县或迁居，应当报经执行机关批准。管制的期限为 3

个月以上 2 年以下，数罪并罚时不得超过 3 年。管制是我国主刑体系中的最轻刑。

（2）拘役。拘役是短期剥夺犯罪分子的自由，就近执行并实行劳动改造的刑罚方法。它是我国刑罚体系主刑中仅次于管制的次轻刑。之所以这样说，一是管制是限制人身自由，而拘役是剥夺人身自由；二是拘役的刑期较短，期限为 1 个月以上 6 个月以下；三是据由公安机关就近执行，不需移送监狱，每月可以回家 1~2 天，且可以酌量发给报酬。所以，拘役仅适用于犯罪性质轻微、人身危险性较小的犯罪分子。

（3）有期徒刑。它是剥夺犯罪分子一定期限的人身自由，强迫其劳动并接受教育改造的刑罚方法。有期徒刑的特点在于期限长，幅度广，其刑期最短为 6 个月，最长为 15 年，数罪并罚时可达 20 年，跨度相当大，可以适用于大多数的犯罪行为。因此，有期徒刑是刑罚体系中运用最为普遍的刑罚方法。

（4）无期徒刑。无期徒刑是剥夺犯罪分子终身自由，强制其参加劳动并接受教育和改造的刑罚方法。它是我国刑罚中仅次于死刑的次重刑，适用于那些罪行严重，但不必判处死刑又需要与社会永久隔离的犯罪分子，同时还要附加剥夺政治权利终身。不过，由于有减刑措施的存在，我国司法实践中很多犯罪分子并没有被关押到死，所以，判处无期徒刑并不意味断了犯罪分子的自新之路。

（5）死刑。这是最为严厉的刑罚措施，以剥夺犯罪分子的生命作为施刑的方法，同时还要附加剥夺政治权利终身。死刑的存废，在当今国际上存在激烈的争论，但在我国目前国情下适用死刑具有合理性，因此新刑法中仍然保留了某些可以判处死刑的条文。不过，生命毕竟只有一次，所以死刑的运用必须谨慎。根据我国刑法，死刑只能适用于那些罪行极其严重的犯罪分子，且对犯罪时未成年的和审判时怀孕的犯罪分子均不能适用。此外，我国刑法中还规定了死缓制度作为死刑的补充。所谓“死缓”，即指对于那些应当判处死刑但又不是必须立即执行的犯罪分子，可以同时宣告缓期两年执行，两年期满后，如果没有故意犯罪的，减为无期或有期徒刑的制度。这也是我国为防止施刑过重过宽，体现人道主义的重要措施。

2. 附加刑

附加刑也称从刑，是补充主刑适用的刑罚方法，其特点在于既可以附加于主刑适用，又可以独立适用。目前，我国的附加刑有罚金、没收财产、剥夺政治权利和驱逐出境。

（1）罚金。罚金是财产刑之一，是指人民法院判处犯罪分子向国家上缴一定数额金钱的刑罚方法。罚金的适用方式有：选处罚金，即与主刑并列，选择两者之一予以适用；单处罚金，即对犯罪分子只能判处罚金，目前其只对单位犯罪适用；并处罚金，即与主刑附加适用；选处或单处罚金，即罚金可以附加适用，也可以单独适用。罚金的执行机关是法院，数额和处罚方法由刑法规定。

（2）没收财产。没收财产与罚金一样，同属于财产刑中之一，是指将犯罪分子的所有财产或部分财产强制无偿收归国有的刑罚方法。其执行机关也是人民法院。但与罚金不同，没收财产只能附加于主刑适用，而不能单处，它也是我国刑罚中唯一一个不能单处的附加刑。

（3）剥夺政治权利。是指剥夺犯罪分子参加国家管理和政治活动权利的刑罚方法，属于资格刑的一种。根据刑法第54条的规定，被剥夺的政治权利包括：选举权和被选举权；言论、出版、集会、结社、游行、示威自由的权利；担任国家机关职务的权利；担任国有公司、企业、事业单位和人民团体领导职务的权利。剥夺政治权利可以单处，也可以并处，但对危害国家安全的犯罪分子、被判处死刑和无期徒刑的犯罪分子必须附加剥夺政治权利。

（4）驱逐出境。这也是资格刑的一种，是指强迫犯罪的外国人离开中国国（边）境的刑罚方法。该种刑罚只能适用于外国籍人或无国籍人，不能适用于中国公民。

三、违法与犯罪的防范

一段时期以来，我国大学生违法犯罪增多引起了社会的广泛关注，高校学生作弊、偷窃、打架等违纪案例不在少数，大学生受到派出所的治安警告处罚也不是个别现象，乃至发生云南大学马加爵特大杀人案，清华大学刘海洋用硫酸泼伤黑熊，天津大学生马晓明因成绩太差被学校劝退、自感无法交代而杀死父亲和奶奶等一系列大学生犯罪的案件。大学生是祖国的未来，民族的希望，承载着社会太多的关注和厚爱，是“天之骄子”，在大学生中发生违法犯罪的行为有其多方面的原因，其中有社会大环境对人产生的负面影响、信仰缺失导致大学生功利主义倾向、家庭溺爱助长了孩子唯我独尊的优越感等。预防大学生犯罪是全社会的责任，是对人才培养的珍惜。每个大学生犯罪案件都是学校、社会、家庭和个人等多方面原因综合作用的产物。因此减少和预防大学生犯罪，需要社会各界的广泛关注和全社会的共同努力，才能取得明显效果。预防大学生犯罪与预防其他犯罪具有相似性，最根本的措施还在于防患于未然，针对其犯罪原因，实行综合治理，形成一种有利于大学生全面发展的环境，才能收到治本的效果。

(一) 完善立法，预防大学生违法犯罪

许多国家都是采取法律的手段规范大学生的行为，以达到预防犯罪的目的。而且在这方面都作了较为详细的规定。有关部门要在进一步完善立法的基础上，制定切实可行的防范措施，使预防大学生违法犯罪工作真正做到有法可依。

(二) 加强学校教育，预防大学生违法犯罪

(1) 应加强对大学生政治素质的教育培养，增强其公德意识，引导大学生正确认识社会，树立正确的人生观、价值观。杨叔子院士说："育人要育有人性的人。"大学生正处在人生成长的关键时期，大学期间对于一个人世界观、人生观和价值观的形成至关重要。在让大学生能够学到现代科学知识、技能和理论的同时，教会他们为人之道，使他们真正成为心智与人格全面发展的有用之材，是高校教育中一个不容忽视的课题。

(2) 开展道德教育，增强道德意识。道德是以舆论的形式存在和发挥作用的。培养青年大学生的道德意识、道德情感、道德行为，必须在社会活动和集体生活中进行。大学生在接受外界影响的同时也给予外界以影响，在这个过程中，逐渐地使个体的言论、情感、行为等方面同化于社会上正确的舆论。因此，从道德方面预防犯罪，一定要抓住有利时机和积极因素，针对大学生的特殊情况，提高他们的辨别能力，使他们分清美与丑和善与恶。要使他们生活在道德舆论与榜样行为的力量较强的集体中，以增强积极的影响，削弱消极的因素。

(3) 加强对大学生的心理教育和引导，培养良好的心理素质。针对大学生心理发展不够成熟的特点，学校要有意识地开展心理健康知识讲座，开设心理咨询机构，减少不必发生的悲剧。帮助大学生形成健康向上的心理，当前尤为重要的是：第一，引导大学生控制情绪，消除其人格障碍，学会宽容，提高大学生承受和应对挫折的能力。第二，注意引导大学生建立和谐的人际关系。大学生要放弃偏激和自卑心理，笑对人生，热情生活，多交朋友，使自己的心里常常处于轻松愉快之中。第三，注意引导大学生正确处理恋爱与性问题。当前在校的大学生应该树立正确的恋爱观，应该以友情为重，不应过早确立恋爱关系。学校应该加强性教育和性道德的教育，建立大学生心理健康中心，并利用它指导和帮助大学生以严肃的态度对待爱情，正视恋爱关系，保持稳定的情

绪及健康的心理。

(4) 通过多种形式强化对大学生的法制教育，增强大学生法律意识。学校要采取多种形式，进行全面教育。这就要求我们的学校首先要高度重视对学生的法制教育，要从刚入校门着手，结合道德品质与行为规范教育，结合校园内的案例讲危害，向学生灌输正确的世界观、人生观和价值观。尤其是针对大学生中不知法、不懂法、缺乏法律意识的现象，要强化法制教育，使大学生知法、懂法、守法，指导大学生正确理解权利与义务的关系，在履行义务的前提下，合法行使自己的权利，帮助大学生形成遵法守法、依法办事、同违反宪法和法律以及破坏法制的行为作斗争的思想意识。在法制教育中，要从诱发因素抓起，从不良心理需要抓起，教育大学生自觉纠正和防止个人需求中的不合理倾向，变不正常的心理需求为合理、高尚的需要。

(5) 要对大学生进行挫折教育，提高大学生应对挫折的能力。大学生一般都是从学校到学校的成长过程，社会阅历较浅，加上是同时代青年中的佼佼者，优越感强烈，往往难以承受挫折的打击，有些学生在经历一两次挫折后就一蹶不振，产生这样或那样的心理问题，心理问题多了、久了，就容易走上弯路。所以，很有必要对大学生进行挫折教育，要使他们认识到人生的道路并不是一帆风顺的，要有从失败中重新站起来的勇气与力量，要用自信去迎接人生中的坎坷。

(三) 加强校园内部管理和校园文化建设

1. 要建立健全学校各项管理制度，增强约束机制

要加强对学生学习、生活的管理，建立健全各项规章制度，形成健康向上的校园环境。要根据大学生中存在问题的特点，理顺管理、教育中的各种关系。要赏罚分明，使大学生知道什么应该做、什么不应该做，从而增强自我约束的能力，自觉遵守法律、法规以及校纪、校规。

2. 要做好校园治安综合治理工作

学校治安综合治理工作是社会治安综合治理的重要一环，学校各部门要按照“谁主管，谁负责”的原则，各负其责，要把维持校园良好秩序与积极向上的校园风气作为一项大事来抓，以促进大学生健康成长和预防大学生违法犯罪。要加强对校内商业摊点以及文化娱乐场所的管理，杜绝“黄”、“赌”、“毒”，对违法犯罪活动要严厉打击，做到防患于未然。

3. 优化社会环境，净化社会风气

首先，政府应当在经济发展、提高综合国力和人民生活水平的前提下，保

证各项政策的稳定性，坚定不移地进行反腐倡廉工作，使人们生活在安定的政治环境和充满生机活力的经济环境中，防止大学生形成信仰型犯罪心理、物欲型犯罪心理；其次，净化文化环境，树立良好的社会风尚，禁止传播并取缔各种淫秽和宣传暴力的读物及视听材料，防止大学生萌生性犯罪和盗窃、抢劫的犯罪心理；最后，加强法制建设和执法人员队伍建设，使“法律面前人人平等”得到真正意义上的实现。刑罚应当公正、适当、及时，不宜畸轻畸重。

4. 重视家庭教育，做好家庭教育工作

家庭是培养子女个性品质的基础，家长的道德品行对子女的榜样力量是巨大而深刻的。作为学生家长，除了给子女做好榜样外，还应积极配合社会、学校做好子女的教育工作。既要关心子女在校的生活、学习，也要与学校、老师密切配合，加强对子女的品德教育，不能认为只要成绩好就行了。要多与子女谈心，重视他们的心理、情绪变化，发现问题及时化解。要营造一个充满爱的家庭氛围，使子女充分享受到爱的温暖。但爱要适度，不能溺爱。对于违法的大学生，家长要进行跟踪教育，帮助他们做好思想转化工作，消除他们尚未稳固的犯罪心理结构。

总之，大学生违法犯罪问题是关系整个社会的大问题，只有靠整个社会的关注，整个社会的依托，在政策、法律、经费等方面的共同协调下，从解决法制教育、校园教育入手，减少大学生违法、犯罪。把政策、法律、经费、研究等工作纳入规范化、制度化、法制化轨道，在全社会做到建网络、筑防线、抓联动、保稳定。有的放矢地帮教失足大学生，从源头上消除不稳定因素，把一切问题控制解决在萌芽状态之中。

第三节 加强道德修养自觉遵守校纪校规

一、道德与法律的辩证关系

法与道德属于上层建筑的不同范畴。道德是生活在一定物质生活条件下的自然人关于善与恶、光荣与耻辱、正义与非正义、公正与偏见、野蛮与谦逊等观念、原则以及规范的总和，或者说是一个综合的矛盾统一体系。法律是由国家制定、认可并由国家保证实施的，反映特定物质生活条件所决定的统治阶级（或人民）意志，以权利和义务为内容，以确认、保护和发展统治阶级（或人民）所期望的社会关系、社会秩序和社会发展为目的的行为规范体系。

道德与法律是社会规范最主要的两种存在形式，是既有区别又有联系的两个范畴。二者的区别至少可归结为：

（1）产生的条件不同。原始社会没有现代意义上的法律，只有道德规范或宗教禁忌，或者说氏族习惯。法律是在原始社会末期，随着氏族制度的解体以及私有制、阶级的出现，与国家同时产生的。而道德的产生则与人类社会的形成同步，道德是维系一个社会最基本的规范体系，没有道德规范，整个社会就会分崩离析。

（2）表现形式不同。法律是国家制定或认可的一种行为规范，它具有明确的内容，通常要以各种法律渊源的形式表现出来，如国家制定法、习惯法、判例法等。而道德规范的内容存在于人们的意识之中，并通过人们的言行表现出来。它一般不诉诸文字，内容比较原则、抽象、模糊。

（3）调整范围不尽相同。从深度上看，道德不仅调整人们的外部行为，还调整人们的动机和内心活动，它要求人们根据高尚的意图而行为，要求人们为了善而去追求善。法律尽管也考虑人们的主观过错，但如果没有违法行为存在，法律并不惩罚主观过错本身，即不存在“思想犯”；从广度上看，由法律调整的，一般也由道德调整。当然，也有些由法律调整的领域几乎不包括任何道德判断，如专门的程序规则、票据的流通规则、政府的组织规则等。在这些领域，法律的指导观念是便利与效率，而非道德。

（4）作用机制不同。法律是靠国家强制力保障实施的；而道德主要靠社会舆论和传统的力量以及人们的自律来维持。

（5）内容不同。法律是以权利义务为内容的，一般要求权利义务对等，没有无权利的义务，也没有无义务的权利。而道德一般只规定了义务，并不要求对等的权利。比如说，面对一个落水者，道德要求你有救人的义务，却未赋予你向其索要报酬的权利。向被救起的落水者索要报酬往往被视为不道德的行为。

道德与法律又是相互联系的。它们都属于上层建筑，都是为一定的经济基础服务的。它们是两种重要的社会调控手段，自人类进入文明社会以来，任何社会在建立与维持秩序时，都不能不同时借助于这两种手段，只不过有所偏重罢了。两者是相辅相成、相互促进、相互推动的。其关系具体表现在以下几个方面：

其一，法律是传播道德的有效手段。道德可分为两类：第一类是社会有序化要求的道德，即社会要维系下去所必不可少的“最低限度的道德”，如不得暴力伤害他人、不得用欺诈手段谋取利益、不得危害公共安全等；第二类包括那些有助于提高生活质量、增进人与人之间紧密关系的原则，如博爱、无私等。其中，第一类道德通常上升为法律，通过制裁或奖励的方法得以推行。而第二类道德是较高要求的道德，一般不宜转化为法律，否则就会混淆法律与道德，结果是“法将不法，德将不德”。法律的实施，本身就是一个惩恶扬善的过程，不但有助于人们法律意识的形成，还有助于人们道德的培养。因为法律作为一种国家评价，对于提倡什么、反对什么，有一个统一的标准；而法律所包含的评价标准与大多数公民最基本的道德信念是一致或接近的，故法的实施对社会道德的形成和普及起到重大作用。

其二，道德是法律的评价标准和推动力量，是法律的有益补充。首先，法律应包含最低限度的道德。没有道德基础的法律，是一种“恶法”，是无法获得人们的尊重和自觉遵守的。其次，道德对法的实施有保障作用。“徒善不足以为政，徒法不足以自行”。执法者的职业道德的提高，守法者的法律意识、道德观念的加强，都对法的实施起着积极的作用。最后，道德对法有补充作用。有些不宜由法律调整的，或本应由法律调整但因立法的滞后而尚“无法可依”的，道德调整就起了补充作用。

其三，道德和法律在某些情况下会相互转化。一些道德，随社会的发展，逐渐凸显出来，被认为对社会是非常重要的并有被经常违反的危险，立法者就有可能将之纳入法律的范畴。反之，某些过去曾被视为不道德的因而需用法律加以禁止的行为，则有可能退出法律领域而转为道德调整。

总之，法律与道德是相互区别的，不能相互替代、混为一谈，也不可偏废，所以单一的法治模式或单一的德治模式不免有缺陷。法律是一种最严厉的社会规范，然而调整和规范的范围是有限的；道德是一种靠社会成员的自觉性来遵守的自律性规范，它调整规范的面较大，但约束社会成员自觉遵守的力量是有限的。让强有力的约束力和有限的规范调整范围与有限的社会约束力和较大的规范调整范围结合互相补充，相得益彰，效果较佳。完备的法律和严格的执行，法正律清，对于巩固统治阶级的统治地位，维护安定，保障群众生活安宁都有重要的作用；崇高的道德和良好的社会风貌，对于培养共产主义道德和情操，鼓励人们自觉遵纪守法，讲究社会公德，遵守职业道德，注重个人道德，倡导精神文明，预防和减少扰乱统治秩序、扰乱社会秩序、扰乱社会经济秩序、扰乱社会管理秩序的行为发生，都是很有好处的。由于他律与自律的质的规定性，决定了法制建设与道德建设不可能齐头并进而保持同步。在这种情况下，两者的协调发展应是法律与道德的相互补充、相互促进与相互推动。从一定意义上说，即是法律的道德化与道德的法律化。

二、加强大学生的三德教育

1996年，《中共中央关于加强社会主义精神文明建设若干重要问题的决议》明确提出了要进行“三德”教育，搞好“三德”建设。“三德”是指社会公德、职业道德和家庭美德。“三德”在经济发展、社会进步的过程中发挥着各自特有的作用。社会公德是社会生活中最稳定、最基本的道德因素，是对全社会成员最起码的道德要求，因此，它能保持社会秩序的安定，保障人民的生命财产安全和正常的交往。能否很好地奠定社会公德，既反映出一个人的文化教养程度，又反映出一个社会的文明程度。职业道德不仅能调整从业者之间的各种关系，维持正常的职业秩序，保证职业活动的正常进行，而且能激励人们热爱劳动，努力工作，不断提高劳动生产率。职业道德是发展经济、推动社会进步的一种精神动力。家庭关系是社会生活中具有独立意义的特殊道德要求，它是一种黏合剂，能化解家庭矛盾，促进家庭成员相互忠诚，相互信任，平等相处，和睦相处。人常说，家庭是社会的“细胞”，是社会生活中的基本单位。婚姻家庭问题，关系到整个社会的安定与发展。总之，进行“三德”教育，加强“三德”建设，对于维护社会秩序，促进人际关系的和谐发展，提高整个社会的文明水平，改良社会风气和遏制官场腐败都具有重要意义。当代大学生要从我做起，从一点一滴的身边小事做起，在树立道德观念的基础上形成道德实践能力，成为兼具社会公德、职业道德和家庭美德的合格公民。

所谓社会公德，一般是指历史上逐渐形成的人类社会的公共道德，即在社会的公共生活领域中，为了保证人们一般性交往正常进行所应当遵循的那些最基本、最起码的道德要求。用恩格斯的话说，就是“人们用来调节人与人的关系的简单原则”。按列宁的说法，是当人们摆脱了资本主义剥削制度以后，“就会逐渐习惯于遵守多少世纪以来人们就知道的、千百年来在一切行为守则上反复谈到的、起码的公共生活规则”。社会公德具有共同性、群众性、持久性、继承性、简易性等特点。

党的十四届六中全会通过的《中共中央关于加强社会主义精神文明建设若干重要问题的决议》指出，加强社会主义道德建设，要大力倡导文明礼貌、助人为乐、爱护公物、保护环境、遵纪守法的社会公德。这五句话简明扼要，言简意赅，涵盖了人与人、人与社会、人与自然这三种基本关系。在社会主义社会里，社会公德具体来说主要包括以下内容：

（1）维护人与人之间互相尊重、合作互助的规范，包括助人为乐、见义勇为、举止文明、讲究礼貌等美德和风尚。

助人为乐，就是要关心人，体贴人。别人有困难，乐于帮助；人们之间有纠纷，热心调解；别人有缺点，能善意地指出等。能否做到这一点，是一个人心灵美丑的表现；能否形成这种社会风气，是社会文明程度高低的体现。中华人民共和国成立几十年来，我们国家开展的救灾捐助活动、希望工程、助残活动等，以及雷锋、徐虎等一大批先进人物为他人排忧解难的模范事迹，无不体现了在社会主义社会里，人们之间互相关心、互相帮助的高尚道德情操。

见义勇为是指对于损害社会利益和人民利益的行为，能挺身而出，伸张正义；对于别人的不幸，能救人之危，解人之难。例如，见人落水，能奋勇抢救；遇到生产中的险情，敢于排险；对于流氓滋事，扒窃偷盗，能挺身而出，保护群众等。文明礼貌是精神文明的具体表现之一，是人与人之间和谐关系的“润滑剂”。文明礼貌不仅反映着一个人的精神面貌，关系着个人的荣誉，也反映着一个国家的社会风貌，关系着民族的尊严。讲文明礼貌是我国人民的优良传统。我国向来有“文明古国”之称，享有“礼仪之邦”的美誉。清初思想家颜元有句名言：“国尚礼则国昌，家尚礼则家大，身有礼则身修，心有礼则心泰。”就是说，讲文明礼貌，互相尊重，必然有利于国家的繁荣昌盛和安定团结，有利于家庭关系的和睦，也有利于自身的思想修养。在今天，讲文明礼貌就是要求人们做到举止端庄、谦逊礼让、待人和气、尊老爱幼等。

（2）保护人与人之间正常交往的行为规范，包括诚实守信、言行一致、正直公正等被人们普遍认同的为人处世的原则。

诚实守信是自古以来被人们称赞的道德，也是为人处世最基本的道德品质之一。它要求人们在交往中要讲信用，心地坦诚，不搞欺诈，言行一致，表里如一，当老实人，说老实话，办老实事。公正正直就是要求人们坚持原则，实事求是，是非分明，办事公道，作风正派，不因私废公。

（3）维护公共生活秩序的规范，包括遵纪守法、爱护公共财物、保护环境卫生、保护自然环境等。

维护社会公共生活秩序是社会公德一个最基本的要求，是全体社会成员都要遵守的最起码的道德准则，它是维护社会生活相对稳定和谐的不可缺少的因素。维护公共秩序，首先要遵守国家的有关法律条例和企业规章制度，不做违法违纪、损害国家和企业利益的事，并勇于同坏人坏事作斗争。同时还要遵守公共场所各种有关的规定。例如，在马路上行走、乘车要遵守交通规则，骑自行车不带人；在礼堂听报告，要保持安静；在影剧院看电影，不要大声喧哗、抽烟；在体育场观看比赛，不要起哄、乱扔东西；乘车乘船、购物，要按先后顺序进行；去公园游玩，不践踏草坪，不损坏草木，不戏弄动物等。

社会公共财物，是我们进行社会主义建设的基本条件和物质基础。爱护社会公共财物，既是法律的要求，也是社会公德的要求。爱护公物要求人们爱护国家财产和公共设施，使之最大限度地有益于社会。在现实生活中，社会公德高尚的人，对公共财物总是倍加爱护。为了保护公共财产，许多人甚至献出自己宝贵的生命。可是也有少数人不顾法律道德的约束，见公物就眼红、手痒，想方设法化公为私，据为己有，这些都是违背社会公德要求的。

讲究卫生、保护环境既是增进人们身体健康的需要，也是创建优美环境的需要。环境卫生状况直接体现着一个国家、一个民族的精神风貌。因此，讲究卫生、保护环境并不是生活中的小事。讲究卫生要求搞好个人卫生和讲究公共卫生。个人要养成良好的卫生习惯，自觉维护学校、街道、车间、剧院、公园等一切公共场所的清洁卫生。个人应注意做到不在公共场所吸烟，不随地吐痰，不乱倒垃圾，不乱扔果皮纸屑等。并且能主动参加绿化环境、卫生大扫除等社会公益活动，努力创造一个优美、整洁的社会生活环境。近年来，随着工业化进程步伐的加快，人类赖以生存的自然环境被破坏的状况越来越严重。大气污染、水污染以及土地沙化等问题日益引起人们的关注。保护自然，保护生态平衡，不乱砍滥伐森林，不滥杀野生动物，不乱排污染物，已经成为社会文明程度的重要表现，更是人们是否具有现代化社会公德意识的重要标准之一。

三、提高大学生道德修养的途径与方法

随着全球经济化不断发展，我国社会主义市场经济体系的全面形成，各种思想文化的相互激荡，先进科学技术的崛起，面对知识经济的巨大冲击，青年学生如何准确把握前进的方向，怎样才能把自己培养成社会主义事业的有用之才和可靠接班人，除了遵纪守法外，对自身来说就是要以社会主义道德观规范自己，从自律的角度管好自己，做一个道德高尚的社会主义大学生。青年大学生要以正确的、积极的、健康的思想来指导自身，以规范的道德体系来约束自己，培养高尚的道德情操和良好的道德规范。

（一）进一步加强政治理论的学习，树立正确的世界观、人生观、价值观

德智体美，德育为先。加强学习政治理论课，社会科学课，哲学课，军事理论课，通过理论学习，提高相关课程的教育质量，把枯燥的理论联系生动的教学形式和方法，切入实际，从根本上改善教学效果，优化教学环境，通过深入的学习，我们必须充分认识祖国的国情，悠久的历史文化和良好传统，继承

中华民族的优良美德，激发自身的爱国主义情感，明确自己的社会责任，树立崇高的理想与信念，以及凡事以国家利益为重的思想，懂得人民是历史创造者，人民是最可亲可爱的人，把全心全意为人民服务作为自己的行动指南和道德追求，了解社会主义的过去、现在和将来，认清中国特色社会主义的光明前途，懂得只有社会主义才能救中国，才能发展中国的真理，把为社会主义事业奋斗终生作为自己的毕生目标和追求。人生有限，事业无涯，中华民族历来有积极进取、乐观向上、厚德载物、自强不息的人生态度，积极高尚的世界观、人生观、价值观，使得青春得以延续，宝贵的生命得到永生。只有树立正确的世界观、人生观，价值观，才能在纷繁复杂的现实生活中保持清醒的头脑，明辨是非，把握人生成才的方向；才能坚持党的基本路线和基本纲领，坚定共产主义信念；也才能正确对待成才道路上所面临的各种境遇，不断排除成才道路上的障碍，勇往直前。

（二）制定和落实《学生校园行为规范》，优化校风、班风建设

风气是一种无形的精神力量，它对于处于这个风气中的群体行为方式、思维方式等都有着重大的影响。然而，风气也是依托于群体而存在的，它的形成受制于群体之中个体的行为、思想等，风气是学生在实践中逐渐形成的具有心理制约作用的行为风尚，是同学们思想作风、行为修养、治学态度、守纪观念以及精神面貌的综合反映和外在表现，营造良好的校风、班风来管理人，从而使身处其中的每一个人都能体会到来自这种良好风气的影响，起到“润物细无声”的效果。所以良好的风气对于大学生的行为道德规范起着至关重要的作用。对于《学生校园行为规范》的学习，也不能有所懈怠，而要形成长效机制，持之以恒，真正做到思想上重视，措施上落实，制度上保证，效果上体现。我们应该自觉抵制校园不文明、不健康的行为，真正把《学生校园行为规范》落到实处，成为自己的行为准则。

（三）建设体现社会主义特点、时代特征和学校特色的校园文化，构建和谐校园

辩证唯物主义告诉我们：人的行为必有其内因和外因，外因通过内因影响其行为，虽然一个人的具体行为是由内因决定的，但内因的形成有赖于外因的长期作用。加之大学生阅历浅，社会经验不足，相对来说外因对他们的作用显得更加突出。古人云“近朱者赤，近墨者黑”，这正说明了一个人的道德品质在很大程度上是受所处的环境影响而形成的。由此可见，人的良好道德心理也

是人在所处的社会环境中积极因素作用以及舆论导向下逐步形成的。一个好的校园环境能使大学生积极向上，形成良好的思想道德理念和道德品质；反之，也会让人精神颓废，意志消沉，道德沦丧。加强大学生的文化素质教育，开展丰富多彩，积极向上，吸引力强，形式多样的学术、科技、教育、文艺和娱乐活动，把道德修养和智育、美育、体育有机地结合起来，使学生们在活动中规范自己的道德体系。可以依托共青团、学生会、班级、社团等组织充分调动大学生自我教育、自我规范的积极性和主动性。

（四）学习优秀党员的优良作风，加强精神文明建设

高校应该加强党建建设，加强学生党员的培养工程，真正让学生党员起到先进性作用，以点带面，带动其他同学共同进步。中国共产党的最终目标的实现，需要几代人甚至十几代人的共同努力，需要广大的人民群众加入这一伟大的事业中，尤其是青年大学生，党的事业需要青年，青年大学生更需要党，青年大学生应为社会发展贡献力量，要实现自身的理想和价值也需要一个正确的领路人和领导者，历史选择了共产党，这就是我们应该仰赖的领导者。我们可以通过党建咨询、党章学习小组、团组织生活和政治辅导员的个别谈心等形式的活动的开展，了解党的性质、历史和现状，激发对党的热爱，在政治上确立一个明确的目标，积极向党组织靠拢，深入贯彻党的十六届四中全会的精神，真正提高思想觉悟和政治素养，“未入党的门，先做党的人”。

（五）充分发挥社会实践这一“第二课堂”的作用

“纸上得来终觉浅，绝知此事要躬行”，这句话充分说明了实践的重要性。社会实践也是规范道德体系的一个重要环节，大学生要走出校园，走出社区，走向社会这个大课堂，走向基层，到工厂和农村去，到工人农民群众中去，参加社会调查、志愿服务、公益活动等一系列的实践活动，高校可以和就近企事业单位签署长期社会实践基地项目，提供给学生社会实践的平台，组织一系列的志愿者服务活动，让学生们在实践中脚踏实地、艰苦奋斗、锐意进取，眼光放远、心胸放宽、竭诚服务、甘于奉献，为个人的成长进步、为将来的建功立业奠定良好的基础，通过实践增强自身的社会责任感和历史使命感，奉献自己的爱心，增加自己的社会经验与阅历，进一步提高自身的觉悟、意识与能力，开拓自己的视野，自觉抵制社会上的不良风气、违规行为，在实践中自我教育，自我管理，自我服务，自我规范，自我完善。

大学生道德修养是一项系统工程，必须坚持理论与实践相结合的原则，深

入加以研究，道德修养教育的生命力在于不断适应新的形势，不断吸收新的经验，不断充实新的研究成果，只要我们坚持这样做，大学生道德修养这一系统工程必将取得长足的成效。

主要参考文献

[1] 新刊四书五经·周易本义［M］. 北京：中国书店，1994.

[2] 韩非. 百子全书［M］. 长沙：岳麓书社，1993.

[3] 潘懋元，王伟廉. 高等教育学［M］. 福州：福建教育出版社，2005.

[4] 林柏泉. 安全学原理［M］. 北京：煤炭工业出版社，2002.

[5] 樊富珉，王建中. 当代大学生心理健康教程［M］. 武汉：武汉大学出版社，2006.

[6] 李竹. 国家安全立法研究［M］. 北京：北京大学出版社，2006.

[7] 刘跃进. 国家安全学［M］. 北京：中国政法大学出版社，2004.

[8] 陈日文. 大学新生安全教程［M］. 北京：高等教育出版社，2006.

[9] 邓小平文选（3）［M］. 北京：人民出版社，1993.

[10] 中共北京市委教育工作委员会北京高教学会保卫学研究会. 大学生安全知识［M］. 北京：机械工业出版社，2006.

[11] 国家安全公民手册编写委员会. 国家安全公民手册［M］. 北京：时事出版社，2003.

[12] 孙洪昌. 大学生安全教育读本 [M]. 广州：华南理工大学出版社，2001.
[13] 国家保密局. 保密工作概论 [M]. 北京：金城出版社，1991.
[14] 公安部消防局. 消防安全管理 [M]. 北京：新华出版社，1999.
[15] 张翔麟. 稳定论 [M]. 北京：中央文献出版社，2004.
[16] 江西省高等教育学会保卫学专业委员会. 大学生安全知识读本 [M]. 南昌：江西高校出版社，2000.
[17] 王振铎. 高校保卫工作概论 [M]. 北京：中国人民大学出版社，2004.
[18] 中国社会科学院马克思列宁主义毛泽东思想研究所. 毛泽东、邓小平、江泽民论哲学社会科学 [M]. 北京：中国社会科学院出版社，2005.
[19] 章辉美. 社会转型与社会问题 [M]. 长沙：湖南大学出版社，2004.
[20] 中国现代国际关系研究所反恐怖研究中心. 各国及联合国反恐怖主义法规选编 [M]. 北京：时事出版社，2002.
[21] 鲍遂献. 危害公共安全罪 [M]. 北京：中国人民公安大学出版社，2003.
[22] 朱素梅. 恐怖主义：历史与现实 [M]. 北京：世界知识出版社，2006.
[23] 上海市消防局. 消防365 [M]. 上海：上海文艺出版社，2006.
[24] 湖南省高等学校保卫学研究会. 大学生安全教程 [M]. 长沙：中南大学出版社，2005.
[25] 吕灵昌等. 大学生安全必读 [M]. 徐州：中国矿业大学出版社，2004.
[26] 吴超. 大学生安全文化 [M]. 北京：机械工业出版社，2005.
[27] 郭晋武. 大学生健康 [M]. 武汉：武汉大学出版社，2005.
[28] 彭增华. 大学生安全教育读本 [M]. 昆明：云南大学出版社，2005.
[29] 江苏省高等教育学会高校保卫学研究委员会. 大学生安全教程 [M]. 南京：东南大学出版社，2002.
[30] 陈绍奇. 大学生安全教程（第3版） [M]. 广州：华南理工大学出版社，1999.
[31] 宇文宏. 大学生安全知识必读 [M]. 保定：河北大学出版社，2002.
[32] 黄松有. 知识产权司法解释实例释解 [M]. 北京：人民法院出版社，2006.
[33] 黄希庭，郑希付. 健康心理学 [M]. 上海：华东师范大学出版社，2003.
[34] 于智敏. 走出亚健康 [M]. 北京：人民卫生出版社，2003.
[35] 李百珍. 青少年心理健康教育与心理咨询 [M]. 北京：科学普及出版社，2003.
[36] 梁宝勇，王栋. 医学心理学 [M]. 长春：吉林科学技术出版社，1998.

[37] 江光荣. 心理咨询的理论与实务 [M]. 北京：高等教育出版社，2005.
[38] 樊富珉，刘丹. 尽显你人格的风采 [M]. 北京：高等教育出版社，2004.
[39] 黄训美. 大学生心理保健 [M]. 北京：人民出版社，2001.
[40] 张大均，邓卓明. 大学生心理健康教育——诊断·训练·适应·发展 [M]. 重庆：西南师范大学出版社，2004.
[41] 沈之菲. 生涯心理辅导 [M]. 上海：上海教育出版社，2000.
[42] 张艳丽. 知识产权法简明教程 [M]. 北京：知识产权出版社，2006.
[43] 法律出版社法规中心. 新道路交通安全法要点解答 [M]. 北京：法律出版社，2008.
[44] Bernard L. Bloom. Health Psychology：A Psychosocial Perspective. Englewood Cliffs，N. J. Prentice Hall，1988.
[45] 教育部. 中小学公共安全教育指导纲要 [EB/OL]. [2007-02-07] http：//baike. baidu. com/view/2451901. htm.

后　记

当前在市场经济条件下，受国际国内大环境的影响，给高校也带来许多不安全因素，直接或间接影响学校教学研究和大学生的安全发展。为了适应新形势，确保高校安全、稳定持续发展，各高校都十分重视大学生的安全教育。中国高等教育学会保卫学专业委员会成立了《大学生安全教程》编写委员会，组织编写了这本《大学生安全教程》。旨在面向当代大学生学习成长过程中的不安全因素，系统分析、全面介绍大学生安全知识，提高大学生的安全防患意识，实现安全发展。

本教材是在《大学生安全实用知识》一书的基础上，吸收了各省保卫学分会编写的大学生安全知识教材的优点，组织了长期在高校保卫战线工作，对保卫学具有较深理论研究和实践经验的领导和专家编写而成的。各章的作者是：第一章武汉大学汪新科、徐雄伟、操光亮、刘扬；第二章清华大学李敏、杨林、蓝杰；第三章武汉大学钟青林；第四章上海大学尤丽芬；第五章复旦大学林杰；第六章武汉大学余兴友、徐雄伟；第七章华中科技大学袁国祥、杨莹，湖北大学蒋良才、石光红；第八章武汉理工大学孙鹏程、胡莹，湖北工业大学黄水情、胡军；第九章武汉大学赖海雄；第十章南京大学戴长顺、陈进、张智；第十一章北京大学安国江；第十二章东南大学宋涛；第十三章电子科技大学王俊。全书结构由武汉大学钟青林设计、统稿，最后由武汉大学顾海良定稿。

本教材写作过程中始终得到教育部思政司领导的大力支持，得到各省保卫学分会和各高校卫保处（部）的支持，一并表示感谢。

在书稿写作中，参考了同行专家、学者的有关著作、论文，吸取了许多有益的成果，谨致诚挚的谢意。限于作者水平，书中难免有不妥之处，恳请同行专家、学者和广大读者惠予批评指正。

《大学生安全教程》编写组

2009年7月